目次

序論　日本における「ポスト真実」……………………早稲田大学商学学術院教授（本賞選考委員）：八巻　和彦　3
一　「ポスト真実」とは何か　3
二　「生きる世界の巨大化」に苛まれる「個」　5
三　肥大化する「私」　7
四　「反知性主義」の蔓延がもたらすもの　11
五　「ポスト真実」を過去（ポスト）のものとするために　15

第一部　「真実」はどこに在るのか

1　安倍一強の下、民主主義は根付いているのか…………東京新聞社会部記者：望月衣塑子　23
一　なぜ、菅官房長官の会見に臨んだのか　23
二　国民の声に耳を傾けない安倍政権　33

三　メディアは権力にどう向き合うべきか　41
講義を終えて　国民の怒りが集約された「安倍辞めろ」の声　47

2　南京事件からみる「戦争と報道」……………日本テレビ報道局記者・解説委員：清水　潔　49
一　発表報道と調査報道　49
二　南京事件を問い直す　51
三　なぜ南京事件を報道するのか　59
四　戦争を防ぐためにメディアに何ができるのか　64
講義を終えて　メディアを見る目を養う　70

3　憲法改正問題を考える……………………………朝日新聞編集委員：豊　秀一　73
一　安倍晋三首相の前のめりの改憲論　73
二　「押しつけ憲法」論の現在地　77
三　為政者はなぜ憲法を変えたがるのか　82
四　主権者として憲法改正にどう向き合うか　89
講義を終えて　私物化される憲法　93

4　地方から原発の「神話」を崩す……………新潟日報社報道部次長兼論説編集委員：仲屋　淳　95
一　軽んじられる「地方の命」　95
二　原発の「経済神話」は本当か　104
三　電力政策、地方からの提言　110
四　「時代の空気」を伝える　114
講義を終えて　聞けなかった本間幸一さんの思い　117

第二部　忘れてはならない過去、そして現在

5　世界、東北の〝今〟を写真で伝える…………………フォトジャーナリスト：安田菜津紀　121
一　写真で伝える仕事とは？　121
二　内戦を経たカンボジアで　122
三　東日本大震災　125
四　混迷極める中東を巡って　134
五　生まれくる命を見つめて　139
講義を終えて　なぜ、写真なのか？　原点となったカンボジアから　142

6　ハンセン病取材から見えるもの……………………山陽新聞社編集委員：阿部　光希　145
一　なぜ今、ハンセン病か　145
二　差別の構図を探る　152
三　問われるメディアの姿勢　157
講義を終えて　語り始めた家族たち　166
7　「子どもの貧困」を取材して……………………琉球新報社文化部記者：高江洲洋子　169
一　はじめに　169
二　里親家庭と施設出身の若者と出会って　170
三　なぜ貧困が問題なのか　175
四　埋もれた事実を掘り起こす　177
五　分断された階層をつなぐ　184
六　貧しさの源流に沖縄戦　186
講義を終えて　突き動かされる感覚大切に　189

8 戦後七二年、「戦争報道」を続ける理由 ……………… 毎日新聞学芸部記者：栗原 俊雄 191
一 新聞の使命としての「戦争報道」 191
二 硫黄島で感じた戦後補償の積み残し 193
三 遺骨から見る戦後日本の実情 200
四 報道し続けることが人を動かす 206
五 戦争の借金を背負うのは庶民 210
講義を終えて 行動力と想像力を武器に 213
9 原発事故五年、隣県からの報告 ……………… 下野新聞編集局報道センター長：手島 隆志 下野新聞編集局写真映像部長：野上 裕之（共著） 215
一 グラバーへの手紙 215
二 栃木県内の放射能汚染の実態 218
三 周縁から伝える 222
四 写真で伝えた五年後の奥日光 226
五 「風評被害」と「報道の使命」 230
講義を終えて 追伸：グラバーへの手紙 235

第三部　拠り所を確かめる

10　物書きの悦楽……著述家：菅野　完　239

一　仕事の入口　239
二　森友事件にかかわって　245
三　言論人の姿勢　249
講義を終えて　悦楽の追求　259

11　現場で感じた「違和感」から社会の「歪み」に迫る……ＮＨＫ大型企画開発センター　チーフ・ディレクター：小川　海緒　261

一　現場で感じた「違和感」にこだわる　261
二　危機に立つ日本のジャーナリズム　269
三　〝描きたいこと〟と〝描くべきこと〟　271
四　報道が人を変える　280
講義を終えて　真実と嘘　282

12 取材の「断片」から見える世界とは……………………公益社団法人日本記者クラブ専務理事兼事務局長：土生　修一　285
一　「雑食系移動記者」としての歩み　285
二　地方支局の駆け出し時代　286
三　特派員としての紛争取材体験　290
四　欧州取材で学んだ歴史の見方　300
五　「断片」へのこだわりを大切にしたい　304
講義を終えて　記者会見での質問力向上を願う　305

13 ジャーナリズムが仕えるべき「三つの神様」……ニューズウィーク日本版編集部：深田　政彦　307
一　ジャーナリズムは何に仕えるべきなのか　307
二　読み手に仕える　310
三　事実に仕える　311
四　ケーススタディ「沖縄　もう一つの現実」　318
五　民主主義に仕える　324
講義を終えて　学生とのQ＆A（参考文献付き）　328

14　新聞とジャーナリズム　その歴史と将来……………朝日新聞社元社長（本賞選考委員）：秋山耿太郎　331
一　ジャーナリズムとは何か　331
二　市民革命と新聞の誕生　332
三　「上からの革命」と共に歩んだ日本の新聞　337
四　戦後日本と新聞の盛衰　344
五　「ポスト真実」時代の新聞とジャーナリズム　348
講義を終えて　最後の「護送船団業種」　353

あとがき　355

関連年表　(14)
「石橋湛山記念　早稲田ジャーナリズム大賞」受賞者　(4)
執筆者紹介　(1)

「ポスト真実」にどう向き合うか

序論　日本における「ポスト真実」

早稲田大学商学学術院教授
（本賞選考委員）
八巻和彦

一　「ポスト真実」とは何か

「言葉にもプライドあれば怒れるや　例えば真摯《しんし》　例えば丁寧」
（二〇一七年九月四日の「朝日歌壇」に掲載された〔船橋市〕押田久美子氏の歌）

右に掲げた和歌は、安倍晋三首相の有り様に対する怒りを詠ったものであるはずだ。安倍首相は、国会答弁の席上、「真摯に批判を受け止める」とか「丁寧に国民に説明する」などと言いながら、法案が審議されている委員会での「審議時間」が過去の慣例の数字に到達すると、審議の深まりとは一切無関係に、強行採決に持ち込むということを繰り返してきている。

それればかりかではない。自身と昭恵夫人の関与が強く疑われている学校法人「森友学園」の小学校設置認可と国有地格安払い下げ問題については、二〇一七年二月一七日の衆議院予算委員会において、自身も夫人も認可や国有地払下げには「一切かかわっていない」、もし関係していたとなれば「間違いなく総理大臣も国会議員もやめる」と述べたのである（衆議院の議事録による）。その後明らかになった一連の事実を勘案すると、首相夫妻が森友学園問題に深く関わっていることはほとんど疑いがない。にもかかわらず、「真摯に批判を受け止める」ことも、「丁寧に国民に説明する」ことも果たされないままであり、そして「総理大臣も国会議員もやめる」ことも実行されてはいない。安倍首相が「美しい日本」と強調するその伝統の中には、「武士に二言はない」という言葉もあるはずだが、彼には何言でもありうるようだ。

さて、本書のタイトルに掲げた「ポスト真実」という言葉の原語は、英語の'post-truth'である。この語が英語で市民権を得ることになったきっかけは、二〇一六年六月にイギリスで実施されたEUからの離脱の是非を問う国民投票であった。この投票では離脱賛成の票が僅差で離脱反対の票を上回り、イギリスのEU離脱が決定された。選挙戦のさなか、離脱派の主張の中に「真実ではない」ことが含まれていたが、その点こそが有権者に訴える力をもつことになった。その結果、大方の予想を裏切ってEU離脱が決定されたのである。このような経緯からイギリス社会で'post-truth'という言葉が人々に頻用されることとなり、ついには、'post-truth'という言葉がオックスフォード辞典の

「二〇一六年の言葉」に選定されたのである。オックスフォード辞典による定義を直訳すれば、'post-truth' とは、「世論を形成する上で、客観的事実よりも感情や個人的信念に訴えることの方が影響力が大きくなっている環境の」という意味の形容詞となる。つまり、客観的事実よりも感情的要素の方が人々の意見形成に大きな影響を与えうる状況を意味している。

さらに言えば、'post-truth' という語の前置詞 'post' は、ラテン語で「(空間的に)……の後方で、(時間的に)……の後に、(順序として)……の次に」という意味なので、「(順序として)の次に」という意味で解釈すれば、「脱 'truth' (真理)」ということになり、それをさらに心理的ニュアンスを強めて解釈すれば「真理がどうした」とか「真理なんかどうでもいい」という意味になる。

日本では、選挙と直接に関わるようなケースはまだ見られていないが、特定の政治家を誹謗するような動きは少なからず生じている。その意味でインターネット上の状況は同様であるから、まずはそのままの表現で「ポスト・トゥルース」として使われるようになり、今では「ポスト真実」という表記が定着しつつある。

二 「生きる世界の巨大化」に苛まれる「個」

このような「ポスト真実」的世界が成立した原因は何か。この問いに対する答えとして、私はまず、われわれの「生きる世界の巨大化」ということを挙げたい。先進社会に生きる人々は、一方において日々快適な生活をささえる食品などの生活用品の産地が年々遠くの国になっていくことを認識させられると同時に、他方において、職場を求める場合でも、交通手段や通信技術の発達によって競争相手はたえずいっそう広い世界から出現することになる。こうして、われわれは「生きる世界の巨大化」を意識せざるを得ないのである。

このように年々、自分の生きる世界が巨大化していくという状況に置かれた個人は、どのような心理状態になるだろうか。やる気が一層湧いてくる人もいるであろうが、多くの人はむしろ不安感に襲われるのではないだろうか——とりわけ社会での実際の経験がない若者にあっては。あるいは、同じ一人の人物でも、心身ともに元気なときはやる気満々でいるのだが、心身のいずれかにゆとりがなくなってくると不安感に苛まれるということがあるだろう。

そして、一般にわれわれは、広い世界を意識して不安感に襲われると、逆に自分の住み慣れた小さな世界に閉じこもりたくなりがちである——何かで困ったと感じた幼い子どもがお母さんのもとに泣きながら駆け込んで抱きあげてもらうように。つまり、不安に襲われた人は、自分の生きる世界を、気心の知れた仲間だけで構成されるように縮小して、その中で安心して暮らしたいと考えがちなのである。このことと関わって想い起こされる表現がある。それは、昨今の学生たちが頻用する「自分の居場所」という言葉である。彼らはこれにある種の憧れや理想という意味を込めながら使用しているのだが、この表現が登場したのは、私の記憶では、ここ二〇年くらいのことである。ここには、「生きる世界の巨大化」に対して若者たちが抱いている不安感がにじみ出ていると思われるのである。

この状況の中でとにもかくにも「自分の居場所」が確保できたと思いやすいツールは、まさにSNSに代表されるインターネット上の空間であり、その媒体としてのスマートフォンである。自分の手のひらの中にある小さなツールが一つの世界を提示してくれるからである。さまざまなアプリをダウンロードして「カスタマイズ」してあるスマートフォンは、一層自分だけの世界だと思い込みやすいに違いない。だからこそ彼らはそれを、一瞬たりとも、受講中でさえも、手放せないのだろう。

三　肥大化する「私」

「ポスト真実」的世界の成立には、「私の肥大化」もまた大きな役割を果たしている。

民主主義社会では、基本的人権の尊重が不可欠な原則であり、その中には職業選択の自由、思想信条の自由、信教の自由等の、個人のさまざまな自由が含まれることは、周知のとおりである――もちろん、それらが実際にどこまで尊重されるかは、それぞれの社会に生きている人々の判断ならびに人々を代表して政治を運営している政権の判断によって、多様であるが。

政府も含まれる公権力は一般に、自らの権力を行使して個人を自己の統制下に置こうとする傾向をもつ。その典型例は、国家間の争いの最たるものとしての戦争を準備する国家が、国民の有する

「力」の一切を戦争遂行のために動員しようと考えて、国家の統制下で国民の自由を可能な限り制限することにみられる。このような、公権力の個人に対する介入を許さないということが、「個人の自由を保障する」ということの本来の目的である。だからこそ、敗戦による「大日本帝国」崩壊後に誕生した日本国憲法には、基本的人権の尊重を保証する条項が数多く盛り込まれているわけである。

こう考えると、たしかに「公」と「私」の間には本質的な対立が存在すると捉えることができる。しかしながら「公」とは、「公権力」のことだけではない。人間としてのわれわれは、他の人々と共働して生きることではじめて人間でありえているのだから、「他の人々と共働する」という場面も「公」である。むしろ、この場面こそが本来的な「公」なのである。

このことは、「公」と「私」という漢字そのものの成り立ちが示している。「公」とは、古代中国で一族の人々が共同の地に集まって祭りを行った、その地の意味であるという〔貝塚・藤野・小野〔編〕『角川漢和中辞典』〔一九六九年〕〕。それに対する「私」とは、かがみ込んでわがものとした稲の意味であるという〔同・前掲書〕。その結果、「私」という語には、「不公平、不正、秘密のことがら」というようなマイナスの意味があり、訓読みにも「ひそかに」というものもあるほどである――「プライバシーの尊重」を当然のように考えている現代人にとって意外であろうが。

興味深いことには、ヨーロッパ語での「公と私」の関係を表わす語の原型であるラテン語の'publicum'と'privatum'も同じような意味の関係にある。前者が「公有地・公有財産」という意味であるのに対して、「私有財産」を意味する後者は、'privere'〔〔人からある物を〕奪う、略取するという意味の動詞）に由来する過去分詞が名詞化したものである（水谷智洋〔編〕『改訂版　羅和辞典』〔研究社、二〇〇九年〕）。つまり、ここでも「私」には「公のものから奪い取られたもの」というニュアンスがあることになる。ラテン語に存在したこのようなマイナスのニュアンスは、現代の英語でも生きている。例えば、'privation' は「奪われること、欠如」という意味である。

すなわち、ヨーロッパ語でも中国語でも、「私」とは「公」を前提にして、それから奪い取られた部分として成立しているという理解が共通に存在していたことになる。これは、右でも言及した人間の存在の仕方を考えれば当然のことである。いくら「私」が大事だと考えても、その「私」を支えてくれる「公」が存在しなければ、「私」は存続できないからである。

このような、人間の本来的な生活にある「公」と「私」の関係を前提にすれば、ある人が「大人になる」ということは、その人が「公」の場に出て行って、そこで何がしかの貢献をするということである。それは同時に、その人自身の内面に「公」の領域が侵入してきて、その領域が拡大することと捉えることもできる。これが、「常識を身につけること」なのだとも言えるだろう。さらに、ある人が社会において指導的立場に立つということは、自らの「私」的領域を狭めて、自己の存在の大部分を「公」の領域に属させることをも意味するだろう。

それゆえに「公私混同」は社会的に避けるべきこととされているのである。それは、公的場面において担う責務が大きい人物であればあるほど、社会から強く求められることである。だからこそ、今、安倍首相は、彼の「腹心の友」が理事長である学園に便宜をはかったのではないかと、国民から厳しく批判されているのである。

もちろん「公」が重要であるがゆえに「私」が確保されることは不要であると、私が考えているわけではない。近代社会のめざましい進歩には、「私」の確保が果たした役割が大きいからである。つまり、個人が自身の「私」的部分（内面）を大事に扱うことで、そこに自己実現を図る土台を確保できて、その結果、新たな知見や技術などが生み出され、ひいてはそれらが社会の発展を導くという回路が成立しているのである。

しかしながら、このような「公」と「私」の共働の結果として進歩した社会のただ中にありつつも、あたかも自分一人で、あるいは気心の知れた仲間だけで、つまり「小さな世界」の中だけで生きることが可能であるかのように思い込み、ひたすら「私」の確保だけを主張し続けるとすれば、それは社会にとってのみならず本人にとっても不合理なことである。

これまで見てきたような現代における「私の肥大化」とは、先に考察した、自分たちの「生きる世界の巨大化」への対抗反応として、自分（たち）だけの「小さな世界」に退避してその中に立てこもりながら、その「小さな世界」の内部を自分（たち）という「私」的存在で埋め尽くそうとしている状況であると捉えることができる。

このような現代における「私の肥大化」という事象は、実はスマートフォンやSNSに頼る生活との親和性が極めて高いのであり、その結果として、「ポスト真実」的傾向とも親和性が高いことになる。なぜならば、その「小さな世界」の住民たちはその中で必死に自己肯定が実現することを求めているのだから、内輪で盛り上がることを最優先にして行動することになり、そのためには、文字通りに顔の見える仲間から直ぐに「いいね」が返ってくる「情報」を循環させることが最も効果的だからである。それは逆に、仲間に違和感や反感を生み出す可能性のある言動はできる限り避けるという行動パターンとなる。その結果、そこでは真実が何であるかという判断よりも、感情的（感覚的）快さを生み出す言動が優先されることになる。これこそがまさに「ポスト真実」的な生き方となるのだ（武田徹の示唆に富む分析がある。「〈ポスト真実〉……日本語の特性とジャーナリズムから考える」〔「談」no. 109［2017］〕六四頁）。

四　「反知性主義」の蔓延がもたらすもの

日本の社会に反知性主義の雰囲気が漂い始めたのは、小泉内閣の成立以降のことである。国会審議という場でさえも小泉首相がべらんめえ調の言動をして憚らない事実がそれを気づかせた。とりわけ二〇〇三年七月二三日の小泉首相の論法には唖然とせざるを得なかった。彼は、その年の三月二〇日にアメリカのブッシュ大統領が開始したイラク戦争に対して、即座に支持を表明し、自衛隊のイラク派遣を決定した。彼は、その目的を非戦闘地域の民生安定化のためであると説明していた。ところが、この点について、菅直人民主党代表から、当時のイラクで戦闘地域と非戦闘地域が区別できるのか、一カ所でも具体例を挙げてほしいと迫られた際に、こう答えたのである。「どこが非戦闘地域でどこが戦闘地域かと今この私に聞かれたって、わかるわけないじゃないですか」(衆議院の議事録による)。戦闘地域と非戦闘地域との区別ができなければ自衛隊派遣の根拠が崩れるはずであるが、この答弁でその場を乗り切ってしまったのである。

さらにその翌年の二〇〇四年一一月一〇日に開かれた党首討論でも、岡田克也民主党代表の質問に対して、以下のように答弁している。

○岡田克也君　私が申し上げたのは、イラク特措法における非戦闘地域の定義を言ってくれと言ったんです。

○内閣総理大臣(小泉純一郎君)　それは定義は、それは文書を持ってくればすぐ言えますよ。党首討論ですから、考え方を言っているんです。私は、特措法というのは、自衛隊が活動する地域は非戦闘地域である、これがイラク特措法の趣旨なんです(発言する者あり)。

(衆議院の議事録による)

政治的判断にとって必須なことは、言語表現が現実と相即しているか否かの判断であるのだから、ここで小泉首相の答弁は明白に論理的にも政治的にも破綻している。さすがに議場でも批判の声が上がっているが、この時も結局はこのままになってしまった。このような状況を見て私は、単に小泉首相個人が反知性主義的であるということではなくて、国民にもこの雰囲気が醸成されているのだと感じたのである。彼がこれほどに支離滅裂な答弁をして、野党やマスメディアからの少なからぬ批判にさらされても、国民の支持率は高かったからである。

政治の世界で使用される言語に「嘘」が入ることは、洋の東西を問わない常識ではあるが、それでも歴代の首相たちは言行一致に努めていたし、自分が統率する大臣たちの言行にもそれを求めていた。しかし今では、もはやそういうことはなくなってしまった。それが許容されているのは、国民の間にも、ある種の反知性主義が醸成されているからなのであろう。

では、国民はなぜ反知性主義に同調するのだろうか。それは先に論及した「生きる世界の巨大化」に関わりがあると思われる。すなわち、「自分たちを脅かしている『巨大な世界』を造っているのは知識人たちが振り回す近代的合理主義に他ならない。自分たちはあの連中にいいように操作されているのだ」という思い込みが醸成されているからであろう。とりわけ、一流大学を目指しての受験競争の激しい、ここ数十年間の日本社会では、毎年すさまじい数の「敗者」が産出されているのである。

同時に、前世紀の最後の十年以来続く経済不況の中での、一般国民の生活水準の低下も影響しているはずだ。「規制緩和」という実態不明の掛け声をもって実施されている法改革のもとで労働者の待遇は悪化しているのだが、待遇改善に不可欠な団結権を行使する場としての労働組合への加入率（組織率）は六年連続で下がり続けて、二〇一六年には一七・三パーセントにまで低下している（厚生労働省の調査による）。つまり、労働組合を支持母体とする政党が広範な国民の切実な思いを代弁するということもなくなり、結局、国民の声が理性的な言論で整理され要求としてまとめ上げられて、政治の場で政策化されて実現されるという回路が、日本ではほとんど絶たれているのである。

このような状況に国民レベルでの反知性主義の醸成基盤があるはずだ。見方を変えれば、日本は今、民主主義の根幹たる言論活動を介しての政治が機能不全に陥っていると言える。その結果、人々は「投票に行ってもどうせ何も変わらない」と考えて、投票率が低下しており、とくに若い世代でそれが顕著となっている。ここには明らかに負のスパイラルが生じている。

こうして将来に希望を抱くことが困難となった人々は、論理的に構築されることが必要な政策――ときにそれは長い討論をも必要とする――に期待をかけるよりも、感情的に仲間の内で盛り上がることを優先することになりやすいのだろう。そして、その思いが外に向かうときには、「真実がどうであるかは関係ない、相手をへこますことができればそれでいい」というような感情的攻撃に出やすくなるのだろう。今からちょうど一〇年前に「極めて単純な話、日本が軍国化し、戦争が起き、たくさんの人が死ねば、日本は流動化する。多くの若者は、それを望んでいるように思う」と書いた若者が現れて、社会が驚かされたことがあった（赤木智弘「『丸山眞男』をひっぱたきたい　三一歳フリーター。希望は、戦争」〔「論座」二〇〇七年一月号〕五八頁）。

あれから十年が過ぎて、この風潮はさらに強まっているように思われる。ここには明らかに「ポスト真実」に走りやすい構造が存在している。さらに厄介なことには、現在の政権与党は、首相を先頭にしてこの構造を駆使してきているのである〈西田亮介「〈ポスト真実〉とポピュリズム」〔「談」no.

109〔2017〕〕二二頁以下）。例えば、世論調査で反対意見が圧倒的多数を占める中、安保法制を安倍首相が強引に成立させる過程について、このような報道がなされたことがある。「それでも首相は動じなかった。周囲に強気でこう語っている。『今は昔と違ってインターネットがある』」（「産経新聞」二〇一五年九月一九日朝刊）。だからこそ、今年の春もまた彼は、安易に辻元清美衆議院議員についてのフェイクニュース（「森友学園」問題を大きくするために辻元議員が工作をしたとするもの）に飛びついて、国会の場で利用しようとしたのだろう。つまり、今、日本人の間には上から下まで「ポスト真実」的振る舞いが目立っているということになるのだ。

五　「ポスト真実」を過去（ポスト）のものとするために

反知性主義的風潮から生み出される「ポスト真実」的情報環境は、耳目を捉えやすい情報を提供しながら人々を誤った世界へと誘導しやすいものである。では、われわれは「ポスト真実」の時代を超えるために、今、どうすべきなのだろうか。

内田樹は反知性主義者たちについて、以下のような興味深い指摘をしている。彼らは「いま、ここ、目の前にいる相手」を知識や情報や推論の鮮やかさによって「威圧すること」に熱中しているのであり、「だから、彼らは少し時間をかけて調べれば簡単にばれる嘘をつき、根拠に乏しいデータや一義的解釈になじまない事例を自説のために駆使することを厭わない」〔内田樹〔編〕『日本の反知性主義』〔晶文社、二〇一五年〕四一頁〕というのである。

ここでも指摘されているように「ポスト真実」的情報は、時間をかけてその内容をしっかりと検証すれば、その嘘や歪曲は明らかにされてしまうものである。しかしながらイギリスの国民投票を例にとっても分かるように、重要な選択行動に関わって作用する「反知性主義」や「ポスト真実」の傾向は、時間で解決することのできない側面をもつ。有権者が「騙された」と分かっても、後のまつりだからである。それゆえに政治の場面での「反知性主義」や「ポスト真実」の危険性がしっかりと認識されるべきである。

しかし残念ながら今、内田が指摘するとおりの「情報環境」が、わが国の政府によっても用意されているのである。

このような状況においても事実を明らかにして、それを人々の前に提示できるのは、単なる速報性が売りの「ニュース報道」ではなく、「調査報道」しかありえない。この「調査報道」とは、花田達朗が自らその実践の中心にいながら説いている'Investigative Journalism'の日本語である。その「探査」の対象は、「政治的・経済的・社会的権力が隠していること、つまり不正や腐敗や暴走や不作為などの事実を『探査』によって摑み、それを白日のもとに晒していくことである」〔花田達朗「ジャーナリズムと市民社会の再接続――『イズム』はいつも居場所を求めて旅に出る」〔「世界」二〇一七年九月号〕四八頁以下〕。そして花田は早稲田大学の中に「早稲田調査報道ジャーナリズムプロジェクト」を立ち上げて、「ワセダクロニクル」というインターネット上での媒体を通じて、独立した調査報道を展開している。この有意義な営みと併行的に、既存のマスメディアもこの方向に進んでほしいと思うのだ。なぜならば、本書の以下の章に登場するジャーナリスト達が示してくれたように、既存のマスメディアには、調査報道をするつもりになりさえすれば、直ちに実行できるだけの人的資源も物的資源も現存しているのだからである。

たしかに、岩上安身の言うように「メディア企業の職員」の全てがジャーナリストと言えるのかという疑問はありうる（「『王様は裸だ』と君は指摘する（できる）だろうか？」八巻和彦〔編〕『「今を伝える」ということ』〔成文堂、二〇一五年〕一八五頁以下）。あるいは花田達朗が言うように「言論・表現の自由を脅かす、日本独特の要素は、実はその自由のために闘うジャーナリスト集団の不在である。……ジャーナリズムという「イズム」の担い手や当事者、実践者はどこにいるのか」（花田・前掲書四六頁）と、疑問を抱くことも、充分に根拠のあることである。

とはいえ、既存のマスメディアに状況の改善を求めないで放置しておけばいい、ということにもならない。放置しておけば、その巨大な発信機能が権力の意のままに使用されることになりうるからである。そしてなによりも、本書のこれからの頁が示しているように、既存のマスメディアの中にもジャーナリズムという「イズム」の優れた担い手はいるのであるから、その人たちの活躍の場を確保するためにも、調査報道の確立を期待したいのである。その成果が発表されて、それがインターネットの世界に収納され、それがさらに拡散されていけば、「ポスト真実」的情報環境の基盤が徐々に掘り崩されることになるであろう。

最後に、マスメディアに二つの提案をしたい。それは、権威ある「ニュースのまとめサイト」の設立と信頼性の高い「キュレーションサイト」の設立である。(「まとめサイト」と「キュレーションサイト」とについての一般に通用する定義がまだない段階のようであるが、ここでは学生たちが使用している区分に従っておく。)

教室で、「事件・事故などについて、まず新聞社や放送局のHPにアクセスして知ろうとするか、それとも『まとめサイト』にアクセスするか」と挙手で尋ねたところ、六―七割の学生たちが後者の方法をとっていた。若者が「ニュースのまとめサイト」に頼るのは、インターネット上の膨大な情報という大海原で不安に駆られて、できるかぎり手軽に「信頼できそうな」情報を手にいれて安心したいからに他ならない。実際、自分でインターネット上の情報の真偽を確認することは、平和博も著書で二〇頁以上を使って説明しているほどに(『信じてはいけない―民主主義を壊すフェイクニュースの正体』(朝日新書、二〇一七年))、かなり複雑な手順が必要なことなのである。

若者たちのこの現実を前にしては、マスメディアもとうてい安穏としていられないはずだ。自分たちが取材して発信した情報がそのままの形で一般の人々に受け取られることがなく、「まとめサイト」によって「編集された」形で人々に利用されているばかりか、(よく知られているように)意図的に混ぜ込まれたフェイクニュースと一緒にされて利用されていることになるからである。

このような、既に普通になりつつある「ポスト真実」的な「情報処理」を超えるための方法は、マスメディア各社が有する人的資源ならびに情報資源を出し合って、権威ある「まとめサイト」を各社共同で設立することである。そしてこの「まとめサイト」では、次々と現れるであろう「ポスト真実」的な「情報」に対して、迅速に真実の情報を対置していくという体制をとるべきである。こうすることによって、組織ジャーナリズムとしてのマスメディアへの信頼感も高まるであろう。先に行われたフランス大統領選挙においては、フランス国内の主要メディアなど三七の報道機関と検索大手グーグル（Google）が共同で、虚偽情報を検証するプロジェクト「クロスチェック（CrossCheck）」を設立し、フェイクニュースの検証に大いに力を発揮した。日本国内でも、瀬川至朗も発起人の一人となっている協議体「ファクトチェック・イニシアティブ（ＦＩＪ）」がすでに立ち上がっているが、マスメディア各社が共同でその豊かな人材を駆使して、権威ある「まとめサイト」を樹立すべきではないだろうか。

もう一つの提案は、二〇一六年一二月にWELQというキュレーションサイトが社会問題化したことと関わっている。これは、DeNAが運営する健康関連の情報を提供するキュレーションサイトであったが、広告収入を確保するためにＰＶ数を稼ぐことを優先した結果、誤った情報や他人の記事からの剽窃などが多数掲載されているという事実が明らかになり、閉鎖に追い込まれた（この問題についても平・前掲書が詳しい）。

この問題発生の状況を見れば、実は既存のマスメディアこそが各種のキュレーションサイトの運営主体として最適であると思う。なぜならば、各社が社内に膨大な情報、知識の集積をもっており、それは時々刻々に更新されてもいるはずだからである。そして、運営する主体が情報の真実性を追求するジャーナリズムの一端を占める会社であることは、利用者にとって安心を提供するに違いない。

こうして、スマートフォンの中に「ある」SNSの小さな世界に閉じこもりがちな若者たちに対して、社会の中で前向きに生きる希望と勇気をマスメディアが与える、という状況を再現してほしいと痛切に思う。ディスプレイの中の「小さな世界」に安住しているうちに、外の大きな世界からいきなりとんでもない事態がふりかかってきて、自分もその犠牲者の一人になることも十分にありうることだからである。

「大東亜戦争」の直前に、わずか一七文字でこのような事態を警告した渡辺白泉という俳人がいた。作者渡辺は一九四〇（昭和一五）年に俳壇活動により治安維持法違反容疑で逮捕された。

「戦争が　廊下の奥に　立ってゐた」

第一部

「真実」はどこに在るのか

1　安倍一強の下、民主主義は根付いているのか

東京新聞社会部記者
望月衣塑子

一　なぜ、菅官房長官の会見に臨んだのか

二〇一七年六月六日以降、菅義偉官房長官の記者会見に出席するようになりました。今は会見に一日一回は出席することを心掛け、「森友・加計疑惑」「元ＴＢＳワシントン支局長、山口敬之氏による詩織さんへの〝準強姦〟疑惑」等々の追及を続けています。菅長官の会見に出るのは、普通は内閣記者会に属する政治部記者です。私は社会部記者ですが、会社に許可を得て、六月六日に初めて菅長官の会見に臨みました。会見でのやり取りなどを通じ、日本のマスメディアの問題と、現在の政治の問題への関心を高めていただきたく思います。

「加計疑惑」とは何か

「加計疑惑」とは、安倍首相が腹心の友と呼ぶ加計孝太郎氏が理事長を務める「加計学園」が、新たに獣医学部を愛媛県今治市に設置することに関して沸き起こった疑惑です。

契機は五月一七日に朝日新聞が一面トップで報じた「新学部　総理のご意向　文科省に記録文書　内閣府、早期対応求める」という記事でした。報じられた文科省の内部文書には、「総理のご意向」という文言が記載されていました。この文書によって、加計氏の大学の為に獣医学部新設を認める方向で話が進んでいたのではないか、という疑惑が生じたのです。その後、民進党が入手した文書によって、松野博一文科相や麻生太郎財務相が懸念を示していたにも関わらず、経産省の藤原豊内閣審議官が「官邸の最高レベルが言っていること」として、首相の意向をちらつかせながら、文科省が五二年にわたり新設を認めてこなかった獣医学部を、愛媛県今治市に新設する方向で話を進めていたことが明らかにされます。

朝日新聞の特ダネのように報じられますが、実は「官邸の最高レベル」という文書の存在を初めて伝えたのは、五月一六日夜のNHKの報道でした。朝日新聞の報道前夜に、「文科省の大学設置審議会が獣医学部新設に難色を示した」というニュースとともに、「官邸の最高レベル」と記載された昨年（二〇一六年）九月二六日の文書を一部黒塗りにする形で流していました。本来なら大スクープですが、NHKは、内閣府が「平成三〇年四月」開校との官邸の意向をちらつかせて文科省に迫るやり取りが記された文書の「官邸の最高レベル」の部分を黒塗りにし、サラッと流すのに留めています。

一面トップ級のニュースを極めて矮小化して報道していたのです。東京新聞を含め、加計疑惑をマークしていなかった多くのメディアは、ＮＨＫの報道を見てもピンと来なかったのが実情でした。

菅長官の「怪文書」発言

文書には、「総理のご意向」「これは官邸の最高レベルが言っていること」「加計の獣医学部新設をとにかく急げ」といった文言が記されていました。それに対して菅長官は、「怪文書みたいな文書。出どころも明確になっていない」。官邸の最高レベルが言っているとか、首相のご意向と聞いたといったことはまったくなく、首相から一切指示はありません」などと、珍しく強い口調で否定しました。一方、文科省は、七人の職員と担当する専門教育課の共有フォルダーのみを調査し、半日の調査の結果、松野文科相は「文書の存在は確認できなかった」と発表しました。また、国家戦略特区を担当する山本幸三内閣府特命担当大臣も「首相から指示を受けたことは一切ない」「内閣府職員にも聞き取ったが、事実はないとの報告を受けた」などと話しました。つまり、文書は全く根拠のないものだ、と政府は否定し続けたのです。

文書を「怪文書」と一蹴していた菅長官に答えるかのように、翌五月一八日、朝日新聞は、日時入りの内部文書の存在も報道しました。菅長官のこの「怪文書」発言が、後々まで響いていきます。その後、前文科事務次官の前川喜平さんによる告発や、複数の匿名の文科省職員による暴露がありました。しかし、その間も菅長官は、「出所不明の文書で調査の必要はない」と頑なに言い続け、政府は再調査へは踏み切りませんでした。

前川前文科事務次官「出会い系バー通い」報道

朝日新聞が加計疑惑を報じた直後から、前川さんが実名告発するのではないかという噂が永田町を駆け巡りました。ところが「総理のご意向」文書の報道から数日後、五月二二日の読売新聞に「前川前事務次官　出会い系バー通い」という記事が出ます。

前川さんによると、事態の経緯はこのようなものだったそうです。

朝日新聞の五月一七日の初報から三日後の二〇日に、読売新聞の文科省担当だった記者からメールで、前川さんの出会い系バー通いについての取材申し込みとともに、明日、その関連を記事にするかもしれないとの連絡が入りました。前川さんがメールを無視したところ、翌日、再度、同じ記者から詳細な質問メールが入りました。そして同日、文科省の藤原誠初等中等教育局長（現・官房長）から「和泉洋人首相補佐官が話し合いたいと言ったら、応じるつもりはありますか」との趣旨のメールが入ります。前川さんは「考えさせて下さい」と返信し、以降メールに返信しなかったそうです。前川さんは「読売の出会い系バーについての質問と、和泉補佐官からの面会の打診は連動しているのではないかと感じた。しかし、報道を抑えてほしいと官邸に頼もうとは思わなかった」と話しています。

一方、和泉補佐官は面会打診のやり取りについて菅長官を通じて否定しています。読売新聞も官邸からのリークを否定し、独自取材に基づき報道したとしています。結局、前川さんへの記者の予告通り、五月二二日、読売新聞は社会面で「前川前事務次官出会い系バー通い　文科省在職中　平日夜」と報じます。

最初記事を見た時、私は前川さんが買春などの容疑で逮捕の見込みがあるから記事が出たのかと想像しました。読売新聞は事件取材に非常に強く、優秀な記者が多いとの実感を持っていたからです。事件に繋がらないこの種の記事を書くのは、およそこれまでの読売新聞のレベルからは想像し難いものがありました。しかし、現在もなお、買春の報道はなく、逮捕されることもありません。あの段階で、なぜ報道すると判断したのか、今もなお、違和感を覚えます。

前川前文科事務次官へインタビュー

しかし、記事が出ても前川さんは怯みませんでした。五月二五日、前川さんは加計疑惑について記者会見し、「報じられた文書は確実にあり、自分もその報告を受けた」と発言しました。一方で、出会い系バー通いは、「女性の貧困の実態を調査するためだった」と説明をしました。

会見で出会い系バー通いについての説明を聞いた時は、「ちょっと苦しい言い訳ではないか」と思いました。しかしその後、前川さんを取材し、彼が通う、公立夜間中学を目指す福島の自主夜間中学や、ボランティアで参加するＮＰＯ法人「キッズドア」の関係者・スタッフに取材する中で、いろいろなことがわかっていきました。前川さん自身は、子どもの貧困問題、高校を中退した少女たちが定職につけず、出会い系バーで日銭を稼ぐ生活をしている現実、高校中退する女子高生の多くが必修の数学でつまずいていること、通信制高校の生徒たちが全く勉強せずに卒業できている状況などについて、その問題を文科省にフィードバックしようとしていたのです。

前川さんへの取材は三時間五〇分にわたりましたが、後半一時間は、ひたすら教育行政の話でした。戸籍のない子ども、貧しい子どもや十分に教育を受けられなかった人々にも十分な教育を与えるには何ができるのか。フリースクール創設を特区で行い、四〇人以下の学級を認めるよう規制を廃止するべきだ、など、様々な話を聞かせていただきました。今どきこんな人が文科省のトップにいたのか、と正直びっくりしました。同時に、彼の人柄と誠実さがよくわかり、信頼に足る人だという印象を抱きました。

文科省の文書は、政権批判の材料の一つとはいえ、出会い系バーに好き好んで通う人ならば、告発を全面的に擁護したくないという思いがありました。ですが、彼の教育への熱意や真摯な人柄を知ると同時に、彼が身の危険を顧みず、「行政が歪められた」と告発した獣医学部新設の経緯と実態を、多くの人々に伝えなければいけないという思いに駆られました。

「総理のご意向」が教育行政を歪めた？

獣医学部設置を進める国家戦略特区諮問会議の民間有識者議員である八田達夫氏や、同じく民間有識者議員で人材派遣会社パソナの会長でもある竹中平蔵氏らは「規制撤廃と教育」というテーマを主張しています。ですがこのテーマは、本来は水と油なのかもしれません。大量に大学をつくり、競争の結果良い大学だけが生き残るという安易な規制撤廃論を是とすれば、日本の教育政策の中で大切にされてきた高度な教育と教員の質は担保されなくなると感じます。また、獣医学部は決定的に教員が少ないという現状を、規制撤廃論者たちは全く直視できていないこともわかりました。教育とは数があればいいというものではありません。質の良い教育をし、学生に伝えていくことができるのか、この問題を無視しては日本の教育が歪められていくと思います。

だからこそ、文科省としては新たな獣医学部を新設することには極めて慎重でした。子どもの数が減り、家畜や動物の数も減る中で、獣医学部のある大学が淘汰されるのは宿命です。数を増やすよりも、むしろ既存の大学の再編や構造改革を進めることが優先されるべきです。新たな獣医学部設置は、大学経営や、大学を支える自治体の財政から見ても、危機的状況を招くのではないかという懸念があります。教育の質が低下すれば、学生の質も低下します。経営が成り立たず、教育の質が保てない、との問題意識もありました。それが「総理のご意向」によって、閣議決定の条件さえ無視する形で、内閣府主導で学部新設が進められた可能性が高いことが明らかになったのです。

政権中枢をめぐる不可解な動き

政権中枢をめぐる不可解な動きは他にもあります。元TBSワシントン支局長の山口敬之氏からレイプ被害に遭ったと告発し、不起訴不当を検察審査会に訴えていた、詩織さんにもインタビューをしました。

詩織さんは、二〇一五年四月に、山口氏と就職面接のような形で都内のレストランで食事をしました。二軒のレストランで食事をした後、ホテルに連れて行かれ「酩酊状態で記憶のない状況でレイプをされた」と警察に訴えました。

被害届受理から一カ月程のちの六月八日、山口氏がワシントンから成田空港に帰った時に逮捕状を執行すると決まっていました。しかし、六月八日、警視庁の中村格刑事部長（当時）から逮捕見送りの指示が来ます。

捜査に当たった高輪署では、令状を取る際には、担当検事、警視庁の広報、捜査一課にもそれぞれ許可を得ていました。元ワシントン支局長が逮捕されれば一大事です。しっかり根回しをして逮捕着手が決まっていました。

それが急きょ、当時の警視庁の刑事部長の指示で取りやめになったのです。担当の高輪署の刑事や担当検事は皆、担当を変えられ、警視庁捜査一課での捜査に移行しました。中村氏は、菅長官の秘書官も長い間務め、政権の信頼が厚い人物と言われています。「共謀罪」を統括する警察庁の組織犯罪対策部長を務めた後、二〇一七年八月、警察庁長官への出世ルートとされる警察庁総括審議官に就任しました。

中村氏の逮捕見送りの判断にどのような力が働いたかは、わかりません。ですが、山口氏への捜査は逮捕でなく任意聴取になり、一年半の捜査の結果、二〇一六年七月、不起訴処分になります。不起訴処分直前の六月、山口氏は、安倍首相について取り上げたノンフィクション本『総理』を幻冬舎から出版し、本は大々的に宣伝されました。もし山口氏が起訴されれば、首相へのダメージは決定的となったでしょう。なぜ一刑事部長が、準強姦容疑の事件を、当日になって逮捕見送りに踏み切ったのか。一〇年以上事件取材をしていますが、このような話は聞いたことがありません。捜査に納得のいかなかった詩織さんは、自分が泣き寝入りをしたら、多くの性犯罪被害者達が声をあげられない社会になっていく、実名告発して真相を解明し、被害者らが泣き寝入りを強いられる社会を変えたい、との思いから決意を固めたと話してくれました。

＊三カ月以上の審査の結果、九月二二日、東京第六検察審査会は、山口氏の不起訴を相当とする議決を公表。山口氏は「今回不起訴処分が確定したことで、この案件は完全に終結しました」とコメント。詩織さんは「本日結果を知り驚きました。私たちが集め直した証言や証拠が『不起訴処分を覆すに足る事由がない』と判断されたことについて、しっかり説明して頂きたかったと思います」とコメントを寄せています。その後、詩織さんは九月二八日に、山口氏に一千万円の損害賠償を求める訴訟を東京地裁に起こしました。

変わる戦後日本

先ほどの前川さんへの取材の中で印象的だったことがあります。第一次安倍政権で教育基本法が大幅に改正されました。日本国憲法は、戦後の日本に民主主義を根付かせるためにつくられました。それを支えるために教育基本法があったのですが、二〇〇六年、第一次安倍政権によって前文を含めて大幅に改正されました。前文の核心は削られ、道徳や愛国心を讃える内容に変更されました。戦後、民主主義を根付かせるためにできた教育基本法が、ナショナリズムを喚起させる改正教育基本法に変わった、日本の国家のあり方、教育のあり方が安倍政権によって大きく変えられていくのではないか、そうした危機感を前川さんは抱いていました。

前川さんに取材する一カ月ほど前に、森友学園の籠池泰典元理事長の長女町浪さん、著述家の菅野完さんに話を聞かせてもらいました。一番面白かったのは、籠池元理事長が安倍首相に心酔した大きな理由の一つが、教育基本法の改正だったと話していたことです。籠池元理事長は子どもに教育勅語を教える「変わったオッチャン」と見られていましたが、改正によって役所の人が「はは!」と彼を迎えてくれるようになったというのです。政治が変わると人が自分を見る目が変わるのだと感じたということでした。方向性は違いますが、教育基本法改正が、一方では首相への危機感を抱き、一方では心酔を深める契機になっていたのです。

前川さん、詩織さん、籠池さんを取材する中で、政権の中枢部は、安倍一強の下で歪んでいるのではないかとの危機感を強くしました。私が取材を続けている武器輸出問題では、二〇一四年四月「防衛装備移転三原則」を第二次安倍政権が閣議決定し「武器を売らない」国から、「武器を売り、海外と一緒に開発し、経済を活性化させる」国へと大きく舵が切られています。日本が変わるという危機感、そして政権中枢部が歪んできているという危機感も募り、菅長官の会見への出席を決意しました。

二　国民の声に耳を傾けない安倍政権

六月八日・菅長官会見概要

ここで、六月八日午前の菅長官記者会見での質疑の概要を紹介します。現在の政権の「姿勢」を感じ取っていただければと思います。

菅長官は、いくつもの文書や匿名告発が繰り返しメディアで報じられても、出所が明らかでない文書は調査の必要はない、と言い続けていました。そこで、私は菅長官に対して、「福田康夫元首相が安倍政権の公文書管理について『保存のためにつくった法律を廃棄の根拠にしている』と言っている。前川さんだけでなく、複数の告発が報道等で沢山出ている。再調査はしないのか」と質問をしました。

菅長官は「法治国家ですから、法律に基づいて適切に対応しています」と、意味がよくわからない返答をします。

すかさず切り返します。「公益通報者保護法のガイドラインを見ると、『匿名による通報についても可能な限り、実名による通報と同様の取り扱いを行うよう務める』とある。法治国家ということであれば、この保護法のガイドラインに沿って、この文書があるのかないのか調べるべきではないか」

これに対し、菅長官は「文科省において検討した結果、出所や入手経路が明らかにされない文書は、その存否や内容の確認の調査を行う必要はないと判断した」「現在もそのような状況には変わりなく」「いずれにせよ文科省においてこれは考えられる」という返答をします。

怯まずに切り返します。「共有フォルダーになかったという回答が出たが、その後に、共有フォルダーにあり、現在も複数の文科省職員がこれを持っているという匿名の告発が出ている（会見の時点ではNHK、民放各社も、匿名の文科省職員の告発を報道していました）。もう一歩踏み込んで調べていただきたい」

しかし、菅長官の答えは変わりません。「文科省のほうでその存否や内容などの確認の調査を行う必要はないと判断をした」という趣旨の答えが返ってきます。

負けずに切り返します。「文科省の判断というより、官邸の最高レベルである安倍総理、菅官房長官の判断がなければ、再調査に踏み切れないのではないか」

菅長官はこのように答えます。「あり得ません。役所において判断をする。それに尽きます」

ここで、ジャパンタイムズの吉田玲滋記者が加わります。「五つの報道機関が、現役の文科省職員の文書があったという証言を報じている。これがすべて嘘で、信用できないと言うのか」

菅長官はこのように答えます。「嘘だと言ってない。様々な指摘を受けて、文科省でその存否や内容などの確認を行う必要はないと判断した」

吉田記者がさらに続けます。「なぜそう考えるかの説明がない。証拠がないと水掛け論になる。コンピューター調査しかないのではないか。やらないよりやったほうがいいとは誰でも思う。そこにこだわるのが不可解。やりたくないとしか聞こえない。同じことしか言っていない。各社の報道が信用できないのか」

何度質問しても菅長官の答えは変わりません。

私も再び質問を投げかけます。「匿名などの出所不明は扱えないというのは、政府の公益通報者保護制度の精神に反するのではないか。的確なご回答をいただけていないと思う」

それでも菅長官は「申し上げたとおりだ」と話すのみです。

私は引き下がりません。「(日経のオンライン調査では)前川さんの証人喚問に賛成が八六パーセント、内閣支持率は現在二二%と出ている。政府側の対応は国民にとって全く理解納得できないものになっていることについて、どうお考えか」

菅長官はこう答えます。「法律に基づいて適切に対応していく」

間にいくつか別の質問を挟んだ後、また質問します。「複数の現役職員の方が、自分の身の危険を冒して告発に出ている。もし実名での告発に踏み切ったら、適正な処理をするのか。公益通報者保護制度の精神に基づいて、保護した上で意見を聞いてくれるのか」「仮定ではなく、出所不明だから調べられないと言っているが、勇気を持って出所を告発した場合、その話をもとに調査していただけるのか」

しかし、菅長官の答えは変わりません。「仮定のことに答えるのは控える。文科省で判断する」。何度質問しても、同じような答えが繰り返されます。

その時、ついに事務方の報道官がこう発言します。「同趣旨の質問は、お控えいただくようお願いします」

この時は、何とか再調査に踏み切らせたいと思っていました。ですから、私はこう切り返します。「きちんとした回答をいただけていると思わないので、繰り返し聞いている。告発で出所が明らかになっても、政府として、それを真摯に汲んで調べるかは、回答保留ということか」

しかし、それでも菅長官の答えは変わりません。「仮定の質問に答えるのは控える。文科省においてその時点で判断する」。菅長官はこのように答え、会見は終了してしまいました。

再調査の決定

六月八日の記者会見の直後、菅長官は総理執務室で夕方から夜にかけて今井尚哉秘書官や首相、萩生田官房副長官らと話し合い、再調査を決定します。これまでの会見では、「文科省が調査をしたことに尽きる」と木で鼻をくくった答弁をすれば、記者もその先の国民も納得すると想定していたのかもしれません。私や吉田記者の質問を通して、納得していない国民もいることを初めて感じたのかもしれません。

そして翌九日夕方、首相が偉そうに「国民の声に真摯に向き合って、改めて徹底した調査を行うと決断しました」と、再調査を行う方針を発表します。

通常国会で「中間報告」という禁じ手を使って「共謀罪」の強行採決が行われ、国会が閉会した六月一五日、その数時間後、松野文科相が記者会見を開きました。再調査を行った結果、民進党などが公開、追及した一九の文書のうち、一四の文書の存在が確認できたと認めたのです。「官邸の最高レベルが言っていること」「総理のご意向」などの文書は「怪文書」ではありませんでした。松野文科相は「前回確認できなかった文書の存在が明らかになったことは大変申し訳なく、真摯に受け止めている」と謝罪しました。再調査の結果が発表されるに至るまで、文書が報じられてから一カ月かかっていました。

内閣府主導で進められた獣医学部新設

文科省は、再調査の結果として内閣府とのメールを公開します。新文書には、安倍首相の最側近と言われる萩生田副長官の名前がありました。新たに文科省が公表した、内閣府から送られたメールに添付された内閣府の原案とされる文書には、獣医学部新設に関し「広域的に」とか「存在しない」「地域に限り」との手書きの文言が加えられていました。メールには「手書きの指示は、藤原（豊）審議官曰く、官邸の萩生田副長官からあったようです」と記載されており、これにより「総理のご意向」と伝えていたとされる藤原審議官が、加計学園しか応募できなくなる要件を、萩生田副長官の指示で書き入れた可能性が高いことが明らかになりました。

文書が出てすぐ、萩生田副長官は、「自分は修正の指示を出したことはないし、文科省が公表したメールの内容は事実に反する」と、全否定のコメントをファックスで発表しました。しかし、公の場での記者会見は現在もなお開かれないままです。萩生田副長官は、加計学園が運営する千葉科学大学の名誉客員教授を務めています。衆議院議員落選中も同大学で客員教授を務め、月一四万円のお給料をもらっていました。

菅長官の横浜市議時代から繋がりがあり、疑惑のキーパーソンと呼ばれるのが、和泉洋人首相補佐官です。和泉補佐官は、原発輸出、新幹線輸出など、現場での取り仕切り役を安倍首相、菅長官の意向を受けて担い、菅、安倍両氏の懐刀、影の総理とも言われている人物です。私が取材を続けている武器輸出問題でも、大型案件の武器輸出に関して、各国の大使や金融機関、財務省、外務省、経産省、不動産会社などの担当者を官邸の執務室の呼びつけ、時に「菅に何を言わせたらいいのか」と菅長官を呼び捨てにして、指示を出しとりまとめていると言われています。NHKが特ダネで報じた「一〇／二一　萩生田副長官ご発言概要」という文書でも、この和泉補佐官が、実質的なキーマンとして農水省・文科省の間をとりまとめ、内閣府主導での獣医学部新設を進めていた様子が明らかにされました。

「平成三〇年四月開学」が意味するもの

加計学園をめぐる問題の中で繰り返し問題視されているのは、「平成三〇年四月開学」という期日です。二〇一六年三月に、菅良二今治市長が市議会で「最速で二〇一八年四月開学となれば大変有り難い」と発言しています。今治市から内閣府への二〇一六年八月のメールで、市が「平成三〇年四月開学」と時期を明示したことも判明しています。一方、ライバルの京都産業大学が開学時期を知ったのは、二〇一六年の一一月一八日です。パブリックコメントを求めるために掲載された内閣府のホームページで初めて知ったのです。

このこと一つをみても獣医学部新設に関し、安倍首相のお友達の「加計学園ありき」で話が進んだであろうことは明らかです。今治市が公開した七八〇〇枚の行政文書、文科省が示した一五枚の行政文書、内閣府が出した八枚の行政文書を読み込めば、「加計学園ありき」で進んでいたことが十分推測されます。

京産大の国家戦略特区のワーキング・グループ（ＷＧ）で出された二三枚の資料を読むと、京産大が京都大学のｉＰＳ細胞研究と連携を深めて、創薬などのライフサイエンスの研究を獣医学部構想として具体化させる等、画期的な提案をしていることがわかります。京産大は、鳥インフルエンザ研究で権威とされる大槻公一センター長がプレゼンをしています。先進的な研究という視点で見ると、加計学園側の加戸守行・前愛媛県知事の二枚の資料より優れたアイディアを出しています。なぜ加計学園に京産大が勝てなかったのかは、調べるほど疑念が尽きません。内閣府は、京産大の資料を、三月に朝日新聞から質問が来るまで一切公開していません。よほど、比較されるとまずいと思っていたのかもしれません。

政権中枢は「裸の王様」

疑惑を煙に巻くためなのか、安倍首相は国会を閉会しました。ですが、新たな疑惑や問題は途切れることなく、次々と現れています。安倍首相は「新たに疑惑が出れば、真摯に説明していく」と言いましたが、実際は説明しているとは言えない状況が続いており、国民の疑惑と疑念は強まっています。政治は誰のためにあるのか。総理のお友達の学部新設に百億円もの税金が投入されていることに、国民の怒りが募り、都議選直前には、秋葉原での安倍首相の応援演説の際に聴衆から「安倍辞めろ」のヤジが巻き起こりました（詳しくは後掲、「**国民の怒りが集約された『安倍辞めろ』の声**」参照）。国民の声に耳を傾けていかない限り、安倍政権は徐々に崩壊に向かうのではないかという気がしています。

国会閉会後の六月一九日、安倍首相は閉会後の定例会見で「疑惑について、閉会後も真摯に対応する」と発言しました。しかし、その後も稲田防衛相の「日報隠し」疑惑などが露呈しました。時事通信の世論調査で支持率は三割を割り、漸く七月二四、二五日の両日で安倍首相の出席する閉会中審査が行われました。菅長官には「総理の会見を行うべきではないか。説明責任を果たすべきだ」と何度も詰め寄りましたが、菅長官は「総理は否定している。個別の会見は考えていない」という主張に終始しました。国民の怒りや告発に向き合わない政府の姿勢は、支持率低下を招き、結果、自民党の歴史的な都議選惨敗を招きました。

三　メディアは権力にどう向き合うべきか

問われるメディアの姿勢

ジャーナリズムは、権力を監視するためにあります。問題があれば、きっちり批判をしないといけません。

首相は、七月二四日の閉会中審査の中で、何度も「李下に冠を正さず」と強調しました。最高の権力者であり、国家戦略特区の議長だからこそ、えこひいきはいけません。加計氏との付き合いは、慎むべきだったでしょう。特区の議論が活発化していた昨秋からだけでも、首相は加計氏と六回もゴルフや会食を行っています。中には、加計氏から奢ってもらうものもあったといいます。「加計学園の申請は一月二〇日まで知らなかった」と答弁し物議を醸しましたが、百億円もの補助金を扱う学校建設に関連する学園トップと飲食の供応を重ねている時点で、トップの意識と政治の歪みが出ているように思います。

新たな大学が本当に必要か、獣医師の需要と獣医師を養成するための質の高い教育は確保できるのか、安倍政権自らが決定した「石破四条件」はクリアされているのか。根拠となる具体的な数値を提示できなくては、国民は納得しませんし、「政治の私物化」という疑念は晴れないでしょう。

国民が怒り、メディアが批判するのは、加計選定でのプロセスが明らかにされず、政府の説明責任が果たされていないからです。日本の民主主義を国民のための公平公正なものにするには、プロセスを明確にしなければいけません。一強が強まるほど権力は腐敗していくと、一連の取材を通じて感じています。国家戦略特区には、三重県養父市を含めて、加計学園と同じ構図が潜んでいる可能性があります。安倍一強にメスを入れ、政治が国民のために行われているかをチェックするため、メディアは現在こそ、その姿勢が問われています。

内閣人事局制度の弊害

官僚主導の弊害を打破するために、二〇一四年に内閣人事局が設置され、官邸の人事権が強化されました。霞が関官僚の部長級以上の六〇〇人の人事を官邸がチェックしています。幹部人事を官邸に握られた現実が、官僚の不正告発を抑圧している最大の原因であるとも言われます。森友問題で小学校建設予定の国有地が八億円超値引きされ、売却されましたが、その経緯を「記録もない、記憶もない」と答弁した佐川宣寿理財局長は、国税庁長官に栄転しました。税理士や国税庁徴収官の下には、「長官が半年で資料を廃棄しているのに、なんで市民は、一年も領収書を持ち続けないといけないのか」と苦情が寄せられているそうです。

本来であれば、「二〇／二一　萩生田副長官ご発言概要」についても、萩生田副長官から発言を聞いた当事者である文科省の常盤豊高等教育局長が、萩生田副長官との間で具体的にどんな指示を受けたのかを、国会の場で国民に対して説明してしかるべきです。ですが、萩生田副長官は内閣人事局長として常盤局長の人事を握る上司でもありました。自分の人事を左右する相手に盾突き、「副長官が、総理は『平成三〇年開学』とおしりを切っていたと言った」とは口が裂けても言えないでしょう。人事を握り尽されている中で、官僚はおかしいことがあっても、全く抵抗できなくなっています。結果として、霞が関の官僚の「司」であるべき役割が機能せず、「総理のご意向」や「官邸の最高レベル」が望む方向のみに行政が推し進められています。

権力の一番身近で取材するジャーナリズムがここにメスを入れ、国民に伝えなければ、政治は変わっていかないでしょう。霞が関の人事を官邸が支配し続けることが国民にとって良いのか。人事局見直しも議論する必要があるのではないかと思います。権力が独占的になるほど、霞が関人事も、官邸にとって都合の良い、使いやすい人間しか出世しなくなるという問題を抱えている気がします。

メディアは権力にどう向き合うべきか

安倍政権は今、意図的にメディアを選別していると言われます。五月三日の読売新聞に「九条加憲」の話が出ました。政権と主張が近い読売新聞とはいえ、首相が新たな改憲案を示す場に最大限に新聞が利用されています。韓国釜山の総領事だった森本康敬氏が更迭されましたが、記者との私的な会食の場での発言が理由とされています（これを産経新聞が報じました）。官邸の公安官僚出身で、今年の八月に新たに内閣人事局長になった杉田和博官房副長官は、政治部記者を使って政権に批判的な政治家やメディア、官僚の情報を集め、思想チェックなどにも利用していると言われています。ある社では、政治部のメモが官邸に筒抜けになる状況を危惧し、キャップとサブ以下でメモを共有しない仕組みになっているとも聞きました。恐しいことです。

今、日本では当たり前のようにメディアのトップが首相と会食しています。自社の社長や政治部長が首相と会食をすれば、現場の記者は萎縮します。加計疑惑についての前川さんへの独占インタビューが掲載された週刊文春の早刷りが霞が関やマスコミに回った二四日夜、首相とテレビ朝日の早河洋会長、篠塚浩報道局長、政治部長と首相番が、都内赤坂の日本料理店で三時間超にわたり会食しています。

一方、安倍一強下でメディアの閉塞感が続く中で、新聞やテレビ、インターネットをはじめ、志ある記者達がジャーナリズムのあり方を模索しようとしています。社を横断した勉強会が増えました。インターネットが発達するほど、同じ考え方を持つ記者やジャーナリストがいることに気づかされます。そして、それを支える市民や知識人が沢山いることにも気づかされます。インターネットが発達し「会社がどうか」ではなく、ジャーナリストとしての信念をより強く持つことができるようになったのではないかと思います。菅長官の会見で質問して以来、会社への手紙や電話、ツイッターなどでの応援が沢山来ました。声援があるほど「この方向で良い」「ここは変えないと駄目」という気づきがあります。インターネットの広がりにより、一記者としてできることは広がっていくのではないかと感じています。

自分の五感を信じて、世界の人々の幸せのために

記者として、世の中を少しでも良いものにするために何を基準に考え、記事を書く判断をすべきか。自分の内なる気持ちに正直になり、取材を積むことを心掛けたいと思います。それは、あらゆる仕事で重要なことではないかとも感じます。記者になりたい方、そうでない方にも心に留めてもらいたいことを最後に話します。

まず、自分の五感をフルに活用することです。「これでいいのか」「これは変だな」「許せない」「すごい」、誰かと接するとき、仕事をするとき、自分の気持ちを大切にしてほしいです。自分の根底に強い思いがあれば、少々の妨害があっても信念を貫いていけるのではないかと思います。

権力と対峙する位置に自分がいるかも大切です。今は政府の側に付くジャーナリストもいますが、ジャーナリストを目指す人であれば、権力と対峙する位置に立ち、社会的に弱い人々の声を吸い上げ、報道に反映する、そうしたジャーナリストを目指してほしいと思います。そして、時の権力への疑問や疑念が解消できたかを、外にではなく、自分の内に問い続けてほしいです。最終的には、世界、日本の人々にとってこれが本当にベストかを絶えず考え続けてほしいと思います。

武器輸出問題を取材していると、安倍政権が進める方向では、アメリカ同様に「戦争なくしては経済が発展しない」という悪循環に陥る危険性があると感じます。日本は戦後、九条を中心とした憲法を掲げ、戦争をせず民需で技術を発展させ、豊かになりました。戦争を経験していないからこそ、戦争のない平和で平穏な日常を当たり前のように営んでこられました。日本が七二年間守ってきた、憲

法に裏打ちされた精神を若い方々にも引き継いでほしいと思います。「自分だけがいい」「お友達だけがいい」ではいけません。「世界の人々が幸せになる方向」こそを常に自分に問い続けてほしいと思います。

講義を終えて　国民の怒りが集約された「安倍辞めろ」の声

菅義偉官房長官の会見で印象的だったのが、都議選投開票日前日の七月一日、安倍首相が応援演説で秋葉原に入った時のことです。その時、「安倍辞めろ」「安倍帰れ」というものすごいブーイングが起きました。四年前の選挙では、秋葉原は首相への声援が集中した場所で、首相にとって秋葉原は所謂、「聖地」でした。今回も、小池百合子都知事率いる都民ファーストの会が優勢と言われる中で、四年前の時のように求心力を見せ、少しでも自民党の議席を伸ばしたいという思惑だったと思います。

首相にあのような大声のヤジが飛ぶ街頭演説というのは、見たことがありませんでした。政府にも非常に衝撃を与えたと思ったので、菅長官に質問しました。「ヤジをどう受け止められましたか。私には非常に衝撃的だったのですが」と。すると、菅長官から「あなたの主観に答える必要はない」との答えが返ってきました。

主観はさておき、です。街頭で安倍首相は「こんな人たちに負けるわけにはいかない。自民党の人々はこんなことはしない」と言いました。ですから「抗議の声を上げる有権者を前に、その発言は適正だと思いますか」と怯まず質問をぶつけました。東京新聞の先輩の番記者も重ねて質問しました。すると菅長官は、「全く問題ない。ああいう状況の中で、極めて常識的な発言を総理はした。だって妨害しているのですから」と答えました。政府の国民軽視の視線が象徴的に表れている一言でした。政権は、国民の支持で成り立っています。その国民の一部からあのようなヤジが飛び交ったのです。それはなぜか。とりもなおさず、政権中枢に対する数々の疑惑の念が沸き起こっているからです。その問題を顧みず、国民の批判を受け止めていない回答に愕然としました。

その後も続々と政権に絡む疑惑が出てきています。稲田防衛相は、都議選の最中、候補者応援演説をした際、「防衛省、自衛隊、防衛相、自民党としてもお願いしたい」と発言しました。公務員は全体の奉仕者とする憲法にも抵触する発言です。選挙前にも辞任を求める声が高まりました。

都議選惨敗後も、陸上自衛隊の日報隠しをめぐり、陸上幕僚長が稲田防衛相に、陸上自衛隊にあった日報データを公表しないと報告していたとする疑惑が吹き出しました。フジテレビは、担当者の報告時の書き取りメモを公開、そこには、「陸自隠蔽」の報告を受け、「明日なんて答えよう」と稲田防衛相が答える様子が記載されていました。しかし、防衛監察本部は、「(陸上自衛隊からデータ保管について)何らかの発言があった可能性は否定できない」としながらも、出席者の証言が一致していないことを理由に、「非公表にすることの了承」はなかったという結果にすり替えていました。

週刊文春では、下村博文前文科相の大臣秘書官の日報が流出。日報からは、下村氏が、加計学園の室長から計二〇〇万円の献金を受け取り、それを収支報告書に記載していない疑惑なども明るみになりました。

森友問題では、土地取引のスキームを大阪航空局の職員らが提示していた可能性が浮上。土地価格を事前に提示していたことを示す音声データや、設計会社のメモまでもが報道されました。国会で「記録もない、記憶もない」と答弁した末に栄転した佐川宣寿・新国税庁長官の答弁が虚偽だった可能性が高まっています。二〇一七年一〇月の衆院選では野党の「敵失」が相次ぎ、結果的に安倍一強が続いていますが、政府はあらゆる疑惑に対し真摯に調査し、説明を果たさなければ、国民の政治不信は払拭できないでしょう。

2　南京事件からみる「戦争と報道」

日本テレビ報道局記者・解説委員
清水　潔

一　発表報道と調査報道

報道とは「知る権利」に応えるものと言われることがあります。この「知る権利」とは何も特別なものではありません。日本国民、私も含めて日本で暮らしている皆さんには、「今、この国の政治は何を行っているのか」とか、「原発事故はどうなったのか」、「税金はどう使われているのか」、「近づく台風は大丈夫か」等々知る権利があります。それに応えていくのが報道ということです。

そうした見地から考えたとき、報道の形式を大きく二つに分けることができます。一つは「発表報道」。これは官庁・企業などが自ら発表する情報を報じるスタイルです。「警視庁によると容疑者は犯行を認めているという」「官房長官によれば××は……」などと、記者会見やプレスリリースで発表されたものを伝えるものです。新聞やテレビをよく見ていくと報道の大半がこのスタイルになっていることに気づくと思います。

この場合、発表する当事者側は、自分たちにとって都合のよい事実だけを公表し、不利な事実は隠蔽することができます。自ら「実は大変な問題を起こしました」とか、「製造物に欠陥品がありました」などとは、できれば発表したくないものです。言わずに済まないだろうかと思うのもまた現実だと思います。

さて、これらの「発表報道」に対するものとして「調査報道」というものがあります。これは、自ら発表してくれないものを、記者・ジャーナリストが独自に取材し、真相に迫っていくというスタイルです。古くは、アメリカで発覚した「ウォーターゲート事件」などがあり、日本でも「リクルート事件」など、いくつか代表的な調査報道があります。隠された不正や事実を記者が調べていき、自己責任で伝えていくことになります。

報道にはこうした二つのスタイルがあるということを知っていただいた上で、一昨年（二〇一五年）のNNNドキュメント＊でも取り扱った「南京事件」を例に、戦争と報道のかかわりについて考えていきたいと思っています。

＊NNNドキュメント「南京事件　兵士たちの遺言」（二〇一五年一〇月四日放送：製作日本テレビ）。同作品は二〇一六年度「石橋湛山記念　早稲田ジャーナリズム大賞」公共奉仕部門大賞など七つの賞を受賞。報道内容については、清水潔『「南京事件」を調査せよ』（文藝春秋、二〇一六年）も参照。

二　南京事件を問い直す

日本政府の公式見解

「南京大虐殺」「南京事件」とは、日中戦争中の一九三七年から三八年にかけて、日本軍が当時の中国の首都だった南京で起こしたとされる事件の総称です。

「大虐殺」とは主に中国側の呼び方で、日本の歴史学者などは「事件」と呼ぶことが多いようです。捕虜や民間人を虐殺しただけではなく、放火・略奪・強姦なども起こったため「虐殺」だけではなく、「南京事件」と言わざるを得ないのではないか、という考え方もあります。

南京事件においては、犠牲者の数も話題になります。中国側は兵隊、民間人を合わせて三〇万人以上が殺害されたと主張しています。終戦後に連合軍が行った東京裁判の中で認定された被害者数は二〇万人とされています。また、かつて日本の新聞においても、「戦闘員・非戦闘員、老若男女を問わない大虐殺は二カ月に及んだ。犠牲者は三十万人とも四十万人ともいわれ、いまだにその実数がつかみえないほどである。」(「蒋介石秘録」サンケイ新聞昭和五一年六月二三日付)といった記事が掲載されたこともあります。

一方で、日本の一部の人々からは「そもそも南京事件などというものは存在しない」「中国側の捏造だ」といった、事件そのものの否定論すら聞かれます。
では、日本政府としてはこの事件をどう捉えているのでしょうか？　政府の公式見解はこうなります。

「日本政府としては、日本軍の南京入城（一九三七年）後、非戦闘員の殺害や略奪行為等があったことは否定できないと考えています」

「しかしながら、被害者の具体的な人数については諸説あり、政府としてどれが正しいか認定することは困難であると考えています」

「先の大戦における行いに対する、痛切な反省と共に、心からのお詫びの気持ちは、戦後の歴代内閣が、一貫して持ち続けてきたものです」

この三点は外務省のホームページにも記載されています（外務省「歴史問題Q＆A」http://www.mofa.go.jp/mofaj/area/taisen/qa/）。

「えっ、そうなの？」「あれは中国の捏造でしょ？」と思う人もいるかもしれません。しかし政府の見解はこうなのです。まずこの「事実」を一度受けとめて欲しいと思います。

南京事件否定論

しかし、それでも日本人の一部は今も南京事件を否定しています。否定する書籍がたくさん出版されて立派な書店にも並んでいます。インターネットを探ってみれば、「大虐殺などなかった」「嘘はすぐ分かる。中国の捏造だ」「反日プロパガンダだ」等々、強い否定の言葉があふれています。こうした主張はどこの誰が上げたのか分からない匿名発言が多いのですが、「なかった」という声を懸命に上げ続ける人たちが存在しているのです。

現在では自民党の一部から、南京事件や従軍慰安婦の存在を否定する声すら上がっています。例えば二〇一五年一〇月に、自民党の原田義昭衆議院議員は記者団に対し、「南京大虐殺や慰安婦の存在自体を、我が国はいまや否定しようとしている時にも関わらず、（ユネスコ記憶遺産に）申請しようとするのは承服できない」と発言しています。

こうした「南京事件否定論」は、事実関係の追求とは少し違った立ち位置、いわゆる「国益論」などから声が上っているようです。そうした声もまた、事実かのようにインターネットなどに流れていくのです。

何らかの意図を抱えた中でぶつかり合う意見。日本において南京事件を論ずることは面倒な案件とされ、日本のマスコミでは、これに触れることはタブーに近いとされています。下手に報じると「会社の周りに街宣車が来る」、「脅される」、「身の危険があるぞ」などと言われることすらあります。

地図1　日中戦争関係図

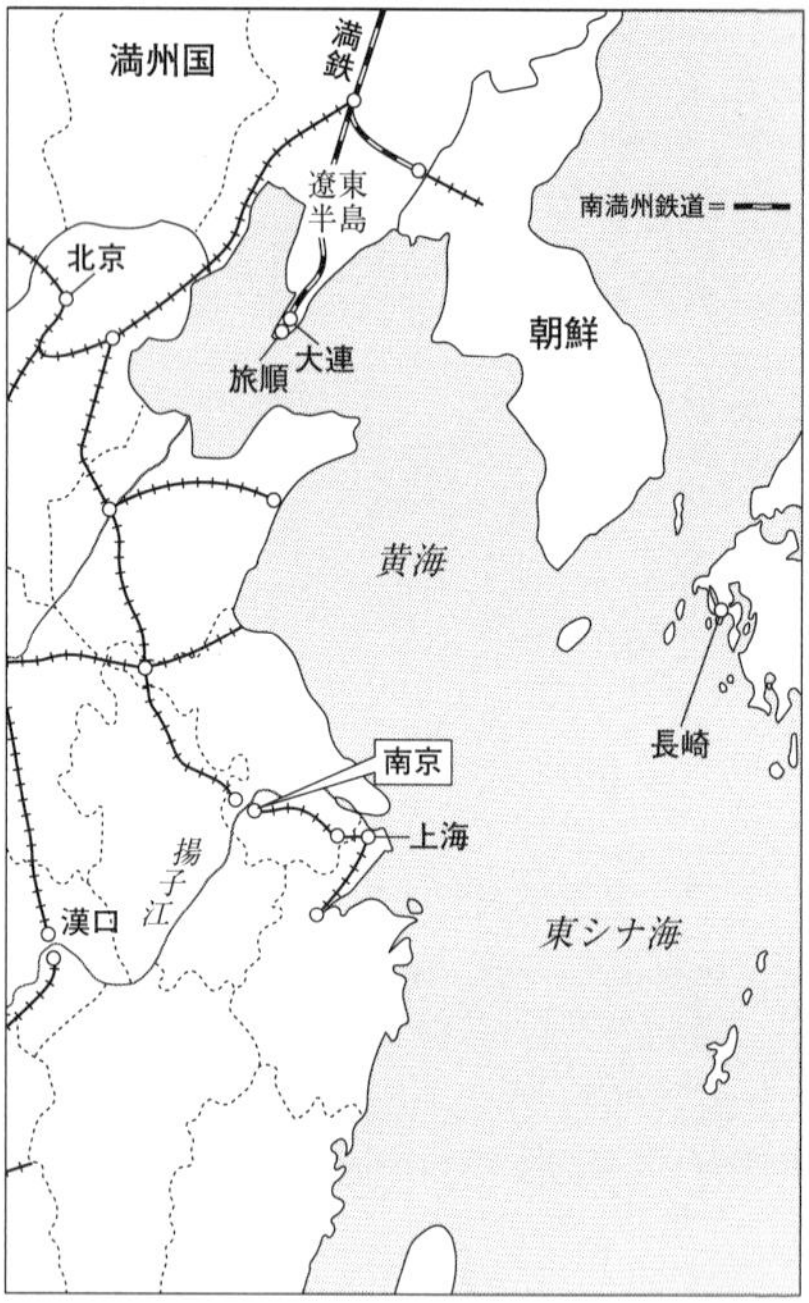

出典：清水潔『「南京事件」を調査せよ』（文藝春秋、二〇一六年）２頁

そもそも南京事件とはどのようなものだったのか

さて、そもそも南京市とはどこにあるのか？　南京での戦闘はどのような経緯をたどったのか？　実は、知らない人が多いのではないでしょうか。場所すら知らないで議論している人も結構多いように感じています。

一九三七年七月に北京郊外で起こった盧溝橋事件以後、日中間の軍事衝突は激しさを増していました。日本軍は中国の内部へと「進出」します（当時、侵略とは言わず進出と表現していました）。

国民党を率いる蒋介石は、北京から南の南京に首都を移しました。上海に上陸した陸軍の上海派遣軍などの部隊は、独自の判断で、南京へ逃走する国民党軍を追う形で、南京を攻め落とそうと暴走したのです。天皇陛下の命令は、すでに軍隊が南京に接近した一二月一日になって出されています。南京戦は軍の暴走から始まったのです。

上海派遣軍は、一路南京を目指します。さらに南からも第十軍が進軍し、二つの軍による挟み撃ちのような形で南京を取り巻きました。背後は揚子江ですから、中国軍は逃げ道がありません。それを狙った挟み撃ち攻撃でした。

上海から南京。この間およそ三〇〇キロから四〇〇キロにわたり、日本軍にはほとんど補給がありませんでした。独断で進軍したため、補給が追いつかなかったのです。当時はトラックや船、人力で弾薬や食料を運んでいたのですが、逃げる中国軍と追う日本軍の速度が速くて、補給線が追いつきませんでした。結果、自給自足になります。「軍票」という軍のお金を渡して現地で売ってもらうのですが、現実には中国人が軍票をもらっても困ります。そうした状況で途中からだんだん略奪などが増えていったという記録が残されています。

南京大虐殺と聞くと、南京の街中に日本兵が侵入し、機関銃で女、子どもを含めて三〇万人を片っ端から皆殺しにした、という印象が強いですが、それは少々違うようです。上海から南京までの数カ月間にわたる行程の中で、各所でくり返された軍事犯罪を総称して呼んでいるのです。でも、こうしたことはインターネットにはあまり書かれていません。

この一連の流れの頂点になるのが一二月一三日の南京城陥落で

地図2　南京攻略戦・略図

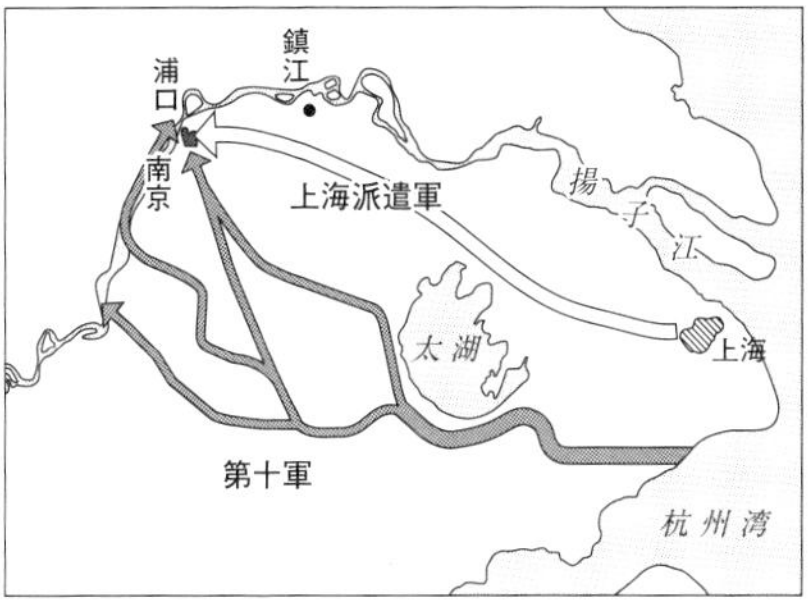

出典：清水潔・前掲書、43頁

す。ここで南京戦は一応終わるのです。その際に、揚子江との間に挟まれて逃げおくれた中国軍や民間人全員が殺害されたとか、そんなことはありません。多くの民間人はやがて日本軍の指揮下に入っていき、一九四五年の終戦まで南京は日本の占領下に置かれたのです。実際にむごい行為があったとされるのは、一二月一三日前後の数週間にわたってということになります。

国民には知らされない戦場の実態

では、南京で何が起こったのでしょうか。当時の新聞などを見ていきたいと思います。一九三七年一二月一三日に日本軍が南京城を陥落させます。新聞を見ると「南京入城式」という見出しがあふれています。映画のニュースフィルムなども同様です。

ただ、その中に「虐殺」というような言葉はありません。当時の日本でも虐殺などについては知らされていないのです。当然です。戦場で何が起きているのか、国家は国民に対して正しい情報を伝えたくないのです。

それは現在も同じです。南スーダンで自衛隊がどのような目に遭ったのか、あるいはアメリカ軍と日本の自衛隊がどのような合同演習をしているのか。「国防上の理由で内容は詳細にはお伝えできない」ということになります。今、特定秘密保護法で取り扱いが厳しくなってきていますが、当時ははるかに厳しい状況でした。戦前・戦中は新聞・雑誌が中心となって当局・国の発表をひたすら伝えていました。「お国のために戦う」「一億総火の玉」と、様々な本にも書かれています。

一九〇九年に新聞紙法という法律が施行されています。それ以来、新聞・雑誌はすべて検閲を受けなければならなくなりました。原稿・写真は印刷前にチェックを受け、不許可となると掲載できません。この検閲は年々厳しくなっていきます。ラジオ放送が始まると、ラジオもその対象に入りました。したがって、「南京陥落」を報じる新聞には、日本兵が物騒なことをしたということは当然書かれていませんし、そうした事実を示す写真も掲載できませんでした。

写真１　1937年日中戦争、子供と遊ぶ兵士

（提供：朝日新聞社）

写真1は掲載を許可された写真です。一九三七年、日本の新聞社のカメラマンが南京戦に同行して撮影しました。「日本兵は強いけれどやさしい」「中国人の子どもたちにこんなに慕われている、歓迎されている」と伝えるものです。こうした写真は掲載を許可されました。

一方、写真2は掲載不許可となりました。写真には「乳母車に荷物を乗せて歩く兵隊さん、中山路にて」とあります。この写真は一体何が問題なのでしょうか。よく見ると、中国の乳母車が写っています。この部隊は、上海から三〇〇キロ歩いてやってきたはずです。補給もない中、なぜこのような物資を持っているのか、略奪を

写真2　乳母車に荷物を乗せて歩く兵隊さん

（提供：毎日新聞社）

写真3　銃剣を突きつける日本兵

（提供：毎日新聞社）

したのではないかと疑われる可能性があるからです。これが本当に略奪したものかどうかは、分かりません。ですが、不許可になりました。これが事実です。

写真3も掲載不許可となりました。中国兵が日本兵に囲まれています。囲いの中に入れられ、後ろ手に縛られているようです。そして銃剣が突きつけられているのです。よく見ると、下に人も倒れて

います。

こうした写真が不許可とされました。自由な記事や写真が新聞には載せられない時代が続いたのです。これでは日本の国民に、戦場の実態が伝わるはずもありません。

三　なぜ南京事件を報道するのか

「南京事件」を報道する意味

「南京事件」を報道する意味は何でしょうか。南京事件について報道した私も、「中国に申し訳ない。みんなで謝りましょう」と考えているわけではありません。むろん様々な考え方があると思いますが、私だって生まれる前の出来事なのです。ましてや若い皆さんは関係ないわけです。ですから、われわれが中国に謝るべきだとは思っていません。ただ、歴史的事実を知らないこと、あるいは事実が変貌していくこと、事実が修正されていくことはまずいことです。なぜならば、今後、将来に大きな影響を及ぼす可能性があるからです。このことが「南京事件」を報道する目的でもあるのです。

そもそも何のために日本軍は中国に「行った」のでしょうか。あるいは、なぜ朝鮮半島や中国、インドシナ半島に日本軍は「いた」のでしょうか。実は、日本軍は「在留邦人保護」などを理由として派兵されていたのです。

そしてまた別の理由の一つは、アジアの植民地問題というものでした。かつて、欧米は日本に対しても植民地化を迫っていました。しかし日本は独立を保持し、軍隊を強化し物理的な植民地にはならずにすみました。一方、中国、朝鮮半島、あるいはインドシナ半島にはどんどん欧米の兵隊が派兵され、植民地化が進められていました。それに対して、「アジアはアジアで守ろう。優秀な日本はアジアを守るべきだ」という思想があった、ということです。これらの理由づけによって日本兵がアジア各地に進出して行きました。

敗北へと至る道

上海に派遣された日本軍は、**軍部が暴走**し南京陥落へと進んでいきます。その過程で**虐殺**、**強姦**、**強奪**、**放火**などが引き起こされたのです。

南京が陥落したあと、蒋介石は揚子江の更に上流にある重慶に首都を移します。中国西南部に位置する重慶はあまりに遠いので、日本軍は地上からの攻撃を諦め、今度は空爆を開始します。これが「重慶爆撃」です。断続的に五年以上続いた**大空襲で一万人規模の死者**が出ます。(「重慶爆撃」については「NNNドキュメント 戦争のはじまり 重

日中戦争から敗戦まで

- 当初の目的は「在留日本人の保護」
- しかし**軍部が暴走→**　首都南京陥落！
- **虐殺、強姦、強奪、放火……**
- 重慶爆撃　**大空襲で一万人規模の死者**
- 日本に対し**経済制裁**
- **連合国は中国などからの撤退を要求**
- 「真珠湾攻撃大勝利」
- ミッドウェー海戦**大敗**
- 東京大空襲、沖縄戦、広島・長崎原爆投下

☆太字はほとんど報道されていない

慶爆撃は何を招いたか」〔二〇一七年五月二一日放送〕で詳しく取り上げました〕。

南京や重慶は首都でしたから、欧米の大使館員や特派員が駐在していました。南京事件や重慶爆撃の情報は、アメリカやイギリスに伝わっていきます。また、日本が日独伊三国同盟を結んだ影響もあります。更に日本軍は重慶への支援ルートを遮断するためインドシナ半島へ南下、侵攻していきます。そこで、アメリカやイギリスが中心となって日本に対して「**経済制裁**」を発動します。航空燃料の輸出停止や、日本の金融資産を封鎖してしまう等々、制裁が下されました。さらに、アメリカは**中国やインドシナ半島からの日本軍や警察力の撤退をも要求**してきます。これが後に言う「ハル・ノート」です。コーデル・ハル国務長官が日本に突きつけてきたノートで、その電文は今も外務省に保管されています。しかし日本軍は、中国からの撤退を拒否します。

追い込まれた日本。ついに止むにやまれずという理屈で「真珠湾攻撃」を行いました。この作戦は一応の勝利をおさめます。しかしその後、ミッドウェー海戦で**大敗**を喫します。ですが、当時の新聞は「日本は勝った、勝った」と報じています。そして東京大空襲、沖縄戦、広島・長崎の原爆投下へと進んでいったわけです。これが日中戦争、太平洋戦争の大まかな道筋です。

知ろうとしないことは罪である

今の話を聞いて驚く人が多いと思います。それは先ほど**太字**でしめした部分がほとんど報道されていなかったからです。現在の教科書にもあまり出てきません。この**太字**の部分はなにか？　そのほとんどが日本軍の加害行為に関わる部分なのです。知らない人がいるのは当然です。ほとんど教えられていないからです。

もちろん、皆さん真珠湾攻撃のことはご存じでしょう。では、なぜ真珠湾攻撃をしたのでしょうか。経済制裁を受けたから、ハル・ノートを突きつけられたから、「やむにやまれず」などと言われています。この辺りまでは皆さんも何となく聞いたことがあるかもしれません。では、なぜ日本は経済制裁を受けたのでしょうか？「よくわからないけれど、北朝鮮が現在受けている経済制裁とは違うはずだ。日本は立派な国なのだから」というような、何となくふわっとした感じだと思います。しかしそれには当然理由があるのです。

東京大空襲で一晩に一〇万人の市民が焼き殺されました。あるいは沖縄戦ではアメリカ軍が上陸、爆弾や火炎放射器で多くの民間人が殺害されました。広島・長崎でも一瞬で多くの一般人が命を落としました。なぜアメリカはあんな残虐なことをしたのでしょうか？　逆に、言えば、なぜあんなことをされて日本は黙っているのでしょうか。世界の警察を自称する民主主義国家のアメリカが、日本にこんなことまでしたその理由。それがこの**太字の部分**なのです。「知らない」ということはとても怖いことです。いや、無知はある程度は仕方ないかもしれません。ただ、「知ろうとしないこと」は罪深いことなのです。

「あったこと」を「なかったこと」にはできない

ニューヨークタイムズの一九三七年一二月から三八年にかけての記事、例えば一二月一八日、あるいは一月九日版に、日本軍が南京で何をしたのかについて書かれています。記事によれば、虐殺された市民の数はその時点で三万三〇〇〇人ぐらいと記載されているのです。

南京事件を報じるニューヨークタイムズの記事

出典：NNN ドキュメント「南京事件」より

ところが南京事件を否定したい人は、「記事は信用できない」と、今度はニューヨークタイムズまで否定してしまうのです。国連の見解も、東京裁判も、何もかも全部否定しないと南京事件は否定しきれないからです。「テレビの放送はおかしい。左翼だ」と、何もかも否定しないと、南京事件を否定することは無理なのです。あるいは、どこか一カ所、弱点に見えるような場所を捉えて「ここは間違っている。だから全部なかった」という一点突破的論法で否定に走ります。

「悪魔の証明」という言葉があります。あったことを証明するには一つの事実を提示すれば良いのですが、しかし、なかったと証明するには、相手が言っていることを全部否定しない限り本来は証明にはなりません。それが事実上不可能なために一点突破的論法になってしまうのです。

四　戦争を防ぐためにメディアに何ができるのか

歴史を修正しようとする目的は何か

では何のために歴史を否定しようとするのでしょうか。最近「歴史修正」という言葉をときどき耳にします。「南京事件はなかった。重慶爆撃は戦時国際法違反ではなかった」と言う人たちは、何のためにそうした主張を続けているのでしょうか。

考えられるケースはいくつかあります。例えば直接当事者、関係者による弁解のため。つまり自己弁護です。あるいは右翼的思想。かつての右翼の皆さんの中には、国を愛するために活動をする人がたくさんいました。右翼が悪いと言っているわけではありません。しっかりした考えを持った方もいます。ですが、そういった方たちは「アメリカと一緒になって日本を守ろう」などということは言いませんでした。でも、現在の右派とされる人たちは、「集団的自衛権がなかったら日本は守れない」などという方向を向いています。

もう一つが現在の利害に関係する人たちです。現実的にはこの力が一番強いのではないでしょうか。政治と金などです。自衛隊の海外派兵を実施したいと考えたとき、過去の「日本軍の海外での行い」は足を引っ張る存在となります。また、外交上の損得や、国益だけを重んじる傾向。あるいは軍需産業に関わる人たちが、もう一度戦争で利益をあげようとしている気配もあります。そうした人たちにとって極めて邪魔なものが、南京事件であり、慰安婦問題なのです。このような現実は自身で感じとったほうがいいと思います。誰かが押しつける知識ではなく、自分で調べて、自分の頭で考えて欲しいのです。

2014年５月15日の首相会見で使用されたパネル

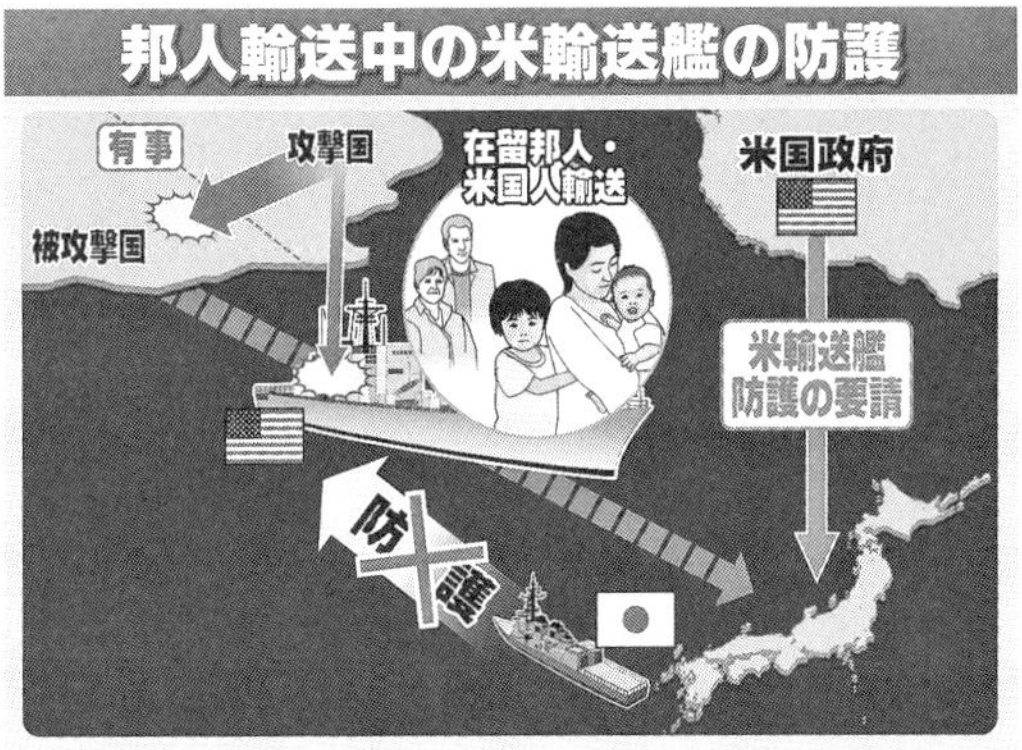

出典：首相官邸 HP（http://www.kantei.go.jp/jp/96_abe/statement/2014/0515kaiken.html）

繰り返される「邦人保護」というレトリック

日本軍派兵の当時の目的も「在留邦人の保護」でした。数年前から繰り返されてきた「安保法制」「集団的自衛権」の議論の中でも、政府は同じような説明をしています。

「米軍が輸送艦に日本人を乗せて助けてくれるときに、日本はその米軍を支援できない」などと、まさに邦人保護を目的の一つに上げていました。そもそもアメリカの軍艦に民間人を乗せるということ自体があり得ないことなのですが。

つまり、ここでも自衛隊を海外に派遣するにあたって「邦人保護」という言葉を使うのです。それは、そうでしょう。他国に自国の軍を派兵するとき、世界に向けて何と言いますか。その国の人たちを守る、平和活動、あるいは自国民を守る、と言う以外許されないでしょう。さもなければ侵略戦争ということになってしまいます。そこで「邦人を保護する」という形になるのです。同じような例は、世界史上にも様々なところで出てきます。

こうした中、特定秘密保護法が登場しました。「安全保障に関して秘匿性の高い情報の漏洩を防止するため」という名目の法律をまずつくった。これは戦前の新聞紙法と似ています。そして共謀罪。こちらは戦前の治安維持法と共通するという指摘も多くあります。政府が何をやっているのか、さっぱり分からない時代が目の前まで来ているのです。

中国脅威論の目的はなにか

この資料は首相官邸のホームページに掲載されています（首相官邸「『なぜ』、『いま』、平和安全法制か」）。「私たちの暮らしが脅威にさらされている？　日本を取りまく状況を説明します。」と題して、日本周辺の安全保障環境について図解で示しています。

大半が中国を対象とした脅威論です。「中国による透明性を欠いた軍事力の広範かつ急速な強化」「中国による東シナ海における活動の急速な拡大・活発化と現状変更の試み」など、いろいろと書いてあります。要するに、中国は危ない、仮想敵、と言っているわけです。北朝鮮も危ないと言っています。危機がなければ軍備を増強する必要はないわけですから、仮想敵をつくるのでしょう。

もちろん日本は平和でなければいけません。攻め込まれては困るから、きちんとした防衛を考えていかなければならないのも事実でしょう。しかし、これほどに中国を敵扱いして、本当にいいのか？　ということを、歴史の視点から考えたほうがいいと思うのです。

攻め込んだのはいつも日本

本当に中国は攻めて来るのでしょうか。絶対ないとは私も断言できません。攻めて来るかもしれません。「かもしれない」です。

先に触れたように日中戦争は、一九三七年に始まりました。

それに遡る一八九四年、朝鮮に派兵されていた日本軍が、当時の清、中国に攻め入ったのが日清戦争です。そして、一九〇四年には日露戦争が始まったのです。これは遼東半島に上陸した日本軍が戦った戦争です。「日露戦争は日本とロシアが戦った」と思っているでしょう。でも、戦場になったのは中国です。そして先ほど

「なぜ」、「いま」、平和安全法制か

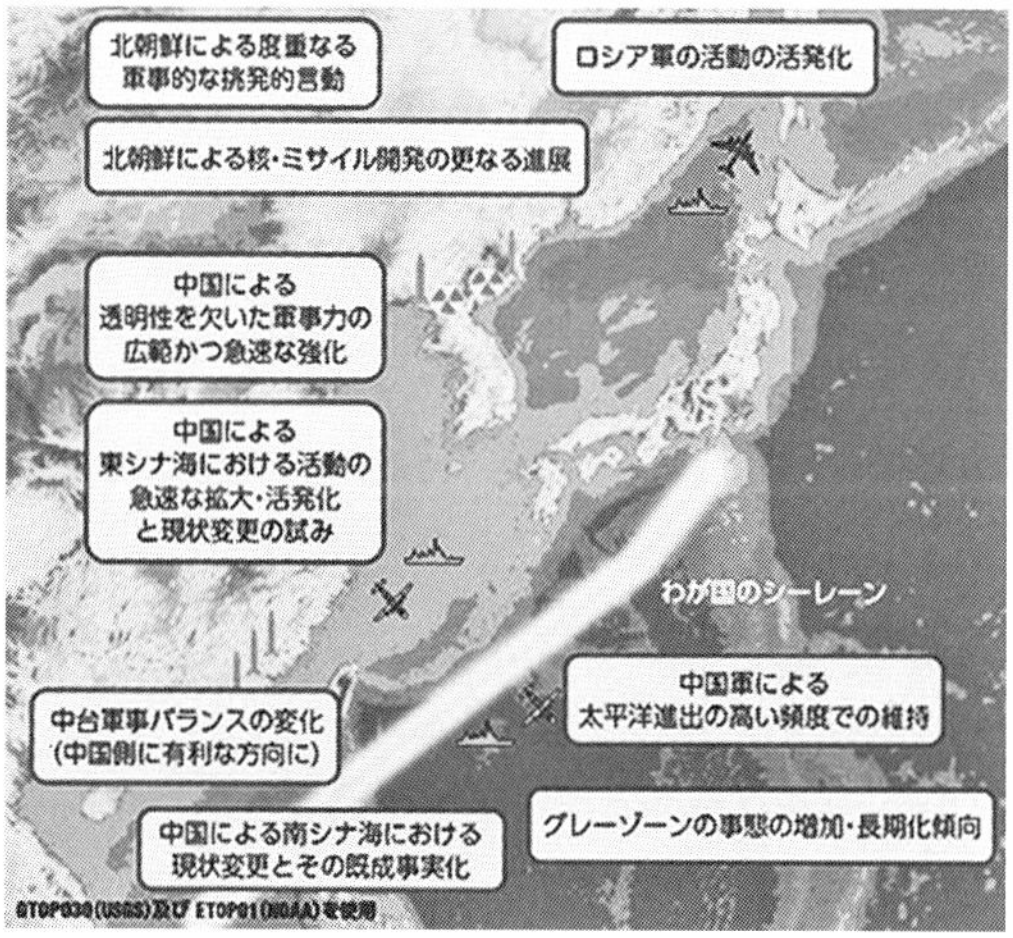

出典：首相官邸 HP（http://www.kantei.go.jp/jp/headline/heiwa_anzen.html）

お話しした日中戦争です。

ここは大事なところです。いずれも攻め込んだのは日本なのです。近代史の中で、日本本土に攻め込んで来たのはアメリカです。その以前に、日本軍は中国大陸に何度も攻め込んでいるのです。今、多くの日本人はその事実すら、おぼろげにしか知りません。知っているのは「太平洋戦争の被害者」としての日本です。しかし同じように、攻め込まれた被害者の中国は決して日本軍の行為を忘れはしません。あげく、現在の日本の仮想敵は中国になっているのです。

知らないことは罪である

この温度差がある以上、いくら日本が「中国が攻めて来るぞ」と言い続けても、中国人からは理解されません。中国の国民は教科書でさんざん学んでいます。やはり「知らない」ということは恥ずかしいことで、だからこそ「歴史を知るべきだ」ということなのです。

繰り返しになりますが、今の若い皆さんが中国に謝る必要を私は感じません。日本人の過去の行為、七〇年前の出来事です。ですが、それを「知らないこと」はやはり罪です。知った上で、現在の政治や外交を見ていかなくてはなりません。

自分には関係ないと思っていても、ふと気づくと世の中が大きく変わっていて、日本が戦場になる可能性もゼロではありません。平和を維持するためには、戦争の歴史を知らないと危険なのです。基礎知識が不足していると、今起きていることの意味が分からないからです。きちんと事実を検証し、チェックして伝えていかないといけません。

人間は同じことを繰り返すのです。だからこそたとえ政府発表だからといって鵜呑みにしてはなりません。今、何が起きているのかを自分で知って、そして知ったことを伝えていくことがメディアの役割です。都合のいい歴史修正を許さずに、時に点検しなければいけないのです。

報道は国民の知る権利のためにある

やはり結論は、報道は国民の「知る権利」のためにあるのであって、政府の広報になってはならないということです。事実を都合よくごまかして消し去ろうとする、変更しようとする、隠して伝えないようにしようとする、そうした力が権力にはあります。それに対しては国民が闘うしかありません。国民が声を上げないと、自分の国は住みづらい国になっていきます。

例えば、共謀罪とは本当は何か？　本当にテロ防止法なのか？　あるいは今日お話しした歴史上の事実についても自分で調べてほしいと思います。それが真実に向きあう唯一の方法なのです。

講義を終えて　メディアを見る目を養う

「北朝鮮の件とか、共謀罪とか、いろいろ報道されています。正しい情報を得るには、どの情報を信じればいいのか教えていただきたいです」

大学での授業の後に、こんな質問を受けた。つまり、日々流れてくる「情報の信憑性」をどう判断するかということである。偏った内容の新聞記事、テレビの誤報、あるいはインターネット上のフェイクニュース。それを、こうすれば見やぶれるという一発回答は残念ながら無い。だが、情報の受け手側が自己トレーニングすることで、ある程度真偽を見極めることはできそうだ。そのひとつが「情報の出処」に拘って見るという方法だ。報じられているその内容は、そもそも「誰が」言っているのかである。

テレビニュースを見ていると、記者やレポーターが「今、私は台風○号が接近している○○岬にいます！」などと中継をやっている。妙に絶叫していたり、無駄に風雨と闘っているように見えたりして、いささか程度が低いニュースに見えるかもしれない。しかしあれは実は真面目な取材とも言えるのだ。なぜか？　その記者は、カメラマンと共に、自分自身で現場に立っている。大きな波が押し寄せているという「事実」を自らの目で確認し伝えているからだ。このようなスタイルのニュースが、もしも「やらせ、捏造」の類だった場合は、記者や放送局がその責任を担うことになる。このように、流れてくるニュースを「いったい誰が言っているのか」「誰の責任で報じているのか」ということに、まず受け手は注意するべきだ。

「警視庁によれば、逮捕された○○容疑者は、犯行を認めているという」

これは「○○によれば××だ」という良く見聞きする定形型ニュースである。逮捕された本人が記者会見して「はい、私がやりました」と言っているのではない。つまり伝聞の更に伝聞なのである。首相や官房長官がコメントする「日本政府の見解」。これもまた、本当に政府情報と鵜呑みにして良いのだろうか？　実は、首相個人や与党の損得が根底にはあるのかもしれない。

情報を出している人と、その発言内容はどういった利害関係があるのか。情報発信側のその「目的」を考えることも事実への扉を開く鍵となる。例えば、共謀罪を必要としている政府が、「これはテロ防止のためのもので、一般の人にはまったく関係ない」と説明する。一方で、その危険性を指摘する野党は「危ない」と反対の声を上げている。この場合、与党も、野党も、何かしらの「利害」があるわけだ。ならば、どちらの情報にもバイアスがかかっている可能性も考えてニュースを見なければならない。

更に危うい情報は「ある政府関係者は……」「事情を知る人物は」といった怪しげな主語からのニュース。もちろん報道においては取材先を守るために「取材源秘匿」というケースもある。とはいえ、それは同時に発信者の「責任」や「意図」も隠蔽してしまうのだ。そして、もっとも低レベルな情報が、インターネットの画面などを飛び交う発信者不明の情報である。これはもう「情報」と言うのもおこがましい程の、最下層ランクのものであることを改めて認識したい。

このように情報にはランクがある。「責任者は明確」「利害当事者が語るもの」「誰が言っているのか不明」など、日頃から種別分類をしつつニュースを見ていると、情報迎撃システムのようなものが自分の頭の中に出来上がってくる。それが真実に向きあうための入口になるはずだ。

3　憲法改正問題を考える

朝日新聞編集委員
豊　秀一

一　安倍晋三首相の前のめりの改憲論

これから憲法改正問題について、新聞記者の視点でお話しいたします。取材し、記事にしてきた中身も紹介しながら、憲法改正の議論が政治の世界でどのように行われているのか、そのことをいかにとらえればよいのか。安倍政権の下で憲法改正が現実の政治課題になる中で、皆さんと一緒に考えたいと思っています。

五・三首相メッセージを読み解く

二〇一七年五月三日、憲法改正を進める日本会議系の団体が開いた集会で安倍晋三首相が出したメッセージをまず考えましょう。中身のポイントは三点。①東京五輪が開催される二〇二〇年を日本が生まれ変わるきっかけにすべきで、この年を新しい憲法が施行される年にしたい、②憲法学者の多くや一部の政党が自衛隊違憲論を主張しており、「自衛隊が違憲かもしれない」などの議論の余地をなくすため、九条一項、二項を残し、自衛隊を明文で書き込む、③憲法改正による高等教育の無償化を検討する――という内容でした（安倍首相のメッセージ全文については、朝日新聞二〇一七年五月四日朝刊二面を参照）。

メッセージで安倍首相はこう主張します。

「憲法改正は、自由民主党の立党以来の党是です。自民党結党者の悲願であり、歴代の総裁が受け継いでまいりました。私が総理・総裁であった一〇年前、施行六〇年の年に国民投票法が成立し、改正に向けての一歩を踏み出すことができましたが、憲法はたった一字も変わることなく、施行七〇年の節目を迎えるに至りました」

「憲法はたった一字も変わることなく」と強調することから伺えるのは、憲法を自分の手で変えたいという強い意思です。明確に言ってはいませんが、連合国軍総司令部（ＧＨＱ）から手渡された草案をもとに憲法改正案の起草を余儀なくされた、つまり、押しつけられたことへの屈辱感が背景にあるのではないでしょうか。

安倍首相は著書『美しい国へ』（文春新書、二〇〇六年）で、憲法前文の一節を指し「敗戦国としての連合国に対する〝詫び証文〟」と書いています。保守派の改憲論の底流にある発想です。自民党は一九五五年に保守合同で誕生した際、「自主憲法制定」を掲げました。祖父である岸信介元首相の悲願を自分が受け継ぐのだという思いを読み取ることができます。

うわべのきれいな言葉にだまされない

メッセージにはこんなことも書かれています。

「私は、かねがね、半世紀ぶりに、夏季のオリンピック、パラリンピックが開催される二〇二〇年を、未来を見据えながら日本が新しく生まれ変わる大きなきっかけにすべきだと申し上げてきました」「二〇二〇年もまた、日本人共通の大きな目標となっています。新しく生まれ変わった日本が、しっかりと動き出す年、二〇二〇年を、新しい憲法が施行される年にしたい、と強く願っています。私は、こうした形で国の未来を切り拓いていきたいと考えています」

五輪と憲法改正にどんな関係があるのでしょうか。安倍首相の最近の動きを見れば、五輪の政治利用と言われても仕方ない振る舞いが目立ちます。二〇一六年八月、リオ五輪の閉会式でマリオに扮して登場。二〇一七年一月の国会では「共謀罪」法案をめぐり、「条約の国内担保法を整備し、本条約を締結することができなければ、東京オリンピック・パラリンピックを開けないと言っても過言ではありません」と答弁しています。そして、今回の憲法改正です。五輪を使って、憲法改正の機運を高めようという意図が明らかです。

メッセージには次のようなくだりもあります。

「次なる七〇年に向かって日本がどういう国を目指すのか。今を生きる私たちは、少子高齢化、人口減少、経済再生、安全保障環境の悪化など、我が国が直面する困難な課題に対し、真正面から立ち向かい、未来への責任を果たさなければなりません」

様々な課題が山積していることには異論はないでしょう。ところが、課題解決の方策として安倍首相が掲げるのが、九条に自衛隊を明記することです。課題解決の処方箋と言えるのでしょうか。結局、メッセージから浮かび上がるのは、憲法改正が自己目的化していることです。憲法を変えないといけない切羽詰まった状況でないことは、多くの国民は気づいているはずです。政治に何を求めるかという各種世論調査を見ても、社会保障や経済・景気対策に力を入れてほしいという意見が強く、憲法の優先順位は高くありません。二〇二〇年と期限を区切って憲法を変える必然性はどこにもありません。うわべのきれいな言葉にだまされてはいけません。

二　「押しつけ憲法」論の現在地

「押しつけ憲法」論は今、国会でどうなっているのでしょうか。衆院の憲法審査会では事実上、封印されています。憲法改正を進めるには与党と野党の合意が不可欠ですが、押しつけ論ばかり言っていると合意できないからです。ところが、安倍首相のメッセージや、自民党の日本国憲法改正草案、首相を支持団する右派の団体の意見をみると、押しつけ論は消えてはいません。「封印したい」勢力と、「押しつけ憲法」論の勢力が共存している状態です。

「押しつけ憲法」論再考

「押しつけ憲法」論の典型は、「ＧＨＱが一週間でつくった草案を押しつけられたのだから、自分たちの手でつくり替えなければいけない」という主張です。本当にそうなのでしょうか。施行から七〇年の節目を迎え、憲法改正が現実の政治課題となる中、憲法制定過程をきちんと振り返る作業が必要です。

時間を過去に戻しましょう。二〇一七年五月三日の朝日新聞の一面に「昭和天皇『いいじゃないか』」、幣原首相『腹きめた』」という見出しの記事を書きました。日本国憲法起草のもとになったＧＨ

Q草案の受け入れをめぐり、一九四六年二月二二日に昭和天皇が幣原喜重郎首相と面談した際、天皇が「これでいいじゃないか」と発言したことを示すメモが、憲法学者で東京大学名誉教授の宮沢俊義氏のノートに記されていたことがわかったという内容です。メモには「安心して、これで行くことに腹をきめた」という幣原首相の心情も記載されていました。ノートの原本は、立教大学の図書館に所蔵されています。

記事の背景を説明します。ポツダム宣言を受諾して戦争を終わらせた以上、日本には憲法改正以外に選択肢はありませんでした。一九四五年一〇月に立ち上げた政府の憲法問題調査委員会（松本烝治委員長）で明治憲法の改正作業が進められましたが、明治憲法の微修正にとどまる保守的な内容でした。結果、日本側はGHQから一九四六年二月一三日に手渡された草案をもとに憲法改正案の起草を余儀なくされることになります。

草案は、「統治権の総攬者」である天皇を「象徴」とし、軍隊の放棄を盛り込むなど日本側にとって驚きの内容でした。松本委員長はGHQに翻意を促そうとしましたがかなわず、二月一九日に経過を閣議で報告するのですが、その場で経緯を初めて聞かされた閣僚からは「とうてい受諾できない」という意見も出ました。幣原首相は二月二一日にマッカーサー司令官と面会しますが、マッカーサーは草案の受け入れ以外に選択肢はないことを告げます。

二月二二日午前の閣議で幣原首相はマッカーサーとのやりとりを報告。午後に幣原首相が草案を持参し、天皇に一時間以上にわたって経緯を伝えました。その時の天皇の回答が、「これでいいじゃないか」という発言だったのです。その後、草案に沿って政府案の作成作業が進められ、三月四日から五日までＧＨＱとの徹夜の協議で確定し、政府は三月六日の「憲法改正草案要綱」として発表しました。

昭和天皇は憲法改正の必要性を認識していた

『昭和天皇実録』（東京書籍、二〇一五年〜）が刊行されたことで、昭和天皇が憲法制定の過程でどのような動きをしたのか、欠けていたパズルが少しずつ埋まってきました。憲法の改正にいち早く動いたのは、ほかでもない天皇自身でした。実録によると、一九四五年一〇月一一日、天皇は、内大臣府御用掛となる近衛文麿に直接、憲法改正の調査を命じます。天皇による憲法改正プロジェクトが始まったのです。

当時、ＧＨＱによる憲法改正の動きも急でした。マッカーサーも一〇月四日、近衛に憲法改正を示唆。八日には、マッカーサーの政治顧問アチソンが近衛に、天皇の権限の削減や人権保障、国民投票による憲法改正手続きなど一二項目の改正点を伝えます。幣原内閣が誕生すると、マッカーサーは一〇月一一日、あいさつに訪れた幣原に憲法の改正を示唆します。憲法草案作りは㈠天皇とマッカーサーから指示を受けた近衛、㈡政府の松本委員会の、二つのルートで進められることになったのです。

近衛はアチソンから伝えられた内容に沿い、軍の規定についても「削除か修正を考える必要がある」と指摘するなど、自由主義的な色合いの濃い案をつくります。それは天皇から幣原に渡されたのですが、ＧＨＱから逮捕命令が伝えられた近衛は一二月一六日未明、服毒自殺します。近衛案は顧みられることなく、不幸な運命をたどりました。

ただ、ＧＨＱと近衛との交渉をつぶさにみてきた天皇にとっては、ＧＨＱ草案の受け入れは想定内のことだったのではないでしょうか。だからこそ、「これでいいじゃないか」という発言をしたのでしょう。草案をみて狼狽した閣僚たちと実に対照的です。日本や天皇制を取り巻く厳しい国際情勢についての認識の差がここに表れているような気がします。

政府の中にもあった「軍隊を持たない」という議論

「押しつけ憲法」論者はしばしば、憲法九条を「ＧＨＱによる日本弱体化政策」と批判します。しかし、先ほどの五月三日の特集記事でも触れましたが、日本政府の中でも軍隊をめぐり全面削除の是非が議論されていました。その中には、その後の自衛権論争の端緒さえうかがわれるのです。法制局次長として委員会に参加した入江俊郎の著書『憲法成立の経緯と憲法上の諸問題』（第一法規出版、一九七六年）をもとに、一九四六年一月三〇日の閣議を振り返ってみます。

幣原「軍の規定を憲法に置くと連合国は面倒なことを言うに決まっている」

法制局長官石黒武重「削除しても、将来憲法を改正しなくても軍は置ける」

厚生相芦田均「天皇が軍を統帥するとなっているが、国民の代表に服するのがデモクラシー。

天皇に服従する規定はいかがか」
法相岩田宙造「今日の政治情勢からは削った方がよい」
外相吉田茂「ホイットニー（民政局長）と打ち合わせをし、相手の意向を確かめてはどうか」

石黒の主張から伺えるのは、「自衛のための必要最小限度の実力を保持することは、禁止されているわけではない」とする内閣法制局の解釈の原型です。ＧＨＱ草案を渡される前、日本政府の人々がこうした議論をしていたという事実も抑えておくべきでしょう。

「平和国家」の誕生

二〇一七年一月四日付の朝日新聞の朝刊一面では、「敗戦翌月の昭和天皇勅語文案　修正重ね『平和国家』に　国立公文書館資料」という見出しの記事を掲載しました。一九四五年九月四日の敗戦後初の帝国議会開院式で昭和天皇が述べた勅語の起草過程が、国立公文書館に保存されている資料から明らかになったという内容です。

資料を読むと、当時の東久邇宮稔彦首相らが検討を重ねた結果、もともとの第一案にはなかった「平和国家ヲ確立」という新たな目標が掲げられることになった経緯がわかります。一九四五年八月一五日の「終戦の詔書」（玉音放送）に続く天皇による直接のメッセージで、戦後日本の進む道を示した「平和国家」という言葉はその後、日本社会に広く浸透していくことになります。米国の歴史学者ジョン・ダワー氏の著書『敗北を抱きしめて』（岩波書店、二〇〇一年）によると、「平和国家建設」は「敗戦直後にもっとも流布した標語」の一つとなり、明仁皇太子（現天皇）の一九四六年元旦の書き初めも「平和国家建設」でした。

紙面で紹介しましたが、『平和国家の誕生』（岩波書店、二〇一五年）の著書のある東京大学名誉教授の和田春樹氏はこう語っています。「昭和天皇の勅語は『戦争国家』から『平和国家』へ転換するという国民に対する提案だった。人々は広くそれを受け入れ、憲法九条の平和主義を歓迎する土壌となった。国民の多くにとって憲法は押しつけではなかった」

「押しつけ憲法」論に欠けているのは、だれにとっての押しつけか、という視点です。国民主権、基本的人権の尊重、平和主義という三原則を掲げた新しい憲法を国民の多くは歓迎し、「平和国家」の道を歩み始めたのです。

三　為政者はなぜ憲法を変えたがるのか

ハンガリーで何が起きたのか

時間を現代に戻し、空間を世界に広げてみましょう。二〇一六年春、ハンガリーを取材で訪れました。二〇一〇年の総選挙でヴィクトル・オルバン氏が率いる中道右派「フィデス・ハンガリー市民連盟」が憲法改正に必要な「三分の二」の議席を獲得し、前文を含めて憲法を全面的に書き換えた、と聞いたからです。しかも、野党の反対を押し切る形で拙速に憲法改正作業を進めました。内容も憲法裁判所の権限を弱めるなど権力の一元化を目指すものでした。取材当時、日本でも参院選で与党が憲法改正の発議に必要な「三分の二」の議席を取るかどうかが焦点となっており、「三分の二」がどんな力を発揮するのかを知りたい、と考えました。

安倍政権下で、敵／味方を分け、敵をたたくという対決型政治が行われていますが、ハンガリーも徹底していました。

新憲法（ハンガリー基本法）の案が国会に提出されたのは二〇一一年三月でしたが、わずか九日間の審議で一カ月後に成立させたのです。立法府のチェック機関である憲法裁判所を政治のコントロール下に置こうと、人事にも手をつけます。野党抜きでも憲法裁判所の裁判官を任命できるようにし、予算や税、財政に関する法律を裁判所の審査の対象から外してしまったのです。

「違憲の法律の憲法化」という状況も生まれました。憲法裁判所が家族や宗教に関する法律の規定を「憲法違反」と判断すると、反発した政権は二〇一三年、法律ではなく憲法を改正し、違憲の規定を憲法に書き込んだのです。元大統領で、一九九〇〜九八年に憲法裁判所長官を務めたショーヨム・ラースロー氏は「憲法裁判所の果たしてきた役割を台無しにするものだ。一人の人間に権力が集中し、立憲主義とは呼べない状況が生まれている」と話していました。

メディアへの介入も強めています。メディアを規制する独立機関の再編や公共放送職員の大幅リストラなどを断行。とりわけ、国内外で激しい議論を巻き起こしたのが、二〇一一年一月施行のメディア法でした。

主な内容は、規制機関「国家メディア・情報通信庁」の下にある「メディア評議会」が、新聞やテレビ、ラジオなどの報道内容について、㈠バランスを欠いている、㈡民族、宗教、マイノリティーの尊厳を傷つける――などと判断した場合、メディアに罰金を科すというものです。国内の報道機関は猛反発し、欧州委員会や欧州議会などからＥＵの基本理念である報道や表現の自由を脅かしかねないとの批判が相次ぎました。

ハンガリー政府は、外国籍メディアを適用対象から除外するなどしましたが、微修正にとどまります。リベラル系の全国紙ネープサバッチャーグは当時、新聞の一面全面を二三カ国語で表記された「ハンガリーの報道の自由は失われた」という文言で埋め尽くし、抗議の意思を表明しました。「公共放送で政府批判が報じられなくなった」という声も取材先で繰り返し聞かされました。

ハンガリー憲法と自民党草案の類似点

興味深かったのは、ハンガリーの新憲法と自民党の憲法改正草案（日本国憲法改正草案）に多くの類似点を見つけることができたことです（ハンガリー新憲法の条文訳については、国立国会図書館調査及び立法考査局「各国憲法集⑽　ハンガリー憲法」による）。

一つは、民族の歴史や伝統の強調です。前文を読み比べてみましょう。

〈自民草案〉「日本国は、長い歴史と固有の文化を持ち、国民統合の象徴である天皇を戴く国家」「良き伝統と我々の国家を末永く子孫に継承するため、ここに、この憲法を制定する」

〈ハンガリー新憲法〉「我々は、我々の王、聖イシュトヴァーンが千年前に、堅固な基礎の上にハンガリー国家を築き」「我々の子供及び孫が、その才能、粘り強さ及び精神的な力により、再びハンガリーを偉大にすると考える」

相通じるのは、過去への憧憬であり、歴史と伝統の上にある「国柄」を次世代へ引き継いでいこうとする発想です。

ハンガリーは、苦難に満ちた複雑な歴史を歩んできました。とりわけ、第一次大戦に敗れ、トリアノン条約で国土の三分の二と人口の五分の三を失いました。民族を散り散りにした敗戦が、ハンガリーの人々に深い喪失感と屈辱感をもたらします。しかも、領土を取り戻そうと第二次大戦では枢軸国側として戦い、再び敗れ、戦後は長く共産圏に。「三分の二」の議席を取ったオルバン政権は二〇一〇年、トリアノン条約が締結された六月四日を「国民連帯の日」としました。新憲法の前文で、王国時代に国家を象徴する存在だった「聖なる王冠」に敬意を表するよう、国民に命じているのです。ブダペストで取材した政治学者は、新憲法は、第二次大戦以降の歴史を「負の歴史」として否定し、王冠が権威を持った古い歴史と「伝統あるハンガリー」へと回帰する思想に貫かれている、と説明してくれました。

伝統回帰という点では、自民草案でも「長い歴史と固有の文化」を持つ「美しい国土」が強調されています。草案Q＆A集によると、改憲の動機も「占領体制から脱却し、日本を主権国家にふさわしい国にするため」と書かれています。敗戦とGHQによる憲法の押しつけが、「負の歴史」として否定すべき存在なのでしょう。負の歴史を否定し、為政者が考えるあるべき姿に立ち戻る。そうした権力者の独自の心情と論理が、憲法改正の動機の背後にあることが、両国に共通して見えてきました。

自己責任論と国家・共同体への奉仕

二つ目の類似点は、自己責任を強調する一方で、国家・共同体へ尽くすことを国民に求めているという点です。

ハンガリー新憲法O（オー）条は、こう規定します。「何人も、自己自身に責任を負い、その能力及び可能性に応じて、国及び共同体の任務の遂行に貢献する義務を負う」

自民草案も、「自由及び権利には責任及び義務が伴うことを自覚し、常に公益及び公の秩序に反してはならない」（一二条）とし、前文で「日本国民は、国と郷土を誇りと気概を持って自ら守り……活力ある経済活動を通じて国を成長させる」と国家への貢献をうたっています。

家族の共助が強調されるのも共通しています。自民草案二四条が「家族は、互いに助け合わなければならない」とすれば、ハンガリーの新憲法XVI（一六）条は、親の子どもの養育義務に加え、「成人の子は、援助を必要とするその親の世話をする義務を負う」と定めています。国家は面倒をみられないから、自己責任と家族の助け合いでしのいでくださいと言っているかのようです。

国家は面倒をみないと言いながら、共同体や国家への貢献が強調されるのは、なぜなのでしょう。ハンガリーのトローチャーニ司法相は「グローバル化が進む中で、共同体を守るためにも、我々のアイデンティティーとは何かを決定したということに、新憲法制定の意味があるのです」と答えました。同じようなことを中曽根康弘元首相も語っています。二〇一六年五月、新憲法の制定をめざす超党派の議員同盟の集会で、「現憲法がグローバル化の中で、はたして日本民族が民族たる意味を示しうるかどうか。国を取り巻く時代の状況変化に十分に対応しうるかどうかが従前に増して大きく問われる」とあいさつしたのです。

二人に共通するのは、グローバル化によって民族や共同体のアイデンティティーが揺らいでいる、だから憲法で国家や民族のアイデンティティーを規定し、国民統合をはからねばならないという危機感ではないでしょうか。

しかし、憲法は権力を制限し、人々の権利を守ることを核とする法です。民族のアイデンティティーを強調することは、国民を縛ることになり、立憲主義とは折り合いが悪いのです。

「国民国家」と「民族国家」

ハンガリーの新憲法や自民党の憲法改正草案の起草者が考えている国家観とはどのようなものでしょうか。

日本国憲法をはじめ、西側諸国の憲法が想定する国家とは、人々が約束を取り結んで国家をつくるというフィクションで説明される「国民国家」です。肌の色も、境遇も、考え方もそれぞれ違い、多様な人たちが議論しながら社会を築き、国家を形成するという考えです。これに対して、単数の民族や血のつながりで国をまとめようとするのが「民族国家」といえます。その国に生まれた以上、その存在をあるがままに受け取るのが「自然」だという考えと結びついていきます。

ハンガリーの新憲法や自民党の憲法改正草案にも通じる戦後の復古的な改憲論では、伝統や文化を尊重し、愛国心を養うことが強調されてきました。その場合イメージされる国家とは「民族国家」のことです。個人と国家の関係を考えるとき、「国民国家」は個人の尊厳が核となりますが、「民族国家」は「国家あっての個人」へと個人が国家に回収されていきます。「民族国家」観に立つ国家が何をもたらしたか。象徴的な例を考えてみましょう。

ある特攻隊員の言葉

「歴史と向き合う」という連載記事で二二歳の特攻隊員を取り上げました（「命を懸けた祖国とは」朝日新聞二〇〇七年二月二六日付朝刊一一面）。戦没学徒兵の遺書集『きけ　わだつみのこえ「新装版」』（岩波文庫、一九九五年）の中にも出てくる上原良司さんです。出撃前夜に書いた「自由の勝利は明白な事だと思ひます」という所感が有名です。

上原さんの生まれ故郷である長野県池田町の小高い丘の上に碑ができたということを知り、取材に出かけました。印象に残っているのは、上原さんにとって「愛する日本」とは何だったのかと、「碑をつくる会」の副事務局長、高山忠志さんに尋ねた時の答えです。「彼にとっての祖国は、国家が主の国ではなかった。民が主の自由の国をつくってほしいと次の世代に託したのでしょう」

上原さんが思い描いていたのは、国民国家であり、民族国家ではない。高山さんの話を聞き、そんな思いを強くしました。

妹の登志江さんにお会いすると、こんなエピソードを聞かせてくださいました。最後の別れのために帰郷した上原さんは、「靖国神社には行かないよ、天国に行くんだ」と話されたそうです。

当時は、国民に天皇への忠義を教える聖典となった教育勅語が大きな役割を果たし、全体主義への道を突き進みました。そして今、森友学園問題などをきっかけに教育勅語を賛美するかのような動きがみられます。「国民国家」と「民族国家」のせめぎ合いの表れではないでしょうか。

四　主権者として憲法改正にどう向き合うか

「五・三メッセージ」で安倍首相は、二〇二〇年に改正憲法を施行させると明言しましたが、その後自民党の憲法改正原案を二〇一七年の臨時国会中に衆参の憲法審査会に提出したい、とさらに踏み込んだ発言をしました（詳しくは後掲、「**私物化される憲法**」参照）。首相提案を受け、自民党憲法改正推進本部も議論を加速させています（この本が出版されるころ、事態はどうなっているでしょう）。

最終的に憲法の中身を決めるのは、主権者である私たち一人ひとりの判断にかかっています。憲法九六条で、憲法改正案の承認には、国民投票での過半数の賛成が必要だと定められているからです。

朝日新聞で毎月一回、「憲法を考える」という特集を掲載していますが、二〇一七年五月三〇日付朝刊五面で「憲法改正発議のルール」を提案している上智大学名誉教授の高見勝利氏のインタビュー記事を掲載しました。政治家の憲法論議が本物かどうかを見極めるうえで役に立つので、紹介します。

ポイントは次の五点です。

① 憲法は権力の制限規範なので、権力の拡大を目的としない
② 権力の拡大につながる改正には、より厳格な理由が必要
③ 目的達成のために、憲法改正しか手段がない場合に限る
④ 条文を変える場合は、解釈では解決できない問題に限る
⑤ 改正しても憲法の基本原理が損なわれない

改めて確認しておきますが、憲法は国家権力を制限し、長期的な国の基本的枠組みを示すものです。こうした憲法の特徴を考えたときに、高見氏は、「『最後は国民投票で決めるのだから』といって、国会の三分の二で合意すればどんな内容の改正案でも発議できるということにはなりません」と注意を促しています。

例えば、安倍首相が提案する、「九条一項と二項を残し、自衛隊の存在を明記する」という案はこ

れに照らすとどう考えればいいのでしょうか。「条文を変える場合は、解釈では解決できない問題に限る」というルール④に照らすと、自衛隊は六〇年以上にわたり、九条二項が禁じた「陸海空軍その他の戦力」にはあたらないとする政府解釈が確立しているので、「改正は不要」という結論が導かれる――。これが高見氏の見方です。

一方、二〇一四年七月の閣議決定で、自衛隊の活動範囲は、憲法学者や元法制局長官らから憲法違反と批判されている「集団的自衛権の行使」を可能とするものへ広がりました。「黒を白と言いくるめる」論理に支えられた自衛隊を条文に書き込むとどうなるのでしょう。高見氏は言います。「九条二項は死文化し、軍事力の制限は利かなくなります。権力の際限のない拡大になり、平和主義を覆すことでルール⑤の『憲法の基本原理』も損なわれてしまいます」

安倍首相のもう一つの提案である「高等教育の無償化」について、高見氏は、「高等教育の無償化という政策の当否はさておき、憲法を改正しなくても財政措置が整えば実現できるのは、だれの目にも明らか」と指摘します。「目的達成のために、憲法改正しか手段がない場合に限る」というルール③から、「改正の必要はない」という結論が導かれるのです。

もう一つ、主権者の心構えとして大切なのは、憲法改正案を出そうとする政治家の狙いを見抜くことです。冒頭の「五・三首相メッセージを読み解く」でも申し上げたところですが、九条に自衛隊を明記する理由について安倍首相は、憲法学者や政党の自衛隊違憲論を挙げて「違憲の疑いをなくすため」だと説明します。「憲法学者を黙らせることが目的であれば憲法の私物化」(「立憲デモクラシーの会」）にほかなりませんし、自分の手で憲法を改正したいために自衛隊を利用している、と言ってもいいでしょう。

いずれ、国民投票を迎える日が来るかもしれません。今から憲法とは何か、立憲主義とは何かを一人ひとりが考えておく必要があります。政党や国会でどんな議論を経て、憲法改正案がつくられているのか、その中身は妥当なのかをチェックしていきましょう。とりわけ、憲法改正が自己目的化した安倍政権の下で、その作業はいくら強調してもしすぎることはありません（安倍首相は政権復帰直後の二〇一三年春に憲法九六条〔憲法改正の手続〕改正を打ち上げましたが、各方面から批判を浴びて引っ込めたことを思い出してください）。

ハンガリーには国民投票がなく、多数派が国会で「三分の二」を確保しただけで、立憲主義に反するような新憲法を制定してしまいました。しかし、日本は違います。憲法の未来をどうするか、決める主役は私たち国民一人ひとりだからです。

講義を終えて　私物化される憲法

安倍政権下で、立憲主義の危機が深まっている。長く政府が憲法九条の下で許されないと判断してきた集団的自衛権をめぐる解釈を一八〇度ひっくり返したのが、その典型である。そして今、議会制民主主義も崩壊の危機にある。二〇一七年五月八日の衆院予算委員会で、民進党の長妻昭衆議院議員が改憲メッセージに関連した質問をすると、安倍晋三首相はこのように答えた。「自民党総裁としての考え方は相当詳しく読売新聞に書いてありますから、熟読していただきたい」

説明責任の放棄である。五月三日の読売新聞紙上や支持層である日本会議系の集会で二〇二〇年に改正憲法を施行すると打ち出した直後。最高法規である憲法を変えたいというのであれば、国会や記者会見を通じて自らの言葉で説明すべき責任があるのに、「新聞を熟読しろ」。国会そして国民を軽視しているとしか、思えない。

それだけではない。「共謀罪」法案をめぐっては参院法務委員会の審議を一方的に打ち切り、参院本会議での採決を強行する。森友学園や加計学園の問題では、閉会中審査や証人喚問を拒絶する。報道で不都合な文書が報じられると「怪文書」（菅義偉官房長官）と切り捨て、役所の文書も廃棄・隠蔽する。憲法五三条が、議院の総議員の四分の一以上の要求があれば、内閣は臨時国会の召集を決定しなければならないと命じているにもかかわらず、野党の要求には応じる気配はない。憲法をないがしろにする政権与党のどこに憲法改正を論じる資格があるというのだろう。

安倍首相は六月二四日、自衛隊を憲法九条に明記することなどを内容とする憲法改正原案を臨時国会に提出すると表明した。発表の場所は、産経新聞の主張に賛同する任意団体「神戸『正論』懇話会」主催の講演会。五月三日と同じように、仲間内へのメッセージだった。気の合う仲間に語りかけるが、国民は不在。憲法の私物化である。

自民党の憲法改正草案が削除した憲法九七条を改めて読み返す。「この憲法が日本国民に保障する基本的人権は、人類の多年にわたる自由獲得の努力の成果であつて、これらの権利は、過去幾多の試錬に堪へ、現在及び将来の国民に対し、侵すことのできない永久の権利として信託されたものである」

厳粛な気持ちになる。アジア・太平洋戦争での内外の未曽有の犠牲と引き換えに私たち日本人は、この日本国憲法を手に入れた。日本国憲法に盛り込まれた普遍的な権利や、立憲主義という思想は、宗教戦争などで人類が血みどろの争いを経てたどりついた英知だということを思い起こしたい。

憲法は安倍首相やそのお友達のものではない。好きな洋服や車を選ぶように、「自分が変えたいから変える」という性格のものではない。憲法は権力者を縛ることを本質とする。為政者に求められるのは、憲法改正にあたって、自分と異なる意見や少数派の声にいかに耳を傾けるかという姿勢である。

亡くなった憲法学者の奥平康弘さんの言葉を思い出す。憲法とは、普遍的な理念の実現を目指し、世代を超えて受け継いでいく未完のプロジェクトなのだ、と。憲法の教科書のページをめくると、自らの尊厳や権利を守るために裁判で闘った人がいて、幾多の判例が積み重ねられることで、文字の羅列に過ぎなかった憲法に内実が与えられ、中身が豊かになってきたということに気づかされる。

憲法を私物化する自己目的化した改憲論は、「未完のプロジェクト」の対極にある。

4　地方から原発の「神話」を崩す

新潟日報社報道部次長兼論説編集委員
仲屋　淳

一　軽んじられる「地方の命」

原発事故の恐ろしさ

東京電力福島第一原発事故後、新潟県には一時、福島県などから最大で一万人（新潟日報社調べ）を超える人が避難してきました。新潟県には今も、自主避難者を含めて事故で避難を強いられている方が暮らしています。二〇一七年三月一一日で、東日本大震災に伴う福島第一原発事故から六年となりました。新潟県によると、二月末現在、新潟県への避難者総数は三一九二人です。このうち、借り上げ仮設住宅のアパートなどに住む人は一五六〇人です。

自主避難者を巡っては三月末に大きな動きがありました。自主避難者への住宅の無償提供が打ち切られました。新潟日報社は三月末で福島県に戻った方、引き続き新潟県に暮らす方、それぞれの思いを取材しました。家庭によって考え方は様々です。話を伺って改めて感じたのは、原発事故は長期にわたって普通の人の暮らしを壊し、苦しめる恐ろしい事故だということです。

取材は総合力

原発の取材というと、原子炉などに詳しくないとだめだという先入観があるかもしれませんが、原発を巡る取材の特徴は分野の幅の広さです。原子炉以外に、原発の建築物、地盤や地質、設備、放射線などに加え、原発立地自治体への交付金制度、核燃料サイクルをはじめとした原子力政策など幅広い取材が求められます。

ただ、政治、事件、経済、医学など、どの分野でも取材の基本は変わりません。記者自身の勉強に加え、取材対象への接触の多さが原稿に表れます。取材は総合力です。

ジャーナリストは知識だけを伝える仕事ではありません。知識だけを伝えるのであれば、専門家の方が詳しいわけです。ジャーナリストは「人の証言を追う仕事」とも言えます。人に会うことは、実は簡単ではありません。アポ取りも大変です。人間、自分にとって都合の悪いことは話しません。どのように話を聞き出していくか。取材前の準備が何より大切だと思っています。

私は難しい話をするつもりはありません。大切だと思うことは「現場の肌感覚が大事」ということ、「常に何事も疑う」ということ、そして「時に怒りをもって報道に当たる」ということです。このほか「常に自らを顧みる」「地道な作業をないがしろにしない」「他人と同じ仕事をしない」、こうしたことも大切です。「他人と同じ仕事をしない」ということは、研究者の世界も似ているようです。常に疑う、自らを顧みると言いましたが、自社の過去の取材、取り組みに対しても見直しをすることは重要と考えています。

地方紙の役割

「地方紙は現場が近い」とよく言われます。「近い」という意味は、単純に言えば生活者であるということです。肌感覚で地元の空気を感じています。掲載した記事への反応もダイレクトに来ます。地元の生活感や空気というのは、理屈では説明できません。その場に暮らさないと分からないものです。われわれは、原発の地元で暮らす人間として、在京メディアを中心とした東京目線、大都市目線の報道に対して、「違うのではないか」と疑問を呈しながら仕事を続けています。なぜなら、日本は大都市だけで形成されている国ではないからです。

よく、東京など経済を牽引する大都市圏があるからこそ、地方があるという主張が聞かれますが、逆です。二〇一三年、デンマークの首都・コペンハーゲンの南西に位置し、再生可能エネルギーに関する先進的な取り組みで知られるロラン島を取材した際、地元の市議がこう話してくれました。共感したのを覚えています。

「コペンハーゲンのような大都市は赤ちゃんと同じだ。食糧、水、エネルギー、労働力、すべてを外部から与えられなければ生きていけない。大都市は今後もますます、周辺の地方自治体の資源を頼っていくことになる」

まさに、大都市というのは食糧や水、電気など、生活に必要なものを自給できない場所なのです。地方があってこそ、大都市住民の暮らしは成り立っていることを忘れないで下さい。大都市に住む国民が多いからといって、大都市圏住民の考えが日本全体の考えだと勘違いされては困ります。例えば、新潟県は道路が広いと言われます。新潟県の冬の苦労を知らない人の中には、田中角栄元首相の利益誘導の結果だと訳知り顔で解説する人がいます。道路を広くつくるのには理由があります。冬、道路を除雪すると、除雪した雪は道路の脇に積み上げられます。役所などは「堆雪」と呼びますが、除雪後は「堆雪」によって道路の幅が非常に狭くなるのです。国土交通省によると、道路の幅員は、「道路構造令」を基に設計するので、「堆雪」の余裕も考えたものになっているそうです。それでも雪が降り続き、除雪をすればするほど、「堆雪」が増え、車のすれ違いができなくなるほど道路は狭くなります。だから雪国の道路は広くつくるのです。関東圏では除雪を考えて道路を計画するところは少ないですから、新潟県のような雪国の道路のことは分からないだろうと思います。

狭い日本とはいえ、気候の違いなどはあります。住む場所によって、暮らしは全く違うのです。だからこそ、在京メディアがやらないこと、やろうともしないことを、地道に調べ上げて提示していくことこそが地方紙の役割であり、強みだと思っています。

原発は本当に必要なのか

新潟日報社の原発問題特別取材班が二〇一五年一二月から一六年六月まで取り組んだ「原発は必要か」という連載[*]は、まさに在京メディアと逆の発想を基に企画したものです。昔からニュースなどで「原発があると立地地域の経済は潤う」と報じられてきました。聞いたことがある人も多いかと思います。九州電力川内原発の再稼働時なども、「原発が止まっていると地域経済が破綻する」などと報道されていました。

果たして本当でしょうか。われわれはずっと柏崎刈羽地域の様子を見てきました。「柏崎刈羽原発が稼働している時期に、地域に本当に経済効果はあったのか。それほど原発があったことよって地域は発展しているのだろうか」という思いを常に抱いていました。この素朴な疑問をもとにデータで証明しようと取り組んだのが、これからお話しする「原発は必要か」という企画です。在京メディアにはない、立地地域に暮らす人間だからこその企画と自負しています。

福島第一原発事故後、「東京の電力が足りないから柏崎刈羽原発を早く再稼働させろ」という声をたびたび聞くことがありました。それはおかしい、というのが私たち取材班の考えでした。

新潟県民は、隣の福島県で原発事故が起きて、多くの被害者が新潟県に避難している姿を目の前で見ています。避難者の中には再稼働の議論など聞きたくないという方がたくさんいます。

＊二〇一六年度「石橋湛山記念 早稲田ジャーナリズム大賞」公共奉仕部門奨励賞受賞。また取材内容について、詳しくは新潟日報社原発問題取材班『崩れた原発「経済神話」――柏崎刈羽原発から再稼働を問う――』（明石書店、二〇一七年）参照。

なぜ「関東の電源」のために犠牲にならなくてはならないのか

新潟県柏崎市と刈羽村にまたがって立地する東京電力柏崎刈羽原発は、一カ所の原発としての出力は世界最大の合計八二一・二万キロワットです。ですが、新潟県は福島県と同じ東北電力の電力供給エリアにあります。柏崎刈羽原発で発電する電気のほぼ全量が関東に送電されてきました。柏崎刈羽原発の場合、一号機の出力一一〇万キロワットのうち半分が東北電力に送電されていますが、それ以外は関東地方に送電されています。日本海側にある柏崎刈羽原発は関東地方の電源なのです。

しかし、首都圏の住民の中で、柏崎や福島の原発の電気が送電されていることを知る人は多いとは言えません。一方、柏崎刈羽原発が再稼働しようが、しまいが、新潟県民にはほとんど関係ないのです。これは東電が自社の供給外区域外に原発を立地したことがもたらした問題と言えます。

このような立地政策がうまくいくわけはないのです。自分の供給エリアにある原発なら、「原発を動かさないと自分が困るので動かしてほしい」という声が出てくることもあるとは思います。ですが、関東のための原発を巡って、自分の命や財産を犠牲にして、東電の経営再建が主目的の再稼働について、なぜ、新潟県民同士が激しい議論をしなければいけないのでしょうか。いつも考え込んでしまいます。立地地域の苦悩を知ろうともしない関東地方のために、なぜ新潟県民が苦しまなくてはならないのでしょうか。素朴な思いを胸に、取材に当たっています。

原発事故後も変わらない構図

福島第一原発事故後、東京など首都圏は原発の停止で電力不足に陥り、駅のエスカレーターなどが止まったり、計画停電が一部で行われたり、身近なところで節電が行われました。私も事故発生当時は東京支社に勤務していたので、東京の混乱を覚えています。

福島第一原発事故で初めて、福島と新潟の原発から電気が来ていることを知った人もいるのではないかと思います。福島での事故前、東電が所有する原発は、福島第一原発、同第二原発と柏崎刈羽原発を含めて全部で一七基ありました。実は、全基が停止したのは初めてではありません。

二〇〇二年八月に発覚した東電のトラブル隠しで点検などのために全一七基が停止しました。その後、二〇〇七年七月一六日、中越沖地震が発生しました。柏崎刈羽原発は起動中・運転中の四基が緊急停止し、その後、定期検査で七基が全て停止しました。原発の停止はたびたびありながらも、原発の立地地域に目を向ける首都圏の住民は少なかったのです。福島第一原発事故が起きても、この構図はあまり変わっていないのではないかと思います。

軽んじられる「地方の命」

『原発ホワイトアウト』『東京ブラックアウト』（共に講談社　二〇一三年、二〇一四年）という小説があります。これらは福島第一原発事故後に出版されました。『東京ブラックアウト』出版後の二〇一五年一月、著者の現役官僚・若杉冽さんにインタビューしました。

作品は、新潟県と柏崎刈羽原発がモデルです。若杉さんは「東京都民は誰も立地地域に感謝などしていない」と語りました。すでに紙面で掲載した部分について紹介したいと思います。取材メモにはこう記されています。

「新潟県の方は大都市のために新潟が貢献していると考えているでしょうが、事故が起こった後も、東京都民は電気のふるさとには無関心です。東京のことをおもんぱかるお人好しはもうやめたらいいと思います。東京都知事が新潟県知事を訪問して、土下座して再稼働をお願いすることがない限り、そういうことはないでしょうが」

福島第一原発事故で考えたのは、同じ日本人の中に命の軽重があるのかということです。住んでいる地域によって人の命に軽重があるのでしょうか。

日本の原発政策は、立地地域を政府と電力会社がカネでコントロールして進めてきました。「交付金という名目のカネを出しているのだから立地地域の住民は原発を動かし、大都市圏に貢献しろ」という構図があります。日本は低人口地域に危険を押しつけて大都市圏の住民の生活を最優先にする国、大都市圏の住民と低人口地域の住民の命に差がある国なのではないか。私は改めてそう思いました。そんな国で良いのでしょうか。

「田舎に住む人の生命、財産がこれほどまでに軽んじられていいのか」

私は日本という国に問い続けたいと思います。

命の格差への怒り

先ほどお話しした若杉さんに、国の姿勢についても聞きました。「国は面倒な問題は何でもカネで解決しようとする。これは霞が関の伝統芸能でしょうか。地方にはカネで対応するというのは少し下品過ぎませんか」と。

若杉さんはこう答えました。

「国のエリートというのは特に地方の大衆を蔑視しています。カネさえ与えればすべて言うことを聞くだろうとすごく蔑視しているところがある。霞が関の役所は政策を打つとき、法律で規制をかけるかカネを出すかです。役人というのは入省時からそれしか教えられないのです。地域に生きる人間のプライドとか、誇りとか、地域への愛について役所では教えない。それがエリートの地域に対する接し方です。あなたは伝統芸能と言いましたが、それが霞が関の文化なのです」

原発の問題は、国土形成のあり方、大都市圏に暮らす人と低人口地域に暮らす人の命の格差など、様々なことを考えさせてくれます。原発が立地する地域の地方紙が命の格差に怒りを感じなければ、存在意義はないと考えます。

二　原発の「経済神話」は本当か

立地地域と原発との経済的結びつきは薄い

原発の「経済神話」を検証するに当たり、最初は柏崎刈羽地域の企業一〇〇社調査から始めました。一〇〇社と言うと、「少ない」と思うかもしれませんが、調査の条件として、役員以上を対象に、面会で行うことを原則にしました。ですから面会の約束を取るだけでも大変でした。二カ月ぐらいかかっています。この連載は時間をかけて展開したのですが、面白い結果が出ました。柏崎刈羽原発は停止中（二〇一七年七月現在）ですが、三分の二の企業が全基停止による売り上げの減少について「ない」と回答し、経営面への影響を否定しました。さらに、原発関連の仕事を

グラフ１　柏崎刈羽原発地元100社調査の結果

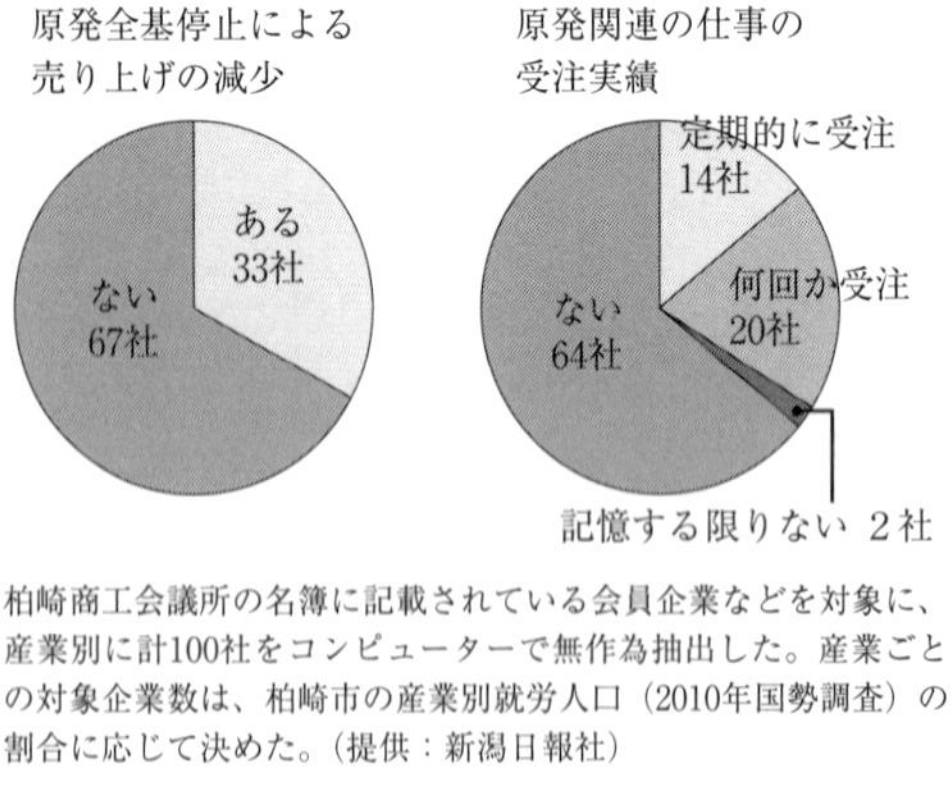

柏崎商工会議所の名簿に記載されている会員企業などを対象に、産業別に計100社をコンピューターで無作為抽出した。産業ごとの対象企業数は、柏崎市の産業別就労人口（2010年国勢調査）の割合に応じて決めた。（提供：新潟日報社）

定期的に受注したことがあると答えた地元企業は一割余にとどまりました（グラフ1参照）。

これは何を意味しているかというと、立地地域の企業と原発は実は関係が薄いということです。原発関連の仕事は、ほぼ新潟県外の会社が担います。地元企業には仕事が回ってきませんので、立地地域にお金は落ちないことを具体的なデータで立証したわけです。

これに続き、新潟大学の藤堂史明准教授（環境経済学）の協力を得て「検証　経済神話」という企画を展開しました。「一〇〇社調査」をベースに、こんどは過去四〇年間にわたる柏崎市などの経済指標のデータを分析しました。この分析によって、原発による地域振興は「神話」にすぎなかったことがデータで示されました。

この取材では、新潟県内で柏崎市とほぼ同じ一〇万人規模の新発田市や三条市のデータも一緒に分析したので、三倍の労力がかかっています。結果を簡単にまとめると、原発の建設期に地元の建設業が一時的に総生産を伸ばしたものの、基幹産業である製造業のほか、サービス業、卸売・小売業への波及効果はデータ上、見えませんでした。

一例として、柏崎を支える製造業の総生産額（グラフ2参照）を見ると、原発建設期の一九七〇～八〇年代は上昇傾向にありますが、原発が全基完成した九七年から大きく落ち込みました。製造品出荷額等の推移もほぼ同様の傾向でした。

ただ、製造業が盛んな三条も柏崎に似た推移を示していました。さらに、全国の出荷額等の動きも柏崎にそっくりで、原発立地の効果が柏崎の製造業に及んだ形跡は見られませんでした。

「自分で調べ、当事者に当たる」――中越沖地震報道

新潟日報社が原発の「神話」を検証したのは、「検証経済神話」が初めてではありません。新潟日報社原発問題特別取材班は、一〇年前の二〇〇七年に発生した中越沖地震で、原発の「安全神話」に挑戦しています。「揺らぐ安全神話」というタイトルで二〇〇七年八月から二〇〇八年六月まで連載し、二〇〇八年度の日本新聞協会賞、日本ジャーナリスト会議のＪＣＪ賞を受賞しました。

中越沖地震はマグニチュード六・八、最大震度六強、一五人が亡くなりました。柏崎刈羽原発では三号機所内変圧器で火災が発生するなど、広範囲にわたり被災し、原発が地震で大きな被害を受けた世界初の事例となりました。

連載では「自分で調べた材料をもとに当事者に当たっていく」という報道の基本中の基本に立ち返って取材を進めました。

中越沖地震は、原発の耐震安全性がクローズアップされた地震でした。私自身本当に恥ずかしい状態で、中越沖地震発生まで、原発の耐震性についてほとんど取り組んでいませんでした。会社も全体

グラフ２　柏崎、新発田、三条３市の製造業総生産額

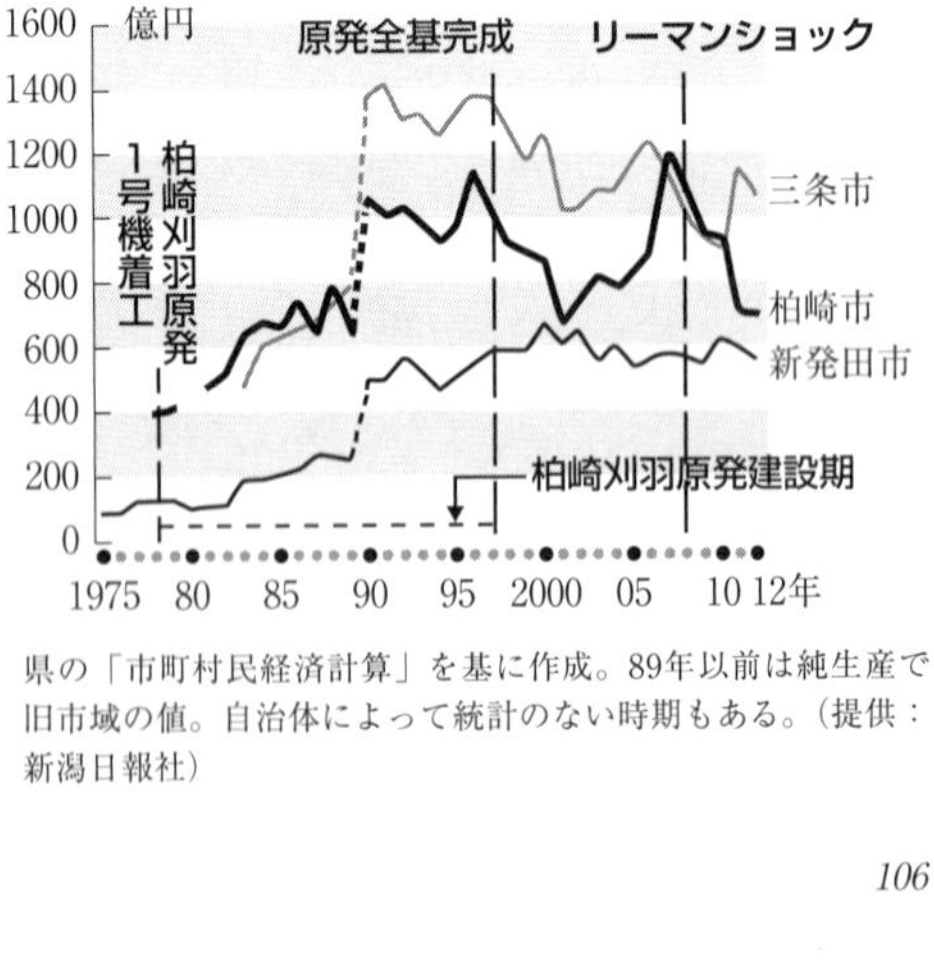

県の「市町村民経済計算」を基に作成。89年以前は純生産で旧市域の値。自治体によって統計のない時期もある。（提供：新潟日報社）

的に原発の耐震安全性について、ほぼノーマークでした。

新潟日報社の原発問題特別取材班は中越沖地震後に発足しました。上司からは「原発問題以外はやらなくてもいい」という指示がありました。デスクを中心に、取材班は集中的かつ徹底的に勉強し直しました。過去の本紙の報道、過去から二〇〇七年までの在京メディアの報道は入手できる限りのものを全部見て、報道姿勢の見直しと、これまでの報道で足りないと考えられる部分のあぶり出しをしました。

見直しを行う中で出た結論は「自分で調べた結果をもとに取材を進めて論点を潰していく」という手法をとることでした。取材テーマの設定については、安全神話を考える上で何を考え、どんな問題を衝いていくべきかを、デスクとメンバーで日々議論しました。

強い地震が来る軟弱地盤の場所になぜ原発が建設されたのか。政府はどんな安全審査をしてきたのか。司法は原発にどう向き合ってきたのか。最後に、原発がないと立地地域の経済は本当に成り立たないのか。「揺らぐ安全神話」で三番目の課題までは取り組みましたが、四番目の経済については積み残しになっていたのです。その課題を今回の「原発は必要か」で展開しました。

特別取材班は、実際に実務を担った当事者に話を聞くことを重視しました。当たり前だという指摘があろうかと思いますが、実は原発報道ではどのメディアもこれができていなかったのです。福島第一原発事故の後は多少、東電の事故対応に当たった人を直接取材したケースが出てきましたが、事故前の電力会社はほとんど直接担当している社員を出さないのが実態でした。中越沖地震では、東電の対応に当たった職員は実名で紙面に登場してもらいましたが、一昔前は、電力会社の報道対応はすべて広報部が担っていて、直接の当事者が取材に応じるケースは、ほぼなかったのです。

安全審査の実態を暴く

連載では過去の柏崎刈羽原発の安全審査について、審査の実態を浮かび上がらせるべく取材に取り組みました。原発の安全審査の実態を暴いた事例は、新潟日報以外のメディアでは見たことがありません。実際に審査を担った人を探し出すのには大変な労力を要しましたが、本人に当たって記事化していきました。

柏崎刈羽原発一号機の安全審査は一九七五年に始まったので、四〇年以上も昔の話です。まず当時、審査を担当した人を探すところから始めたのですが、非常に大変でした。あらゆる手段で資料を集め、住所を見つけました。ほとんどの場合は公開資料が取材の端緒になっています。安全審査を担当していた研究者・専門家の自宅でも取材しました。

詳しくは後で述べますが、柏崎刈羽原発の安全審査では、活断層の評価に誤りがあったのです。ですが、取材で、「私は安全審査でミスをしました」などと認める人は、まずいません。自分にとって都合の悪い話についての取材に応じてくれる人はいません。まして、事故があれば人の生命の危機に直結する原発の審査で過ちを認めるというのは相当勇気のいることです。皆さん、「当時の知見に照らして全力を尽くしたつもりだ」という答えが多かったです。

専門家の多くは関東在住です。取材は全国規模でした。ある記者は、電話をしたり手紙を出したりしていたのですが、断られ続けたので、日曜日の夕方を目がけて自宅に直接取材に行きました。日曜の夕方というのは、在宅の可能性が高い時間帯なのです。皆さんも日曜の夕方ぐらいはゆっくりしようと思いますよね。取材班メンバーが自宅取材を試みた方は茨城県内にお住まいでした。奥さんがいい方で、本人が帰るまでずっと待たせてくれたのだそうです。本人が帰ってきた際、もう観念したという感じだったそうです。肝心なことは話してくれないのですが、審査で問題だった点なども振り返ってくれて、最後は最寄り駅まで送ってくれたそうです（記者は結局、上越新幹線の最終列車に間に合わなかったようですが）。

中越沖地震は、原発沖の海域活断層「F−B断層」が震源とされています。柏崎刈羽原発の安全審査では、この「F−B断層」の評価を巡って大きなミスを犯していたことが、われわれの取材で初めて判明したのです。

活断層を正しく評価できていなかったのです。正断層と逆断層というものがあります。ずれる方向が違うのですが、そのデータを読み誤っていたことが分かりました。この時は東電から巻物のような断層評価のデータを提供してもらい、これを複数の活断層の専門家に持っていって解析してもらいました。その結果、間違いが分かったのです。活断層を読み間違えるといった基本的なミスを、原発の安全審査で犯していた事実は問題になりました。活断層の専門家は柏崎刈羽原発の安全審査当時もいたのですが、最新の知見を安全審査に生かせなかったのです。

三　電力政策、地方からの提言

過去の出来事を検証する難しさ

次に、過去の出来事を検証することの難しさについてお話しします。大事なのは文書の分析です。公文書は歴史的な記録です。過去の検証に厚みを持たせるのは文書です。ですから情報公開請求で文書を入手することが大事なのですが、最近は役所が文書を出さなくなっています。

われわれはこれまで経産省、新潟県などに請求するケースが多く、現在は原子力規制委員会に対し、頻繁に請求しています。今、中央省庁に情報公開請求をすると、「文書不存在」と回答されるケースが増えています。

請求対象を紙だけにしてはいけません。電磁的記録、例えばパソコンやＤＶＤなどに記録していることがあります。役所はそれもないと言い張るケースもあります。皆さんもジャーナリストになると、こうした壁を突破していかなければいけません。実際に情報公開請求をしてみて、制度のどこに問題があるのか体験してみるのもいいかもしれません。役所は国民の知る権利には応える義務があります。政策で疑問な点があれば、どんどん情報公開請求して下さい。実際、体験してみるのは大事だと思います。

この国は事故が起きても変わらない

事故後も東電の体質は変わっていません。今、柏崎刈羽原発で何が起きているのでしょうか。免震重要棟（免震棟）を巡る問題が、地元では大きな問題になっています。

中越沖地震後、東電は柏崎刈羽原発の中に免震棟をつくりました。免震装置のついた、事故の際の対応拠点です。その施設が耐震性不足という評価結果が出ていたにもかかわらず、東電は地元に説明をしていなかったのです。東電は免震棟を事故時の対応拠点にはせず、五号機内に新たに事故時の対応拠点を設置することを決めました。隠ぺいと指摘されても仕方がない東電の体質は、福島第一原発事故前と変わりません。

柏崎刈羽原発の使用済み核燃料は一号機から七号機の合計貯蔵容量に対し、平均で八割がすでに埋まっています。特に七号機は約九七％（柏崎市ホームページ）に達しています。再稼働すれば使用済み核燃料が増えます。

使用済み核燃料を再処理した後に生じる高レベル放射性廃棄物、いわゆる「核のごみ」の最終処分場の場所も未定です。問題を先送りしたまま、再稼働に進んでいるのが今の日本です。高速増殖炉「もんじゅ」の廃止が決まったことが示しているように、核燃料サイクルは政府の思惑通りに進んではいません。原発の再稼働を考える場合、当然ながら最終処分を含めた核燃料サイクルの問題とセットで考えなければなりません。柏崎刈羽原発の地元では、原発が「核のごみ」の最終処分場になるのではないかという強い危惧があります。核燃料サイクルが停滞した現状が続き、結局「原発内で保管しなさい」となるのではないか。原発の地元住民は疑っています。

ヨーロッパで進む代替エネルギーへの転換

代替エネルギーがないから、原発の再稼働が必要だという意見は疑問です。原発の再稼働を進めれば使用済み核燃料が増えます。現在の核燃料サイクル政策では、使用済み核燃料を再処理します。再処理した後に出る高レベル放射性廃棄物の最終処分地を決められない国に、今後も原発政策を進める資格があるのでしょうか。そこを考えてみてほしいと思います。高レベル放射性廃棄物は、数十万年の隔離が必要な、非常に厄介なものです。次世代に負担を残さないため、地球で生きる人類に対して安全かつ確実に、自国で核のごみを処分する責任があるのです。代替エネルギーへの転換を進めずに、原発を使い続けることの是非をよく考えてほしいと思います。

私は二〇一三年一月、実際にヨーロッパを見てきましたが、ヨーロッパでは国境や海をまたいで広域的に電力を融通しています。洋上風力発電も盛んに行われ、再生可能エネルギーが基幹電源になっている国もあります。ヨーロッパが実際にやっていることを、なぜ日本でできないのか。できないのではなく、日本が真剣に取り組んでやらなかった結果です。

風力発電は、世界各国が相当な労力をかけて導入を進めています。今回も取材班にドイツに行ってもらいました。地方紙も普通に海外取材に行く時代です。最新の世界の状況を頭に入れながら、今後のエネルギー論議に関わっていきたいと思います。

電力システム改革の必要性

日本も電力システム改革が行われ、二〇二〇年に発送電分離を実施します。福島第一原発事故では、周波数の違いがあるため、狭い日本にもかかわらず、東西の電力融通がわずかな量しかできない問題が改めてクローズアップされました。広域融通によって電力に余裕がない地域に、余裕がある地域の電力を送りやすくする。これは福島第一原発事故からの教訓です。

日本国内の原発は、電力会社の本社から遠い場所に設置されています。本社と現場が遠くなるから、経営トップは原発への関心が薄くなってしまう側面があるようです。

私は、福島第一原発事故前、ある電力業界の大物に聞かれたことがあります。「電気事業で一番大事なことは何か分かるか」と。「それは送電と配電だ。原発なんてしょせんは発電施設だ。だから電力会社の経営陣には原子力の人間は少ない。電力会社は電気を家庭や企業に届ける任務を最優先する。電力会社の中で原発の占めるウエイトはすごく低い。原発は経営から遠い存在なので、原子力部門は放置されていた。それで原子力部門は勝手に動き、経営陣の統制がとれない『関東軍』のようになった。その顕著な事例が東電だ。二〇〇二年に発覚した東電のトラブル隠しは、その典型的な事例だ」とその人は話していました。

東電は福島第一原発事故後、福島復興本社と新潟本社を設置して地元との対話を重視する姿勢を示しました。単なる出先機関になるのかどうか、注視したいと思います。

四　「時代の空気」を伝える

最後に、「揺らぐ安全神話」の取材でお世話になった元日本原子力産業会議副会長の森一久さん（故人）についてお話しします。ノーベル賞受賞者の湯川秀樹博士のお弟子さんです。森さんの取材で印象に残っている言葉を紹介します。当時の取材メモにはこうあります。

「歴史というのは書かれないことが多い。時代の空気というものは書けないんですな。空気というのは大事で、当時の人にとっては当たり前のことが、いまに生きるわれわれの感覚では『何だ、それ』となったりする。どういうことかというと、戦争だって、戦時中は賛成した人がいっぱいいたわけですね、表向きはみんなが。歴史の先生と話していると歴史の大切さを感じるし、歴史に残されないことの大切さも感じる。だからジャーナリズムの仕事というのは時代の空気を書くことだ。これがジャーナリズムの活躍の場なんでしょうな」

時代の空気を書くことについては、専門家よりもジャーナリストの方が、向いているのかも知れません。ジャーナリストだからこそ、その時代の空気、その時代に生きた人の言葉を記録していくことができるのではないか。ジャーナリストの大事な作業なのではないかと思っています。

新聞は今、厳しい批判にさらされることがあります。私自身も間違えて訂正を出したことが何度もあります。新聞社はミスをなくすため、その日その日の締め切りまで、細心の注意を払って正しい記事の掲載を目指していますが、それでもミスは出ます。

しかし、新聞社には力があります。調査報道をはじめ取材のノウハウが蓄積されています。特にチームでの取材力、組織力はメディアの中で群を抜いていると思いますし、新聞社だからこそできる仕事、やれる仕事は多いと思っています。他の新聞社の報道を見ても、取材力、発想や視点の鋭さなど、新聞社の取材力は侮れないと感じます。

取材にはいろいろな人との出会いがあります。つらいこともあるけれど、面白いこともあります。これは地方紙、全国紙、どこの会社も変わらないと思います。

実際、取材現場に出れば、嫌な思いをすることが多いです。負けずに頑張っていただきたいというのが私からのお願いと皆さんへのエールです。

学生　去年（二〇一六年）の夏に、新潟県知事が新潟日報社の記事を理由に知事選出馬を撤回したという報道がありました。私自身としては知事の発言内容に不可解な部分があると感じていたのですが、その問題がその後どうなったかを教えていただければと思います。

仲屋　二〇一六年一〇月、新潟県知事選がありました。一六年二月に四選出馬を表明した泉田裕彦・前知事は、一六年の八月、出馬を撤回しました。泉田氏は、県が主導する日本海横断航路計画の中古船購入問題を追及していた新潟日報の報道を、知事選からの撤退理由に挙げました。*

米山隆一・新知事に交代後、新潟県はこの問題の責任の所在などの調査を、弁護士ら第三者でつくる県の特別調査委員会に委ねました。委員会は二〇一七年二月、報告書を出しました。結論は「失敗の最大の原因は事業執行体制におけるガバナンス（内部統制）の欠如」とし、計画を主導した泉田氏らに最大の責任があると認定しました。

委員会で調査に当たった委員長の早川吉尚弁護士は、報告書提出後の会見で、原発再稼働を絡めた陰謀論について、「証拠に基づいて事実認定をしている。そういうものを見つけることはできなかった」と明確に否定しました。さらに日本海横断航路計画を巡る新潟日報社の報道について「（新潟日報社が）食い下がることがなければ、今回こういう形で検証をしっかりやろうとはならなかった」と評価しました。

その後、米山知事は新潟県が公金約三億円を失った管理監督責任として、泉田氏らを減給処分としました。泉田氏らは退職後でしたので、給与の自主返納を求めました。

＊二〇一五年八月に新潟県の第三セクター「新潟国際海運」が子会社名義でフェリー購入契約を韓国企業と締結したが、速度不足を理由に船の引き取りを拒否、紛争になった。海事仲裁判断で新潟県側に約一億六千万円の支払いが命じられたが履行されなかったため、韓国企業が損害賠償を求めて三セクを提訴。一六年一〇月に就任した米山隆一・新潟県知事が解決を図り、一二月に三セクが約一億一五〇〇万円を支払って和解した。新潟県が船購入のため三セクに出資した三億円のほぼ全額が紛争対応などで失われた。

講義を終えて　聞けなかった本間幸一さんの思い

東京電力がなぜ、電力供給エリア外の新潟県で柏崎刈羽原発を建設したのか。その理由として、現在の新潟県柏崎市出身の政治家・田中角栄元首相との関係が取り沙汰されることがある。しかし、田中氏が柏崎刈羽原発誘致に動いたことを示す証拠は見つかっていない。二〇〇七〜〇八年に新潟日報で展開した連載「揺らぐ安全神話　柏崎刈羽原発」の取材でも、田中氏の関与を示す文書の発見には至らなかった。柏崎刈羽原発と田中氏の関係は今も謎のままだ。

この取材は、田中氏の柏崎刈羽原発への関与の有無を調べることがテーマだった。田中氏に直接仕えた人が少なくなっている中で、二〇〇七年秋に取材を始めたのが田中氏の地元筆頭秘書で「国家老」と呼ばれた本間幸一さん（取材当時八五歳、二〇一一年五月に死去）だった。

ほぼ毎朝、新潟市から長岡市の本間さんの自宅に通った。取材で唯一、本間さんが認めたのは、柏崎刈羽原発の土地の売却益約四億円を東京・目白の田中邸に運んだことだけだった。本紙は朝刊一面に掲載し、大きなニュースになった。その朝刊が出た日、本間さんは「東京から週刊誌も家に押しかけてきて大変だったよ」と話していた。

取材は、玄関先での短時間の立ち話で、短い時は三分位で話は終わった。ほとんど相手にされなかった。だが、人間というのは不思議なものだ。会う回数を重ねると、次第に話をしてくれるようになり、自宅に上げてもらったこともあった。

本間さんは田中氏について多くを語らなかったが、東電の体質に対し、厳しい意見を持っていた。特に、東電が二〇〇七年一二月五日、中越沖地震への新潟県への復興支援として、三〇億円の寄付を決めたことに対する怒りは激しかった。新潟県は寄付を受けるべきではないと主張していた。

東電が新潟県への三〇億円寄付を発表した同じ日、東電は別の重大な事実を公表した。東電が中越沖地震後に柏崎刈羽原発沖で実施した海域断層調査で、海域にある断層一本を活断層と認定したのだ。同時に〇三年には原発沖の計七本の断層を活断層の疑いが強いと評価しながら、公表していなかったことも明らかになった。

東電は、臨時取締役会で寄付を決めたのが一二月五日で、三〇億円の寄付は活断層の案件とは関係ないと説明。同二五日、勝俣恒久社長が新潟県の泉田裕彦知事（いずれも当時）に目録を贈呈した。

三〇億円寄付について、本間さんへの取材メモを読み返してみた。

「活断層を隠しておいて三〇億円でしょ。本当にまずいやり方だ。県民が三〇億円で買われてしまう印象を受ける。知事はなぜこのカネを受け取るのだろうか。本当に分からない。謝ってカネを払っておけば良いと東電に思わせてしまう。東電は横暴になっている」

本間さんは中越沖地震で被災した柏崎刈羽原発を本当に心配していた。そして、二〇一一年三月一一日、福島第一原発事故が起きた。事故への思いを本間さんに聞きたかった。

第二部

忘れてはならない過去、そして現在

5　世界、東北の〝今〟を写真で伝える

フォトジャーナリスト
安田菜津紀

一　写真で伝える仕事とは？

フォトジャーナリストという職業はあまり馴染みがないのではないでしょうか。簡単に説明すると、今、世界の中で何が起こっているのかということを、写真を通して伝えていく仕事です。

よく新聞社・通信社のカメラマンと何が違うのかと聞かれます。スパッと分けられるわけではありませんが、特に全国紙のような大きな新聞社に所属するカメラマンの場合、会社側が紙面に必要な写真を指定することが多く、そうした写真を撮りに行くことが主な仕事になります。

一方、私たちのような大きなメディアに所属していないフォトジャーナリストは、どこに行けばよいか、どのような写真がより伝わりやすいかということを、自分の意思によって決めていくことにな

ります。それぞれがテーマ、軸を持ちながらこの仕事に取り組んでいます。

私はジャーナリズムの役割は、現場で生きている人々を置き去りにしないための架け橋になることではないかと思っています。誰を置き去りにしてはいけないのか。置き去りにしないために伝えなければいけないことは何なのか。こうしたことを軸に、三つのお話をしていきたいと思っています。一つ目は、私がこれまで最も多く足を運んだカンボジアという国について。二つ目は、東日本大震災以降の岩手県陸前高田市について。そして最後が、混迷を極めていく中東、イラクについて。この三つについて、現場で生きている人たちの身に一体何が起こっているのかということに重きを置きながら、それぞれ写真を通して皆さんにお伝えすることができればと思っています。

二　内戦を経たカンボジアで

カンボジアは地図で見ると東南アジアの真ん中に位置している小さな国です。私がこれまで最も多く足を運んできた国でもあります。面積は日本の半分ぐらい。最も知られているのは世界遺産にも登録されているアンコールワット遺跡群です。

ただ、カンボジアで目にするものは必ずしもこうした美しいものばかりではありません。一九六〇年代の終わりごろ、ベトナム戦争に巻き込まれる形でカンボジアも徐々に戦乱の中に置かれていくことになります。一九七〇年に始まったカンボジア内戦は、九〇年代の終わりごろまで三〇年近く続きました。そしていまだにその爪痕は、地雷などさまざまな形でこの国の中に影を落とし続けています。

タイとカンボジアの国境地帯に、ココナッツおじさんと呼ばれている農家のおじいちゃんがいます。とても笑顔が可愛いらしいおじいちゃんなのですが、このココナッツおじさん、両足がありません。

妻と暮らす小さな小屋で出迎えてくれたココナッツおじさん。(2014年2月著者撮影)

一本目の足は、まだ和平が結ばれる前、内戦から逃れている時に足下の地雷を踏んでしまったのだそうです。そして二本目の足は九〇年代前半、紙の上での和平が結ばれた後、畑に残っていた地雷を踏んでしまったのだそうです。

ココナッツおじさんは、二本目の足まで吹き飛ばされてしまった時、「これはもう生きていられない」と思ったそうです。その時、ココナッツおじさんは農作業用の斧を持っていました。「この斧で自分の首を切り落としてしまおう」と思ったそうです。それでも、「やっぱり生きなきゃ、生きていたい」と思えたのは、「家族が、中でも妻が自分のそばにいてくれたから」だったそうで

ココナッツおじさんと奥さんのジュイランさん。「うちの妻はかわいい。うちの妻が大好きだ。キスしたいぐらい大好きだ。キスしているところが見たいか」（2014年２月著者撮影）

す。

ココナッツおじさんは、ふだんは両足に義足をはめていますが、残された腕と太ももの力だけで木によじ登って農作業を続けています。

戦争はたとえ紙の上で終わったとしても、そこで終わるわけではないのです。カンボジアはすでに和平成立から二〇年以上たっています。ですが地雷はまだ推定で四〇〇万個近く、国中に残されています。これから何年も何十年もの間、本来争いとはまったく関係のない人たちが傷つき続けなければいけないのです。それが武力による衝突を極力避けなければいけないということ、そしてなぜそれを報じ続けなければいけないのかということの根幹だと思っています。

三　東日本大震災

陸前高田に暮らす家族を探して

カンボジアでは四月の中ごろ、クメール正月と呼ばれるちょっと特殊なお正月を迎えます。二〇一一年三月、「今年こそはカンボジアで友だちと一緒にお正月を過ごしたいな」、そのようなことを考え始めた矢先のことでした。三月一一日、東日本大震災の日を迎えることになります。

私自身はこの時、日本から三〇〇〇キロ離れたフィリピンの山奥で静かな時間を過ごしていました。日本からの電話で地震が発生したことを知らされたのですが、最初は全然緊張感がありませんでした。

あの時、どこが震源地で、どれぐらいの被害があったのか、情報はかなり混乱していました。フィリピンにいる私のところにも、その日のうちに次々と情報が入ってきました。その中で岩手県陸前高田市について、ただ一言「壊滅」と書かれていました。

その瞬間さっと血の気が引きました。私事になってしまうのですが、二〇一一年という年は結婚した年、入籍をした年なのです。私にとっての義理の父母が暮らしていたのがこの岩手県陸前高田市でした。「壊滅」という言葉以外、どれほど待っても詳細な情報は入ってきませんでした。

震災直後の陸前高田市の中心部。この写真からでは、ここにどのような建物があったのか、ここでどのような人がどのような暮らしをしていたのか想像することはできない。(2011年３月著者撮影)

義父のいた県立高田病院

陸前高田市は岩手県の広い沿岸部の中で一番南に位置しています。震災前、人口二万人程度の小さな市でした。その小さな市の中で、死者、行方不明者は合わせて二〇〇〇人近くに上っています。町の中心地は軒並み津波にさらわれてしまいました。

義父は市内にある県立高田病院に医師として勤務していました。陸前高田市に最初に出された津波警報は六メートル、義父たちはその警報を受けて緊急対策本部を病院の三階に設置するという判断を下していました。ですが、三階に設置した緊急対策本部は完全に水没してしまいます。

当時、県立高田病院は地震の揺れの影響を受けて半分停電状態に陥っていました。重症の患者さんたちを救うため、義父たちは看護師さんと交代で手で人工呼吸を行っていたのだそうです。そこに津波が押し寄せてきました。幸い患者さんが横たわっていたマットが空気の入っているタイプだったのだそうです。それが患者さんを乗せたまま波に浮き上がりました。それにしがみつきながら人工呼吸を続けていたのだそうです。

義父はこの時押し寄せる津波を写真に収めました。なぜこのような時に写真を撮ろうと思ったのか、怖いとは思わなかったのか、私は義父に聞きました。義父に言わせれば、まったく怖いと思わなかったのだそうです。目の前に広がっている光景があまりにも現実離れし過ぎていて、実感が全然湧いてこなかった、と。

この日は、何とか助け出すことができた一〇〇人の患者さんや避難者さんたちと一緒に、寒空の下、屋上で過ごすことになります。義父は、なぜ一〇〇人以外の患者さんを助けることができなかったかと自分自身を責めながら一晩を過ごしていきます。そして、翌三月一二日、屋上から自衛隊のへ

県立高田病院を襲う津波。義父が勤務先の県立高田病院から撮影。一枚目の写真の奥に見えるのが、かつて海岸線に生えていた七万本の高田松原。二枚目の写真の時点で、高田松原はほとんどなくなっていることがわかる。最後の写真の直後、義父は首まで波に浸かることになる。(2011年3月撮影)

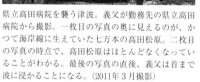

リコプターで救助された後で、義母の行方がつかめていないということがわかるのです。

義母を探して

義父母の暮らしていた病院の官舎は、津波に襲われあらゆる家具が波に引き回されていました。陸前高田という小さな市の中でさえ、何回も何回も義母と同姓同名の名前が避難者名簿に上がってきます。「よかった、生きていた」、私たちは喜んで避難所に駆けつけます。そしてそのたびに、それはすべて同姓同名のまったく違う方だということがわかっていきます。もちろんその方たちが生きていたことはとても喜ぶべきことだと思っています。ただ、少なくとも義母ではなかったのです。

やがて私たちは避難所めぐりをやめます。かわりに待っていたのは遺体安置所に通う日々でした。安置所に通うというのはどういうことでしょうか。それは生きているという望みを手放していくことでもありました。

二週間ほどたったころです。義母が使っていた車が見つかりました。車体はぐちゃぐちゃでしたが、ギアはパーキングになったままでした。車で逃げたのでないことだけは確かです。思い出の品ですが、車ごと持って帰るわけにいきません。このぐちゃぐちゃになった車からナンバープレートだけを取り外して持ち帰った時の気持ちを、私は今でも忘れることができずにいます。

震災から一カ月ほどたったころでした。四月九日という日です。陸前高田市内には気仙川というとてもきれいな川が流れています。その川を河口から九キロさかのぼると、海の姿はまったく見えなくなります。そのがれきの下から、義母の遺体を消防団の方が見つけてくださいました。

義母は二匹のミニチュアダックスフンドをとても可愛がっていました。茶色い濁流に九キロ流されても、家族のように大切にしていた二匹の犬の散歩ひもをぎゅっと握りしめた状態で見つかっています。おそらく最後の最後まで一緒に逃げよう、守ろうと思ったのではないか、最後の瞬間まで一緒にいたのではないかと私たちは思っています。

もう一つ、義母は生前、手話の通訳として活動していました。東北は地震が多い地方です。大きな揺れが起きて津波警報が鳴った時、耳の不自由の人たちは気がついていないかもしれないと、真っ先に耳の聞こえない人たち、不自由な人たちのところに走る人だったと同じ手話サークルの方々から伺っていました。

取材者として何をすべきか

私自身は後から加えてもらった家族です。あの日、津波を見ていないし、日本にもいませんでした。その私がこうして東北のこと、家族のことを語っていいのだろうか、取材者としていつも後ろめたく思っていました。ただ、この六年間を通して、そして家族の言葉を通して教えてもらったことの一つが、「取材者としてその後ろめたさから逃げない」ということです。

私は、圧倒的に破壊された町を目の前にして何を発信したらいいのか、何を伝えたらいいのか、それがわからなくなっていました。特に写真はとても間接的な手段です。私たちが何枚シャッターを

朝日と共に臨んだ一本松。周囲はまだガレキに覆われていた。(2011年３月著者撮影)

切っても、がれきはそれによって退けられません。私たちがどれほどの写真を残したとしても、それで避難所の人たちのおなかが膨れることもありません。

そのような時、私が唯一シャッターを切ることができたのが、この一本松の写真でした。私はこの一本松を初めて目の当たりにした時、すごいなと思ったのです。七万本の中から一本だけ波に耐え抜いたのだと。何か力を与えてくれるような気がして、希望の象徴だと思って夢中でシャッターを切りました。これは後に新聞に掲載され、タイトルに「希望の松」とつけられました。よかった、陸前高田のことをようやく伝えられる、と思いました。

誰のための希望なのか

この新聞記事を最初に見せたかったのは義父でした。義父はこの写真、この記事を見た時、最初にどんな言葉をかけてくれたと思いますか。あまり声を荒げる人ではないのですが、ちょっと語気を強めてこう言いました。「なんでこんなに海の近くに寄ったの！　この時同じ揺れが来て、同じ津波が来てごらん。余震は続いているんだよ。町は更地だよ。どこに逃げるつもりだったの！」と。

このたった一枚の写真が、あの時首まで波に浸かって巨大なトラウマを背負った義父の気持ち、記憶を一気に呼び起こしてしまいました。義父は続けます。「あなたみたいに前の七万本と一緒に暮らしてこなかった人間にとっては、『希望の象徴』と見えるかもしれない。だけど、前の七万本と一緒に暮らしてきた自分たちにとっては、これは津波の威力を象徴するもの以外の何ものでもない。あの七万本の松林が一本しか残らなかったのかと、見ていてつらくなる。できれば見たくない」と。

今日は最初に、「置き去りにしない」ということをお話ししました。私は義父のこの言葉を受けてハッとしました。一体誰の立場に近づこうとして写真を撮っていたのか、一体誰のための希望と捉えようとしていたのか。なぜシャッターを切る前に、もっと丁寧に人の声に耳を傾けることをしなかったのか、と。

二〇一五年七月、義父は避難先の栃木県内の親戚宅で静かに息を引き取りました。あの時残してくれた言葉には、今でも大きな感謝を抱いています。どこへ行っても取材の礎になっている言葉、私が取材を続ける上で一番大切にしている言葉です。

街の変化、人の歩み

あれから六年以上の月日がたちました。町の風景も少しずつ変化を見せています。義理の父を最初に守ってくれた県立高田病院も解体され、更地になり、今では大きな盛り土がされています。一二〇メートルの高さの山をダイナマイトで切り崩して、その土を盛り土に使用しました。盛り土は高いと

雪の積もった日に、同じ仮設住宅の子どもたちと遊んでいた佐藤あかりちゃん。（2011年12月著者撮影）

ころでは一〇メートル以上の高さになります。工事はいまだに昼夜問わず行われ、一部商業施設がこの上に完成しています。ですが、それでも日常生活を取り戻すにはまだほど遠い状況です。

　陸前高田市内には震災後に二〇〇〇戸を超える仮設住宅がつくられました。六年たった今でも、そのうち半数近くが埋まったままの状態です。子ども、大人、そして高齢者の方を含め、まだ日常を取り戻すにはほど遠いのです。

　それでも、この町がただ悲しいだけの場所になってしまったのではないということも、町の人たちから教えられました。佐藤あかりちゃんという女の子がいます。あかりちゃんと初めて会ったのは、市内にある米崎小学校という学校の校庭につくられた仮設住宅でした。東日本大震災発生当時、あかりちゃんはちょうど小学校一年生から二年生に上がろうとしているころでした。

　二〇一五年九月、常総地区が大雨に見舞われ鬼怒川が氾濫したあの同じ日に、米崎小学校を訪ねました。陸前高田市にも警報が発令され、あかりちゃんのお父さんである佐藤一男さんは仮設住宅の自治会長として、体育館の避難所に雨の中、物資を運び続けていました。

この体育館避難所に、仮設住宅で暮らしていたお年寄りや子どもたちが集ってきます。ただ単に体の安全を確保するというだけではありません。川が氾濫していく映像を見ていると、どうしても津波を思い出してしまうのです。一人では過ごすことができず、誰かと過ごしたいと集ってきたのでした。

その体育館避難所の中で、「大丈夫ですか、今、毛布を持ってきますね」と絶えず動いている女の子がいました。佐藤あかりちゃんです。東日本大震災の時小学校六年生。この時は小学校一年生だったあかりちゃんが、この時は守られる側でしたが、今度は誰かを守る側へと成長を遂げていたのです。

避難所となっていた体育館で、おじいちゃん、おばあちゃんたちに毛布を配るあかりちゃん。(2015年９月著者撮影)

自分の力で、避難できるように

以前、あかりちゃんに、「同じ世代の子たちに何か伝えたいことはある?」と聞いたことがあります。あかりちゃんは何と答えてくれたと思いますか。お父さんを目の前にして、「親の言うことを鵜呑みにしないことです」と言ったのです。

あかりちゃんは大きな揺れに見舞われた時、小学校の中で同級生たちと過ごしていました。そこへあるお母さんが仲のよかった友だちを迎えに来ました。その友だちはお母さんと家に帰っている途中で車ごと津波にのまれて亡くなってしまったのだそうです。

自分の親たちを信じていないわけじゃない。けれども、子どもも、自分の力でちゃんと避難できなくてはいけない。守られる側から守る側へ。そのように立派に成長を遂げてくれていました。

私たちは、よく「節目」という言葉を使います。三年という節目、五年という節目、では、次は一〇年か。その節目という言葉を伝え手の都合で使う言葉にしてはいけないと、いつも思ってきました。日常を取り戻すにはほど遠い状態で、子どもたちはその爪痕と毎日向き合いながら日々を過ごしています。もし節目という言葉を使うのであれば、私たちが心を寄せていきたいのは、子どもたちが成長していくむしろこれからです。それを改めて分かち合う言葉であるべきだと私は考えています。

四　混迷極める中東を巡って

イラク、ISとの闘い

少しずつですが、それでも陸前高田市は希望をつかもうと努力しています。一方、それとはまったく逆に、日がたてばたつほど希望から遠のいてしまっている場所があります。

私は二〇一七年の元日をイラク北部の町、アルビルの病院の中で過ごしていました。私たちがその病院に足を踏み入れたと同時に、九歳の女の子が緊急搬送されてきました。スナイパーに頭を撃たれた状態でした。病室の中は、同じように傷ついた子どもたちであふれていました。泣く声であったり、無事を祈る家族の声であったり、いろいろな声がその部屋の中に響いていました。

体が凍りつきそうになっていた時、一人のお父さんに「お前はカメラマンか」と呼びとめられました。「お前、この子たちが兵士に見えるか。見えないんだったらちゃんと写真を撮って帰れ」と言われ、その時になって初めて体が動き出しました。

イラクの街、ガラヤの空を覆う黒煙。かつてはIS、いわゆるイスラム国と呼ばれる過激派勢力の支配地だった。2016年8月、アメリカを中心した有志連合軍の空爆に際し、ISの兵士たちは油田に火を放ち逃れていったと言われてる。懸命の消火活動が続いているが、まだ完全な鎮火には至らず、分厚い煙が一日中町を覆ってる。上からはアメリカを中心とした有志連合軍の空爆、地上からはイラク軍、その両方に挟まれた村や町は次々と廃墟になっていった。（2017年1月著者撮影）

イラクでは、北部に位置する国内第二の都市、モスルをＩＳ、いわゆるイスラム国から奪還するという作戦が佳境を迎えています。奪還作戦以前から避難民は増え続け、その数はイラク国内だけで三〇〇万人を超えているだろうと言われています。

避難生活、あるいは難民というと、難民キャンプを想像することが多いと思います。ですが、キャンプの収容能力には限界があり、環境的にも厳しいために、実は避難生活を送っている人たちのほとんどは都市部、あるいは難民キャンプの外にある廃墟のような建物で生活しています。

ガンと闘ったナブラスちゃん

廃墟の一つから、「痛い、痛い」とうめくような声が絶えず聞こえてきます。廃墟の中では家族がギュウギュウになって暮らしていました。声の主はその中の一人、ナブラスちゃんという一三歳の女の子でした。

彼女はもともと、ISに村を襲われる前から小児がんを発症していました。彼女たちはシンジャルという村に住んでいたのですが、そのシンジャルが突然ISに攻撃されました。家族は着の身着のまま、病院のある町を目指して避難します。なんとか町にたどり着いて病院に行ったものの、今度は彼女が使うはずの抗がん剤がありませんでした。避難者があまりにも集中し過ぎて医薬品が足りない状態だったのです。

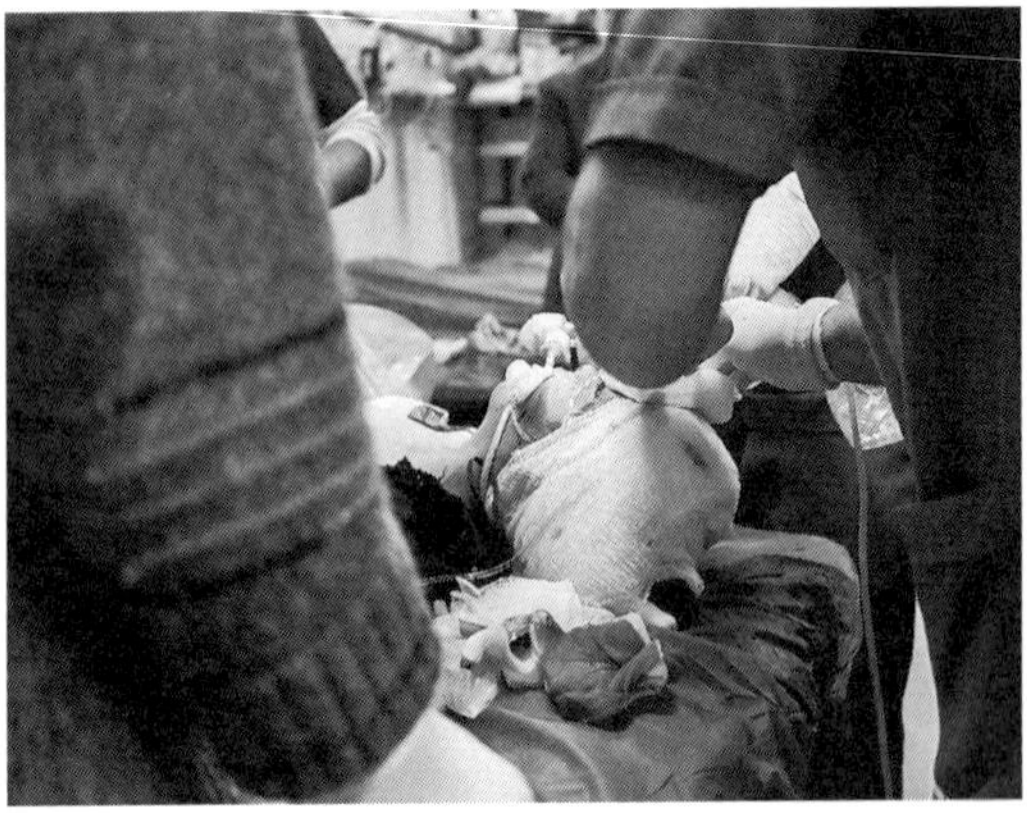

イラク北部、アルビルの病院に、スナイパーに撃たれ運び込まれた9歳の少女。（2017年1月著者撮影）

実はイラクでは基本的に医療は無料で受けることができました。ただ、病院の中に薬がなかった場合、病院の外の薬局で自分たちのお金でその薬を購入しなくてはなりません。抗がん剤の値段はものすごく高額です。自分たちのお金で抗がん剤を買い続けることは不可能でした。

ナブラスちゃんが亡くなったのは、私が写真を撮ったわずか四日後のことでした。写真を撮る数日前、シンジャルに帰ったら何をしたいかという問いに対して、ナブラスちゃんは、「もう一度学校に行ってみたかった」という言葉を残しています。

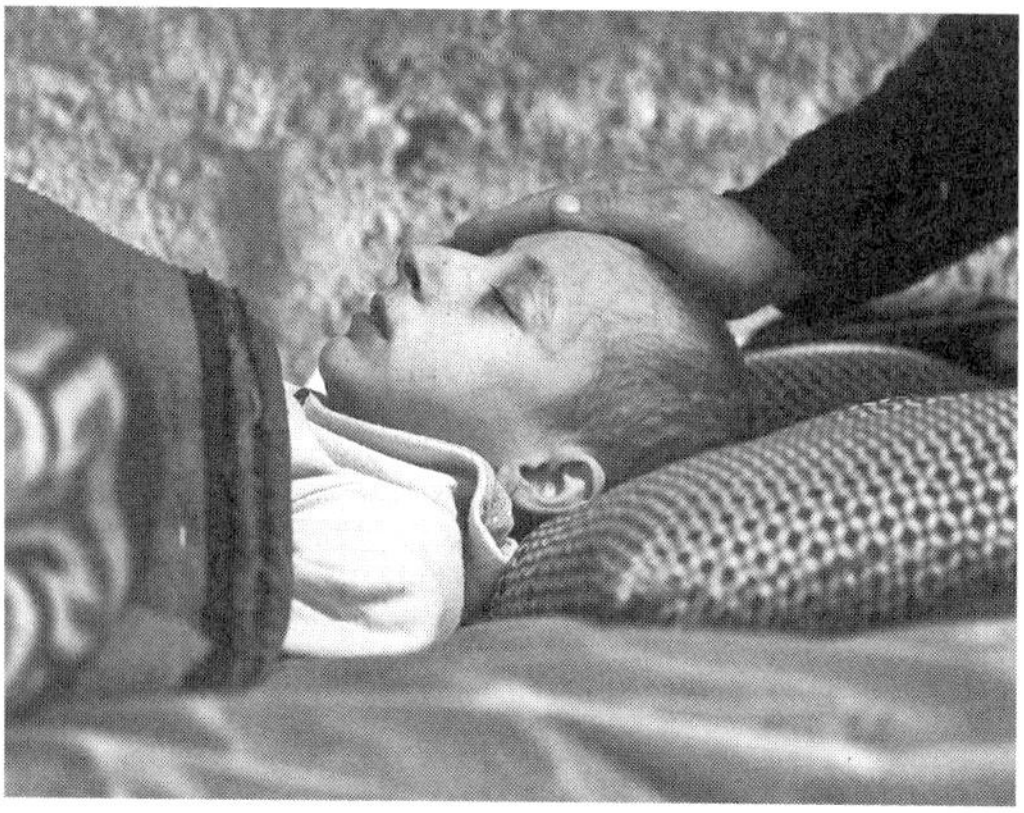

ほとんど意識がないまま、時折痛みを訴えていたナブラスちゃん。(2016年1月著者撮影)

傷ついている子どもたちにシャッターを切る時、私なりに込める願いが二つあります。一つ目は、まず目の前にいる子どもたちが一日でも早く回復しますようにという願い。そして二つ目が、同じような思いをする子どもたちがこれ以上現れませんようにという願い。その二つともが、こうして毎回毎回打ち砕かれていきます。

役割を持ち寄ること

こうして誰かの命が奪われていく、失われていくことを目の当たりにしたとき、「ジャーナリズムとは何か」

ということを考えざるを得なくなっていきます。私がもし二十歳前後の年齢の時に医者になるという判断をしていたら、ナブラスちゃんの治療のために力を尽くすことができたかもしれません。もし私がNGOで働こうという決断をしていたら、少なくとも現地の人たちにずっと寄り添って活動し続けることができたかもしれません。「伝える」と銘打ってこの場から離れていく。そうしたジャーナリズムに何か意味はあるのでしょうか。どのように考えて仕事に臨み続けるべきなのでしょうか。

別の機会だったのですが、現地のNGOの方にかけていただいた言葉を私は今でもとても大切にしています。「これって役割分担なんですよ」という言葉でした。

自分たちNGO職員には、ここにとどまって人に寄り添い続けることができるかもしれない。だけど、ここでなにが起きているのか、どのような助けが必要なのかを世界に発信することは難しい。あなたたちジャーナリストは、少なくとも通い続けることができる。そして、そこで何が起こっているのかを世界に発信することができる。「これは役割分担なんですよ」と。

それでも、なぜ・どうしてという葛藤がまったくなくなったわけではありません。ただ、一人の人間が全部の役割を果たしていくことはできません。一方で、それぞれができることを少しずつ持ち寄ることによって、乗り越えられるものがもしかしたらあるかもしれません。その可能性を増やすことがジャーナリズムにできる役割ではないかと私は思ってきました。どのような立場、どのような仕事を選んだとしても、必ずそこから持ち寄れる役割があると思います。私はそのことを現地で出会ってきた人たちに教えられました。

五　生まれくる命を見つめて

避難先での出産

今日は失われていった命のお話をしてきましたが、最後に、新しい命のお話をしたいと思います。

ヤーセルさんご家族は、激戦地となったシリアのアレッポから、隣国イラク北部の安定した地域に逃れてきました。時折泊まらせてもらっているのですが、そのご家族の中にマルワちゃんという女の子がいます。

医薬品だけでなく、電気、水、あらゆるインフラが不足している状態です。それが避難者の集中しているエリアで今起こっていることです。

その日も停電状態の中、小さな部屋の中で川の字になって寝ていました。明け方近く、まだ太陽が昇る前だったと思います。家の中が騒がしくなってきたのでふと目を覚ますと、お母さんがポンポンと私の肩を叩いてこう言いました。「大変、マルワが産気づいたの」と。

実はマルワちゃん、一六歳という年齢ですが、すでに結婚していて臨月を迎えていました。避難生活を送っているご家族の中では、若い娘が独身でいると、人身売買や誘拐など身に危険が及ぶのではないかと、結婚を早める傾向があります。

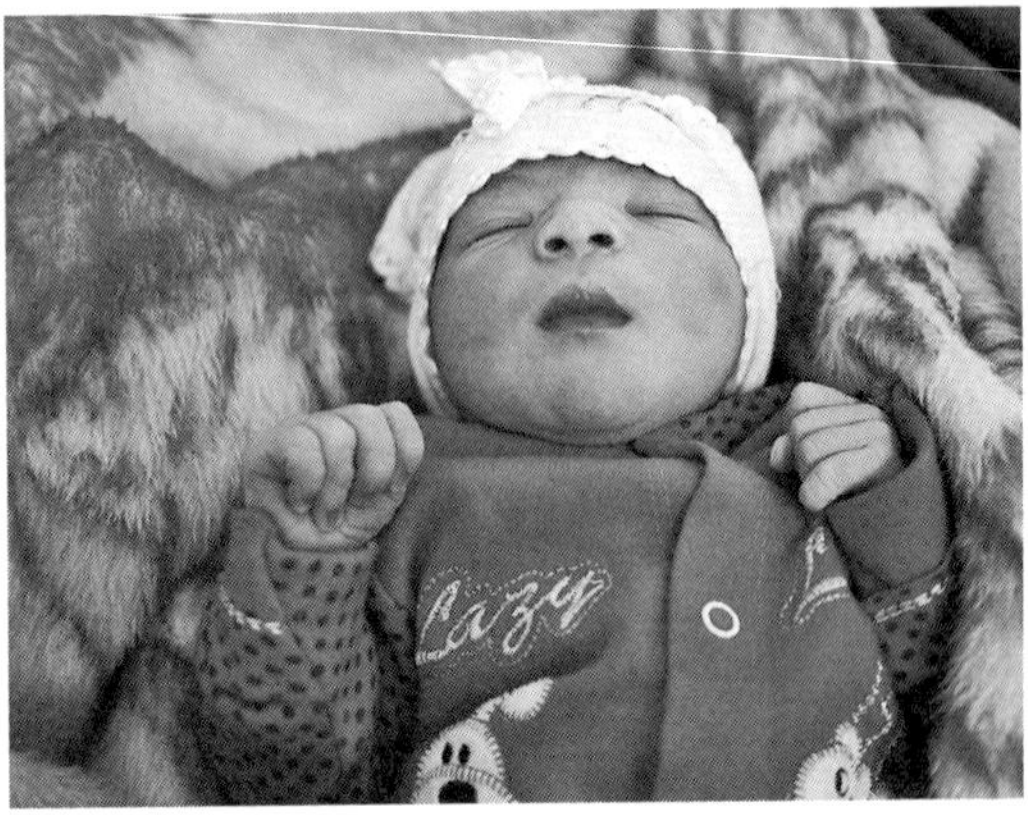
生まれてまだ間もない頃のサラちゃん。(2016年5月著者撮影)

ずいぶんと母体が若いということでご家族は心配されたのですが、幸いにも安産で小さな命がマルワちゃんのご家族に加わってくれることになりました。サラちゃんという女の子です。この写真を撮った時、赤ちゃんって本当に赤いんだなと思いました。

サラちゃんはこうして無事に生まれてくることができました。ですが、心配だったのはマルワちゃんのほうです。「マルワちゃん、大丈夫?」と声をかけると、「うん、もう二人目がほしい」と、とてもたくましい答えがマルワちゃんから返ってきました。お母さんって強いですね。

マルワちゃんは、サラちゃんが生まれてからときどき夢を語ってくれるようになりました。「今すぐは無理だとわかっている。だけど、いつかサラと一緒に自分たちが育った故郷、アレッポにもう一回戻って、家族、親戚、友だちと一緒に過ごしたい」と語ってくれました。

無関心を溶かすために

今日は駆け足でお話をしてきましたが、ジャーナリズムの意味、あるいは意義を一番感じるのは、現地の人たちから言葉をかけてもらったときです。あるシリアから逃れてきたご家族にこんな言葉をかけてもらったことがあります。

「自分たちを本当に苦しめ続けているものは何かわかる？　自分たちを本当に苦しめているのは、シリアを征服しているアサド政権でもなく、ＩＳ、いわゆるイスラム国の存在でもなく、これだけの混乱がこの地域一帯を覆っているにもかかわらず、世界は自分たちに関心を寄せていない。世界は自分たちを無視している。その見捨てられているという感覚が最も自分たちを追い詰めているんです」

最初にお話ししたことに立ち返ります。ジャーナリズムとはどんな役割を持ち得るのか。それは置き去りにしないということ、無関心を少しずつでもいいから溶かしていくこと、その可能性を増やしていくことだというふうに、私は現地から教えられた、いただいてきたと思っています。

この新しい命を前にして、私たちは日本からそれぞれどんな役割を持ち寄ることができるか。また皆さんと分かち合う時間をつくることができれば幸いです。

講義を終えて　なぜ、写真なのか？　原点となったカンボジアから

私がカンボジアに初めて足を運んだのは高校二年生、一六歳の時でした。「国境なき子どもたち」という団体が、子どもの記者を派遣する「友情レポーター」というプログラムに参加し、カンボジアに派遣されたのが最初でした。

私が主に時間を過ごさせてもらったのは、トラフィックトチルドレンと呼ばれる子どもたちがいるところでした。トラフィックト（trafficked）された子どもたち、つまり人身売買の被害に遭った子どもたちということです。

カンボジアでは、内戦後農村部に貧困層が集中していきます。その貧困層の父さん、母さんたちのもとに、トラフィッカーと呼ばれる人を売ったり買ったりすることを仕事にしている人たちが近づいていきます。「子どもを学校に行かせながら働かせてあげます。だから、子どもたちのうち一人ぐらい売ってくれませんか。自分の力で子どもを学校に行かせることはできないでしょう？」、そう言って言葉巧みに近づいていきます。

そうして売られていった子どもたちは、もちろん学校に行けるはずもありません。炎天下、一日中、物を売らされたり、観光客に物乞いをさせられたりします。一緒に時間を過ごした少年の一人がこんなことを話してくれました。売られていった先で稼ぎが少ないと、「何だ、稼ぎが少ないじゃないか！」と殴られる、蹴られる。それだけではなく、電気ショックまで与えられる虐待を受けたのだ、と。

保護されて施設で暮らしている子たちとも一緒に時間を過ごしました。それまでは何となく遠くの国の、何となく大変そうなところという、とても抽象的だった場所が、実際に出会うと「私とあなた」の

関係性になり、心の距離は一気に縮んでいきます。自分の友だちが抱えている問題であれば、何か行動したい……。しかし当時、私は高校二年生、一六歳です。できることはほぼないということにすぐ気づきます。

例えばたくさんのお金を持っているわけではないので、その施設で暮らしている子たちに毎日おなかいっぱいになってもらう資金力はありません。誰かが地雷でけがをした、誰かが病気になったとしても、治療する技術があるわけでもありません。自分に唯一残されているものがあるとすれば、五感で感じてきたカンボジア、それを一人でも多くの人たちと共有していくことです。

ただ、どのように伝えていけばいいのでしょうか。当時はSNSもまだないころですし、どうしていいのか分かりませんでしたので、私はあらゆる雑誌社に電話をかけて記事を書かせてください、とお願いしました。

そのお願いに二誌が応えてくれました。そのうち一つが、歴史の長い月刊誌でした。素晴らしい雑誌でしたが、自分が一番伝えたい同世代の高校生にとっては、手に取るためのハードルが高いということにすぐ気づきます。

でも、写真ならば違います。例えば教室の片隅で「カンボジアに行ってきた」と写真を見せると、すっと人がそこに入り込んできてくれることに気づいたのです。

これが媒体の役割分担だと私は思っています。例えば書店で本を手にとる時、私たちは本の内容に興味があるから手にとります。レンタルショップで映画を借りる時も同じだと思います。

でも、写真は、何気なく開いた雑誌や、街中の看板のように、日常生活のいろいろなところにあふれていています。もしそれがとても力のあるものだった場合、無関心だった人を一歩引き寄せることができると思います。

「知りたい」という最初の扉を開いてくれるのが写真の役割です。そこから「ここに写っている問題は何だろう。もっと詳しく知りたい」という時には、文字や動画のように、もっと情報量の多い媒体の役割になります。「ゼロを一にしていく」ことが、写真に最初にできる役割だと思い、写真という選択肢を選びました。

6　ハンセン病取材から見えるもの

山陽新聞社編集委員
阿部光希

一　なぜ今、ハンセン病か

九〇年近く続いた隔離政策

皆さんはハンセン病について、どれぐらいご存じでしょうか。ハンセン病は、「らい菌」という菌による感染症です。発病すると末梢神経が冒されて知覚まひが起こり、熱い、冷たい、痛いという感覚がなくなったり、鼻や口、指などに変形をもたらすことがあります。今では薬で完治しますが、こうした障害が後遺症として外見に残ります。それが、この病気への偏見・差別を強くしているといえます。

さらに、その偏見・差別を助長した原因が国による絶対隔離政策と言われています。

最初にハンセン病患者を隔離する法律ができたのは一九〇七年です。この時点では家や古里を失って放浪する人たちを対象としていましたが、一九三一年に在宅患者を全て強制的に隔離する「癩《らい》予防法」という法律ができました。その法律が戦後も改正されて続き、廃止されたのは一九九六年でした。ほぼ九〇年近く隔離政策が続いたのです。

その隔離政策が憲法違反だとして、一九八八年から二〇〇一年にかけて、熊本と東京と岡山の三地裁で元患者により国家賠償請求訴訟が起こされました。二〇〇一年に熊本地裁で「隔離政策は一九六〇年以降は必要なく違憲性が明白だった」という、原告側の主張をほぼ認める判決が出ました。この判決を受け、小泉純一郎首相が涙を流しながら原告と握手して控訴を断念しました。国側の過ちを全面的に認めた判決が一審判決で確定するのは極めて異例で、連日テレビや新聞で報道され、当時はハンセン病と言ったら誰でも知っているような状況でした。

語り部減少に危機感

ここまで、いかにも知ったように言っていますが、私は当時、経済部に所属していて、この問題に関わっていませんでした。ハンセン病は社会部の司法担当記者が取材しており、「大変な事件だな」と思っていた程度です。

私がこの問題と関わるようになったのは、それから一〇年余りたった二〇一三年の夏です。岡山県の南東部にある長島という島に「長島愛生園」と「邑久光明園」という二つの療養所があります。本土とこの長島を結ぶ邑久長島大橋が架けられて二五年の節目に、連載をするよう当時の上司から持ちかけられたのがきっかけです。ですから、自主的に進めたわけではなく、誇れるものではありません。

取材を始めて驚いたのが、国賠訴訟の時に原告として紙面に登場していた人が亡くなったり、認知症になったりしていたことです。取材対象と見込んでいた人が、非常に減っていたのです。

全国のハンセン病療養所入所者の数は隔離政策が続いていた一九五〇年代には一万人を超えていましたが、二〇一七年五月時点では一四六八人にまで減っています。皆さんが一斉に高齢化し、次々と亡くなっているためで、平均年齢は八五・三歳と超高齢化が進んでいます。考えてみれば当たり前ですが、あの裁判から一〇年ちょっとで、こんなにも環境が変わるのか、と衝撃を受けました。

ハンセン病は、今では薬で治る病気です。新しく発症する人も日本ではほとんどいません。入所者の方は断種や堕胎手術を受けて子どもがいない場合が多いので、今、いらっしゃる方たちが亡くなれば、この問題を当事者として語れる人がいなくなります。そのことにとても危機感を覚えました。

山陽新聞社は、取材エリアが岡山県のほか、瀬戸大橋を挟んだ香川県も含みます。先ほどの「長島愛生園」と「邑久光明園」に、高松市の大島にある「大島青松園」を加えると、三つも療養所があるわけです。しかし、その歴史を詳しく掘り下げた記事というのはほとんどありませんでした。

二〇一三年夏に「隔離を越えて　邑久長島大橋架橋二五年」というタイトルで全六回の連載記事をまとめましたが、「こんな少ない連載で終わらせていいのか」という思いがありました。翌年、社会部で年間を通じて取り組む企画として提案したところ、了解が得られました。後輩の平田桂三記者を取材に加え、斎藤章一朗副部長にデスクを頼みました。「語り継ぐハンセン病―瀬戸内３園から」*というタイトルで、二〇一五年一月から一年二カ月かけて全七九回の連載記事をまとめました。

*第一六回「石橋湛山記念 早稲田ジャーナリズム大賞」草の根民主主義部門大賞受賞。また、内容について詳しくは『語り継ぐハンセン病―瀬戸内３園から』（山陽新聞社、二〇一七年）を参照。

今も差別を恐れる当事者

連載は最初、聞き書き形式も考えましたが、大勢の人に話を聞くと、話がだぶったり、人によって内容が偏ったりしがちです。そもそも取材できる対象者がその時点ではたくさん見込めず、物理的にも困難でした。いまだに偏見・差別を恐れ、取材に応じてくださる人が非常に少ないという現実があるからです。

療養所の入所者は、今でも半数ぐらいが偽名を使っています。例えば田中一郎さんみたいな名前を園名といって自分の通り名として使っているのです。それはなぜか。家族に差別が及ぶのを恐れているからです。自分の存在を消すよう偽名を使っているのです。新聞に名前や写真を出すことを前提に取材に応じてくれる人は今でもごく小数に限られます。

細くつながった糸をたぐりながら、取材できる人にたどり着いても、簡単には話してもらえません。つらい過去は誰しもしゃべりたくないものです。重い口をあけてもらうにはどうしたらいいか。これはテクニックではなく、一人ひとりと誠意を持って向き合うしかないと思います。

長島は山陽新聞の本社がある岡山市から車で一時間くらいかかる場所にあります。大島になると瀬戸大橋を渡って高松に行き、そこからさらに船で渡るので二時間弱かかります。東京から取材に行くことを思えば近いですが、普段別の仕事もしながら頻繁に通うのは、なかなか大変でした。ただ、療養所に行かないと顔を覚えてもらえず、対象者との信頼関係もつくれません。何度も通って少しずつ相手との距離を縮めていくことを繰り返しました。

「秘密」からの解放も

そうした取材の中から印象に残る事例をいくつかお話ししたいと思います。

連載のプロローグに登場していただいた黄光男（ファン・グァンナム）さんです。昨年（二〇一六年）、熊本地裁で起こされた元患者の家族による国賠訴訟（後掲、「**語り始めた家族たち**」参照）の原告団副団長を務めていらっしゃいます。

黄さんは大阪生まれで、お父さん、お母さん、それから二人のお姉さんが幼い時に愛生園に入所しました。自身は当時一歳の乳幼児だったので、岡山市の児童養護施設に預けられました。九歳の時に家族が愛生園から退所してきて、一緒に兵庫県の尼崎市に移り、そこで暮らし始めました。ですから一歳から八歳までは家族を知らずに育ったことになります。

黄さんには、大阪にある愛生園や光明園の退所者のグループを取材したときに出会いました。当時は、まだ今のようにカミングアウトしてはおらず、周りの近しい人に少しずつ自分の家族のことを打ち明けているという感じで、大阪でシンポジウムがあっても匿名で登壇していました。

私は、黄さんが預けられた児童養護施設を一緒に訪ねたり、家族の入所経緯を調べるために愛生園に行って情報開示請求をしたりしました。黄さんも自分のルーツを詳しく知りたいという希望があったので、一緒に調べながら取材するということを繰り返しました。その中で写真や名前を出して掲載しても良いという話になりました。

黄さん自身がこの病気に向けられた偏見・差別の強さを知り、秘密にしてきたのは子どもの時の体験が大きく影響しています。お母さんがずっと薬を飲んでいるのが気になっていたので、ある時、「何の病気なの?」と聞いたそうです。昼下がり、誰もいない家でお母さんは声を潜めて「らい病や」と言ったのです。そのしぐさが幼い子どもには「人に言ってはいけない」と思わせるには十分でした。それ以来、自分の家族がハンセン病だったという事実は絶対の秘密となったのです。

黄さんのご両親はもう他界されているのですが、愛生園にいたお姉さん二人は健在です。自分の家族がハンセン病患者だったということをメディアで語るのは相当葛藤があったはずです。ただ、語ることによって長年苦しんできた秘密から徐々に解放されていくように私には思えました。一般的に取材を受けたことで、その人が自分の考えを整理し、一歩前に出るきっかけになるということはあります。もちろん、私の取材だけが理由ではないですが、黄さんもそういった事例だったと思います。

生きた証し残す

愛生園で暮らす阿部はじめさんと北島かね子さんのご夫妻は、どちらも戦前入所で、古い時代の療養所の暮らしや、患者隔離の状況をよくご存じでした。

夫のはじめさんが手記を出していたので取材を申し込んだのですが、実は妻のかね子さんの記憶が鮮明で、小学校で検査を受けて病気が判明して療養所に連れてこられた経緯や戦前の食料難の時代の暮らしぶり、園内で挙げた質素な結婚式の様子などを詳しく話してくださいました。

かね子さんは基本的に今まで新聞やテレビに出たことがありません。なぜ取材に応じてくれたのか。私のしつこさに根負けした面もあるでしょうが、「このまま忘れ去られたくない」という思いが彼女にもあったのではないかと推察しています。

他の入所者同様、夫妻には子どもがいません。かね子さんにはきょうだいがたくさんいるので、甥や姪はたくさんいるわけです。でも、かね子さんは「自分の存在は秘密にされているだろう」と言います。ハンセン病患者が出た家はきょうだいの縁談や就職で激しい差別を受けるからです。

自分が死んだ後に自分を知っている人がほとんどいなくなってしまう。その中で「生きた証しを残したい」という思いが当事者の方々には少なからずあるのではないでしょうか。

療養所に行くと、このままそっとしておいてほしいとか、取材なんか来ないでほしいとおっしゃる方もいます。ですが、そういう方も、かつて激しい差別の被害に遭い、それによって今も外に出ることに対しておびえや不安がたくさんあるのではないかと思います。「このまま療養所で暮らしたい」

と多くの方が口にしますが、その言葉を額面どおり受け取るのではなく、そう言わしめる背景を忘れてはいけないと思います。

二　差別の構図を探る

入所者の複雑な感情

取材で当初、戸惑ったのは、「療養所があったから助かった」と証言する方が少なからずいたことでした。隔離されて助かったとはどういうことでしょうか。

愛生園初代園長の光田健輔さんという方がいます。この方はハンセン病患者の医療に尽力したということで後に文化勲章を受章したのですが、その一方で、患者の強制隔離を国の政策として推進した中心人物でもあります。光田園長抜きにハンセン病問題は語れないといわれるほどの人物です。

その光田園長をいまだに慕う方が愛生園には結構いらっしゃるのです。光田園長の胸像が愛生園にあるのですが、毎日そこに行って手を合わせる方がいます。肖像画を部屋に飾っている方を見たこともあります。隔離政策の被害者が、言ってみれば加害者のような人を崇拝する、尊敬しているという構図に最初はかなり戸惑いました。

取材していく中で何となく見えてきたのは、光田園長が、救護者という面では、入所者にとってありがたい人物に映ったのだろうということです。

そもそも、地域で差別されて居場所をなくした人たちにとって、療養所しか頼れないという構図があります。その中で、光田園長は多くの患者を受け入れました。「面倒見がよかった」「入所者の様子をよく観察していた」などと証言する人もいて、私が当初抱いていたイメージとは大きく異なっていました。

ただ、戦後、プロミンという治療薬が登場してハンセン病は「治る病気」になりました。その後、本当なら在宅医療に転換しなくてはならなかったのに、光田園長は逆に隔離を強化する方向に舵を切りました。一九五三年に「らい予防法」が成立・施行された際、隔離政策を続けることになったのは、国会で光田園長が必要性を説いたことも大きく影響しています。この国会証言では、患者に手錠をはめてでも連れていかないといけないという内容の暴言も放っています。ハンセン病患者への偏見・差別を高めたという面では、やはり責任は免れません。

パターナリズム

「パターナリズム」という言葉をご存じの方は多いかもしれません。父権主義などと訳されますが、父が子どもに対して行うような管理方法を意味します。例えば、強い立場にある医師が、弱い立場にある患者の利益のためだとして、まるで親のように本人の意思に反してでも介入・干渉することがこれに当たります。光田園長は、愛生園を運営するために「大家族主義」を掲げていました。園長である自分を家長、患者を子どもと位置付けていたのです。

パターナリズムの下では、「患者を守る」という意識が強く働く側面があるのは事実です。ですがその一方で、強い立場にある医師が弱い立場にある患者に対して、「自分の言うことを聞いていればよい」という意識に陥ってしまい、患者の権利を侵害する危険性があります。

光田園長の著書を読んでいると、自分ではよかれと信じている様子がうかがえます。国会発言が後に愛生園の入所者から問題視されて撤回を迫られた際も、「説明足らずだった」と謝ったけれど撤回はしなかったのです。自分では「これは正しい」と信じて疑わなかったのでしょう。間違っていたとしても、そうした思いが非常に強い方だろうと思われます。

患者を排除した地域

この問題で私たちが教訓とし、直視しなければいけないのは、社会が患者や家族を差別し、徹底して排除した事実だと考えます。「国の隔離政策が誤っていた」「光田園長が悪かった」というのは、もちろんそうでしょう。けれども「私たちはどうだったのか」ということも同時に問われなければならないと思います。

ハンセン病患者の隔離は国の政策でした。ただ、それを推し進める上では、全国各地で官民一体で行われた「無らい県運動」が欠かせませんでした。これは読んで字のごとく、県内から「らい患者」をなくすという運動です。

在宅の「患者と思われる人」を見つけて、行政なり警察なりに通報し、入所勧奨するということが全国で繰り広げられたのです。各県ごとに、行政と警察が連携して患者隔離の計画を立て、現在の民生委員（当時は方面委員）なども使って患者を発見しようとしました。密告の目を地域に張りめぐらせていたのです。

特に戦前は、衛生業務を内務省が所管していたので、警察官が家に来て入所勧奨をするわけです。当時の警察官はサーベルを腰にぶら下げていましたので、そんな人が家に来て「療養所へ行きなさい」と言うわけですから、それ自体恐ろしいことです。さらに、その様子を見た周りの人たちが「とても恐ろしい病気だ」と思ったことは、想像にかたくありません。

つまり、「隔離」自体が偏見・差別をあおったのです。そうした話を国民も信じて、偏見・差別を強めていった面があるでしょう。本人が隔離された後も、家族は地域に残るので差別にさらされ続けます。

幼い時に父親が東北の療養所に強制収容された女性は、自宅を真っ白に消毒されて、お父さんの衣服や布団まで燃やされたといいます。まさに見せしめです。周りの住人からすれば、「どれだけ怖い病気なんだ」と思うでしょう。そこから地域の差別が始まったのです。

女性のお母さんは勤めていた魚の加工場を辞めさせられました。行商をして何とか糊口《ここう》をしのぐ日々です。女性も、学校では「病気がうつるから近寄るな」といじめられ、いつも教室の隅で一人で弁当を食べていたといいます。大人になってからも、結婚相手からハンセン病患者の娘を妻にして肩身が狭いと言われました。ずっと人生にハンセン病がついて回ったのです。

青松園に詩人の塔和子さんという方がいらっしゃいました。その弟さんが言われるには、和子さんが隔離された後、親御さんは「結婚や就職に影響が出てはいけない」と、ほかのきょうだいを県外に進学させたり、就職させたりしたそうです。それぐらい家族は社会の激しい差別から逃れ続けないといけない状況に置かれていたのです。

ハンセン病は感染症ですので遺伝することはありません。ですが、日本では古くから家系の病気、つまり遺伝する病気との誤解が根強くありました。それが宗教のけがれの対象などと、ごちゃまぜになって伝えられ、国民の間に誤った認識がつくられていきました。本当は家系は関係ないのですが、家自体が差別されるという状況がずっと続きました。無知による偏見・差別があったわけです。患者が地域からいなくなった後、社会はこの病気に対して無関心になり、誤った偏見を残したまま、理不尽な隔離政策を長い間、放置してきたのです。

そう考えると、国策、国の宣伝が感染症としての恐怖をあおった面があるにせよ、社会の側もこの問題とは無関係ではありません。「私たちがどうだったのか」ということも常に問わなければ、同じような差別を再び引き起こすのではないか、と懸念します。

三　問われるメディアの姿勢

隔離を是認してきた記者たち

では、私たちメディアはどうだったのでしょうか。誤った隔離政策がこれほど長く続いた責任は、メディアにも多分にあると思います。

国賠訴訟の熊本地裁判決が確定した後、国が設けた検証会議は「新聞記者の多くはハンセン病問題について不勉強で、療養所に足を踏み入れることもなかった」と指摘しています。全療協（全国ハンセン病療養所入所者協議会）の森和男会長は私たちの取材に、このように答えています。「新聞記者が療養所に来ても、園長たちと話して帰っていくだけで、私たちの話は聞かなかった」。これは非常に耳が痛い話です。

「患者隔離は人権上大きな問題がある」という認識が低かった点は反省しなければいけないでしょう。一九五三年の「らい予防法」は日本が国際的な動向から外れて隔離政策を長く続けることになった決定的なターニングポイントですが、「らい予防法」の成立以前に有効な治療薬も出てきて、ハンセン病医療は転換期を迎えていました。そういう状況を踏まえて、全国の療養所入所者の方たちは、強制隔離を定めたらい予防法はおかしいということで、その改正を求めました。

国会に向けてデモ行進を強行したり、各療養所でハンガーストライキをしたりという激しい運動を起こし続けました。ですが、そうした動きをメディアが支持した状況はあまり見受けられません。

さらに、光田園長は、『愛生園日記』『回春病室』という二冊の本を出しています。この本には自分の半生を振り返りながら、いかに自分がハンセン病の撲滅に取り組んできたかが書かれています。驚くのは、この本がいずれも日本を代表する大手新聞社から出版されていることです。

この新聞社を批判するのではありません。この事実が意味するのは、当時、光田園長の考え方を社会が是認していたのではないか、もしくはあまり疑問を持たなかったのではないか、ということだと思います。そもそも隔離しないといけない病気なのか、隔離された場所でどのようなことが行われていたのか、当事者たちはどんな思いでいたのか、そうしたことを当時のメディアは考えなかったのでしょうか。ひょっとしたら、偏見が災いして現場取材をためらったのではないかとまで疑ってしまいます。

〝専門家〟に弱い体質

戦後、基本的人権の尊重をうたった日本国憲法が施行され、日本社会は大きく変わりました。しかし、ハンセン病の患者たちは、新憲法の恩恵にあずかることなく、むしろその蚊帳の外に置かれていたといえます。二〇〇一年の国賠訴訟を担った弁護士さんたちは「人権を守るべき司法が何もしなかった責任を痛感した」と言っていますが、メディアも同じではないかと思います。

国の誤った隔離政策を批判できなかったのはなぜか。メディアの体質として「専門家に弱い」という問題があるのではないかと思います。大きな事件や問題が起きると、必ずと言っていいほど、新聞でも、テレビでも、専門家にコメントを求めます。難しくて複雑な問題、容易に理解できない問題を、そうした方々のお話によって読者に分かりやすく伝えようとする。その方法自体は間違っていません。ですが、それで何となく理解したような気になってしまうと、それ以上取材して事実を掘り下げる努力を怠ってしまいがちです。

戦後間もないころ、光田園長はハンセン病の権威でした。その人が「隔離は必要だ」と言えば、真っ向から否定するのは難しかったでしょう。ただ、実際に療養所へ行ってみたらどうだったのか。中に入って、一人ひとりに話を聞いてみたらどう考えたでしょうか。

隔離の実態を社会が広く知ったのは、国賠訴訟を通じてです。職員不足を補うため、軽症の患者、後遺症の重くない患者に、より重症な人を看護させる。子どもを産めないよう断種・堕胎手術を受けさせる。療養所から逃走したら監禁室に入れる。そうした数々の人権侵害は療養所に行っていれば、多分見えたはずです。

長島には、古くから外部のボランティアの団体が出入りしていました。その一つに、FIWC関西委員会という学生団体があります。これは二〇一五年に亡くなられた哲学者の鶴見俊輔さんの教え子たちが中心になって、労働奉仕をしながら、いろいろな社会問題について考えていこうと活動したグループです。

ハンセン病患者への差別が厳しかった一九六〇年代、療養所の入所者が関西に出てきたときに気軽に泊まれる宿泊所を奈良市につくる運動をしました。当時は、ハンセン病患者、元患者というだけでホテルの宿泊やバスの乗車を拒否される時代でした。学生たちは患者、元患者が安心して泊まったり、外部の人と交流できる拠点をつくろうとしたのです。地元の猛烈な反対運動を受けながら何とか完成させました。

ＦＩＷＣ関西委員会のメンバーに徳永進さんという医師がいます。鳥取市でホスピスの「野の花診療所」を運営していて、メディアにもよく登場される方です。徳永さんは大学卒業後、療養所にいる鳥取県出身者を訪ね歩き、一九八二年に『隔離』（ゆみる出版）という本を出されて、当時としては結構踏み込んだことを書かれています。

ハンセン病問題が社会的に注目されない中で、ほんの一部ですけれど、こういった方々がいらっしゃいます。記者の中にもこの問題を追いかけていた人が少なからずいます。私の地元・岡山の山陽放送にも、三五年ぐらい長島に通ってテレビカメラを回している宮崎賢さんという方がいらっしゃいます。ただ、そうした一部のメディアによる報道には限界があり、社会全体を注目させることは難しいのです。

「らい予防法」が廃止されて、国賠訴訟が起き、ようやくメディアもその問題に目を向け始めました。二〇〇〇年代に入ってからなので、もう皆さん高齢になっていて、社会復帰もままならない状況でした。あまりにも注目するのが遅過ぎたといえます。

「声なき声」を聞く

メディアに籍を置く人間として何を学ぶべきでしょうか。私は「自分の目で事実を見極めることの大切さ」だと思います。当たり前ですけれども、現場に行って、自分の目で見て、話を聞く。そうして「声なき声」を拾う努力をし続けなくてはなりません。

本当に大切な情報はインターネットでは手に入りません。フェイス・トゥ・フェイス、人対人でしか分からない部分があるはずです。

私たちの社会は異質なものを排除していく傾向があります。ハンセン病患者だけでなく、障害者なども、街中から離れた場所に押しやって見えないようにしてきた歴史があります。背景には決して悪意だけではなく、哀れみや同情に基づく「施し的な福祉」の考え方が根強くあるのではないかと思います。

それを象徴するのが、二〇〇三年に熊本県・黒川温泉のホテルが療養所の入所者の入浴を拒否した事件です。当初はホテル側に批判が集まりましたが、後に療養所の自治会がホテル側の謝罪文の受け取りを拒否した場面がテレビで伝わると、翌朝から自治会への抗議の電話が鳴り止まなくなりました。ホテル側が入浴させなかった経緯をきちんと説明しないなど自治会が拒否した理由はちゃんとあったのですが、視聴者には傲慢《ごうまん》に映ったのでしょう。特に象徴的な抗議が「かわいそうだから応援してきたのに……」という内容です。憐れみを感じる時は助けてあげようと思うが、人並みの権利を主張すると「何様か」となる。自治会に抗議をしてきた人の中には国賠訴訟の時は原告を応援した「善意の人」もいたのではないでしょうか。

二〇一六年に相模原市の障害者施設で殺人事件がありました。事件を直接取材していないので何とも言えませんが、対等な関係とか人権をきちんと真ん中に据えた福祉観・人間観がしっかりできていかないと、「障害者は死んだ方がいい」などという犯人のような主張が出てくるのではないでしょうか。だからこそ、私たちメディアには現場に入って当事者にきちんと取材する姿勢が欠かせません。

私は、ハンセン病問題の取材に入る前に長い間、精神障害の取材をしていました。精神障害に対する社会の偏見は非常に厳しいので、病院から退院できずに何年、何十年と入院している方が結構いらっしゃいます。社会から隔絶されて人々の目が届かない場所にいることで、人権が損なわれている現実を多く見てきました。

二〇〇六年に、患者を非常に劣悪な環境に置いていた岡山県内の精神科病院の元院長に対して、岡山弁護士会が元入院患者への謝罪と賠償を促す勧告を出したことがあります。元院長は患者を全く診察せず、退院に向けた取り組みをしないばかりか、患者に自分の飼い犬を散歩させたりしていました。

私は、弁護士会が勧告を出すタイミングに合わせ、朝刊の一面に記事を載せ、翌日から社会面に三回の連載を書きました。私自身は人権侵害の大きな問題だと考えて書いたのですが、よその新聞はベタ記事、もしくは非常に扱いの小さな記事が多かったように思います。当事者への詳しい取材ができていない面もあったのでしょうが、どこかに精神障害への偏見があったのではないか、という気がしてなりません。

最近、若い記者と話していて、「人権」や「尊厳」ということを話しても、反応が鈍い感じがします。自由が制約されることに対して、容易に許容しているように感じることがあります。もっと敏感にならないといけません。ハンセン病問題もそうですが、何よりも想像力を働かせないといけないと思います。

粘り強く継続取材を

マスメディアの常ですが、継続的な取材に弱いところがあります。注目を集めるときはみんな過熱しすぎるくらい取材しますが、時間がたつと、潮が引いたように一気に関心が薄れていきます。ハンセン病問題も、私が取材を始めたころは、まさに潮が引いていた状態でした。

やはり継続的に取材しなくては問題の本質は見えにくいですし、そこで得るべき教訓は伝わらないと思います。国賠訴訟のころは人権侵害のセンセーショナルな記事が多かったのですが、時がたつにつれていろいろな見方が出てくるし、療養所の中の人からもさまざまな証言が出てきます。継続して取材するからこそ、もっと冷静にこの問題を見ることができます。

ハンセン病問題から社会が学ぶことは数限りなくあります。異質なものを排除する社会の在り方や人権意識の欠如は、学校でのいじめ、精神障害者の社会的入院などの問題に共通します。無知による偏見・差別はエイズなどの感染症にも向けられがちです。非科学的な政策決定の過程や官僚の先送り体質は今も繰り返されていると言えるでしょう。

歴史を未来に残す

今、瀬戸内三園が療養所の世界遺産登録を目指す運動を始めています。療養所には古い建物が多く残っています。例えば愛生園には船で連れてこられた入所者が最初に上陸した桟橋の跡や、最初に収容された回春寮（収容所）、園から逃走した人たちが閉じ込められたコンクリートの牢屋のような監房が残っています。ほかにも、入所者自身が食料をつくっていた時代の畑など人権侵害や入所者の生きざまを伝えるものが数多くあります。

これらの施設を市民ボランティアがガイドしています。「場」を残すことでそういう人たちによって歴史が語り継がれます。「場」と「記憶」を残し、将来も市民がこの問題を考え続ける。それを実現するためにマスメディアが果たすべき責任と役割は大きいでしょう。

東京にも、東村山市にハンセン病療養所の多磨全生園という施設があります。もし機会があれば全生園や、その隣にある国立ハンセン病資料館をぜひ一度、訪れてみてください。そこで興味を持ったら、ちょっと遠いですが、長島や大島にも足を運んでいただけたらと思います。

大島は瀬戸内国際芸術祭の会場として結構賑わっています。その機会にでも来てみてください。長島には今、橋が架かっていますけれど、四方を海で囲まれた島は、人々がどういう思いで隔離されていたのか、より想像できる場所だと思います。

今回は「隔離の被害」を強調しましたが、療養所では音楽や文芸、陶芸といった文化活動が活発に行われました。趣味の範囲を超えた、レベルの高いものもたくさんあります。

愛生園入所者で全盲の近藤宏一さんという方は、同じように目の見えない方たちと「青い鳥楽団」という楽団をつくって園内外で演奏しました。一九七五年には東京のど真ん中の有楽町にある第一生命ホールで演奏会を開いたこともあります。

青松園の塔和子さんはすばらしい詩をたくさんつくり、高見順賞を受賞されています。詩に共感した歌手の沢知恵さんが歌にしてCDを出したり、コンサートで歌ったりしています。

絶望的な環境の中で光を見いだしてきた人たちの生きざまや、そこから語られる言葉は、私たちにとって大きな力になります。その場所へ行って、そこで暮らす人々と触れ合うことで、歴史を含めていろいろな学びができ、生き方の幅が広がると思います。

講義を終えて　語り始めた家族たち

「ハンセン病問題は終わっていない」――改めてそう強く思わされる訴訟が二〇一六年二月、熊本地裁で起こされました。元患者の配偶者や子どもたちが国の隔離政策によって受けた被害の賠償を国に求めた訴訟です。翌月の追加提訴と合わせ数カ月の間に原告は五〇〇人を超えました。実際には元患者の家族はもっと多いのですが、これだけ公に訴える人が出てきたことに正直、驚きました。

二〇〇一年の熊本地裁判決（確定）は国の隔離政策による元患者への被害を認定し、国は元患者らに補償金などを支払ってきました。しかし、同様に結婚や就職など、さまざまな場面で差別に遭った家族に対する被害は認めておらず、直接の救済措置もありません。今回の家族裁判は、強制隔離で助長された偏見・差別により生じた家族の被害を国に認めさせ、謝罪と賠償を求めるのが目的です。

なぜ、今になって裁判を起こしたのか。それは家族の被害にこれまで十分、光が当たらなかったからです。患者が療養所に隔離された後、家族は地域に残ります。偏見・差別にさらされ続けるのは、時には療養所に入所した人より厳しかったとも言えます。だからこそ、自分たちを抜きにしてこの問題を終わらせたくない、このまま黙って死にたくないとの思いが強くなってきたのではないでしょうか。

講義でも紹介した原告団副団長の黄光男さんは長い間、家族がハンセン病だったという秘密を抱えて生きてきた苦悩に加え、幼少期に療養所にいる家族と離れて暮らしたため、「通常の親子関係を築けなかった」と言います。九歳で突然現れた家族をどこか「他人」としかみれず、両親が亡くなった時も涙が出てこない自分にがく然とした、と言います。

徳島県の男性は香川県の大島青松園にいた父親を呼び寄せ、同居しました。しかし、「父親の病歴を知られてはいけない」と周囲には隠し、近所の人が訪ねてくると、あわてて二階の部屋へ隠れさせたといいます。ちょっとした病気でも近所の医療機関を受診させることができず、青松園まで連れていきました。結局、最期も青松園で亡くなり、悔しい思いをしたそうです。この二人は「普通の家族」を最後までつくれなかった事例といえます。

このほかにも、小学校でいじめに遭い、通えなくなった人、働き手の父親を収容されて困窮を極めた人、結婚が破談になった女性もいます。どれも深刻な被害ですが、今まで埋もれていた話です。ただ、五〇〇人を超える原告の中で取材に応じてもらえる人は、まだほんの一握りしかいません。ハンセン病患者が身内にいると結婚や就職に支障を来すと考える人がいまだに多いからです。「被害が深刻な人ほど原告になっていない」と黄さんは指摘します。

家族がおびえているのは何か。それは、まさに私たち「社会の目」です。原告側弁護団の一人は「法廷で家族に被害を語り尽くしてもらい、社会全体で考える契機にしたい」と裁判の狙いを話します。この裁判で国の責任とは別にもう一つ問われるのは、患者や家族を徹底して排除し、一生癒えない傷を負わせた社会の在り方だともいえます。

講義でも触れたように、岡山県瀬戸内市の長島愛生園と邑久光明園、高松市の大島青松園で今、隔離の歴史を残すため、療養所の世界遺産登録を目指す動きが始まっています。今回の家族裁判はまだまだ歴史の中に埋もれている事実が多くあることを示しています。家族も高齢化しています。一人でも多く掘り起こして記録していく。今の時代に生きる記者の一員として責任を強く感じています。

7　「子どもの貧困」を取材して

琉球新報社文化部記者
高江洲洋子

一　はじめに

日本の子どもの七人に一人（一三・九％）が貧困状態にある、と聞いて実感は湧きますか？　厚労省が二〇一六年に実施した国民生活基礎調査を基に出した日本の子どもの貧困率です。沖縄県が同じ時期に調査した県内の子どもの貧困率は二九・九％で、おおよそ三人に一人。全国平均の二倍以上で、もっとも深刻だと言われています。

数年前から、ニュースや行政の施策などで「子どもの貧困」という言葉が、頻繁に取り上げられるようになりました。貧困は最近になって生じた問題だと思いますか？

二〇〇八年の「リーマンショック」後、国内で「派遣切り」と言われる製造業の非正規労働者の大量解雇が発生し、多くの労働者が社員寮から退去させられました。社会活動家で、現在法政大学教授の湯浅誠さんたちが「派遣村」で活動を始め、湯浅さんの著書『反貧困』（岩波新書、二〇〇八年）が話題になりました。「総中流社会」という考え方が根強い日本で、ようやく「貧困」問題が注目されるようになったと思います。厚労省は二〇〇九年に初めて大々的に子どもの貧困率を公表し、二〇一三年には「子どもの貧困対策の推進に関する法律」をつくり、対策に本腰を入れました。

沖縄県は二〇一五年に全国に先駆けて子どもの貧困の実態調査に着手しました。琉球新報は同時期以降、この動きに合わせ「子どもの『貧困』報道キャンペーン」に取り組んでいます。取材班が沖縄の子どもを取り巻く貧困の実態や背景を掘り起こし、改善策を考える連載「希望この手に～沖縄の貧困　子どものいま」（全五四回）のほか、県内の全公立高校の教職員を対象に困窮が進路や高校生活に及ぼす影響を聞く独自のアンケートなどを手掛けました。

二　里親家庭と施設出身の若者と出会って

叶わぬ保育士の夢

本題に入る前に、私が「子どもの貧困」に関心を抱いたきっかけを少しだけお話ししたいと思います。

二〇一二年に里親家庭の子育てをテーマに連載「小さな手を握りしめて～里親家庭のいま」(全一四回)を手掛けました。その過程で、当時市役所の臨時職員をしていた二一歳の女性との出会いがありました。女性は幼いころに両親が離婚して祖母のもとで育てられました。祖母が高齢になって体力が衰え、経済的にもこの女性を支えるのが難しくなり、その結果、児童相談所に相談し、この女性は高校時代、里親家庭で育てられることになったのです。

彼女の生い立ちや高校時代の話を聞いているうちに、ある日彼女が「実は、私は保育士になりたかったんですよ」とつぶやいたのです。その時私は、「どうして保育士の専門学校とか短大に行かなかったの?」と思わず聞いてしまいました。彼女は押し黙ってしまいました。今思えば、なぜこのような質問をしたのだろうと悔やまれます。実は彼女は、高校三年生の時に保育士を目指し進学を希望していました。ですが離れて暮らす母親に相談したところ、金銭的な支援はできないと断られてしまいます。里父と里母は、学資を支援したいと思うのですが、二人とも高齢ですし他の年少児の里子を子育て中で、金銭的なゆとりはありませんでした。公的な里親手当は基本的に高校卒業までしか支給されませんので、彼女は泣く泣く進学を断念し、働きながら進学に向けてお金を貯めているところだったのです。

「人生のスタートラインに立てないのはおかしい」

その時に聞いた里父の言葉がすごく引っかかりました。「人生のスタートラインに立てないのはおかしい」とおっしゃったのです。彼の説明はこうでした。子どもたちが希望する職業の中には、資格が必要になる場合があります。例えば保育士の国家資格の受験には、専門学校や短大、大学で必要な課程を履修することがほぼ前提になります。経済的な理由から学ぶチャンスが得られない女性の状況に心を痛め「親の支援が得られる人は当たり前にできることだ。この子の場合はそれができない」と、非常に悔しそうな顔でおっしゃいました。

当時、「子どもの貧困」という概念は私の中にはありませんでした。ですが、家庭のさまざまな事情を背景に、多くの若者が当たり前のように享受している進学の夢が叶わない、結果として職業選択の幅が狭まってしまうという、社会参加の機会において不平等な状態にある若者たちの存在に気づきました。何とかしなければという思いにかられ、心の中に引っかかっていました。

絶対に死んじゃダメ

その後、二〇一四年～一五年にかけて児童養護施設出身の若者たちのその後をたどる連載「陽だまりを求めて～児童養護施設から社会へ」（全二八回）を企画しました。児童養護施設で育った二〇代～四〇代ぐらいまでの方々一八人を一年二カ月ほどかけて訪ね歩きました。児童養護施設で暮らす若者たちは、親の後ろ盾が得にくい状態で、原則一八歳になると施設を退所しなければなりません。表に見えにくい若者たちの退所後を伝え、支援を広げられたらという素朴な思いから取材を始めました。

掲載した二人の体験を見ていきます。

屋良ふきこさんは沖縄本島南部の児童養護施設から、名護市の公立大学に進みました。屋良さんは幼少時代、両親が離婚し、一時期父親の下で育てられますが、意向に沿わないと殴られ、団地の階段下で雨風をしのいだ日もありました。近所の通報で児童相談所を介して児童養護施設に入所し、中学校から高校卒業まで過ごしました。

愛情深く、学習指導にも熱心な指導員の支援もあり、公立大学に進学しますが、退所後にアパートを借りられるだけの貯金がなく途方に暮れていました。そんな中、小学校時代の恩師の声掛けで、同時期に本島北部に転勤する同僚の女性教諭を紹介してもらい、その教師が借りたアパートで四年間一緒に暮らすことができたのです。

女性教諭は同居する前に「一つ目、一緒に生け花を習うこと、二つ目、心の病になる前に悩みを打ち明けること、三つ目、絶対に死んじゃダメ」という三つの約束を屋良さんと交わします。その後、親子ほど年の離れた二人の生活が始まりました。その教師は、自分の親戚の集まりに屋良さんを伴い、同年代のめいっ子を紹介し、屋良さんを家族の一員として迎えました。屋良さんは大学を卒業し、養護教諭の資格を取得しました。昨年（二〇一六年）から子どもの貧困対策を目的とした「子どもの居場所」へ学生ボランティアを派遣するコーディネーターとして頑張っています。

児童福祉の道に進みたい

連載五回目に登場したのは山城謙人さんです。両親が離婚し、父親のもとで暮らしますが、父親の

出典：琉球新報、2014年6月6日朝刊社会面

収入はわずか。「塩をなめて過ごしたこともあった」と振り返りました。父親による子育ては難しいこともあり、山城さんは小学校三年生から名護市にある児童養護施設で育ちました。高校を卒業し就職することになるのですが、施設から退所後、アパートを借りたくても保証人を引き受けてくれるあてがありませんでした。そこで彼を受け入れたのが親友の父親である照屋幸勇さんという方でした。照屋さんは種苗店を営んでいます。「種苗店に就職したらいいよ。アパートに住むなら僕が保証人になるからおいで」と声を掛けてくれたのです。照屋さんには三人の息子がいますが、山城さんを「四男ですよ」と言い、学校の長期休みは山城さんを自宅に招き、わが子のように育ててきました。山城さんは高校卒業後、種苗店の営業職として働きました。

彼については後日談があります。今年（二〇一七年）二月、彼から久しぶりに連絡がありました。四月から大学に入学するというのです。社会人を八年間経験したあとに大学に進学することを決めたのです。山城さんは、子どもたちのために何かしたい、児童福祉の道に進みたい、児童相談所の職員になりたいという夢を抱いて、今、沖縄大学で児童福祉を学んでいます。

取材した方々は、幼少時代に貧困にあえぎ、親からの暴力など厳しい環境下にあった上に、他の子どもが当たり前のように享受している親からの教育費の支援や進学への後ろ盾が得られません。実親との関係が進路や就学に少なからず影響し、進路選択を狭めてしまう現状に胸をふさがれました。一方、信頼できる他者との出会いが人生を変えることを実感した取材でもありました。

三　なぜ貧困が問題なのか

全国一深刻とされる沖縄

そもそも「貧困」とはどういう状況を指すのでしょうか。行政や研究者たちは、「絶対的貧困」と「相対的貧困」の二つの概念に分けて考えることが多いです。「絶対的貧困」とは、食料や衣料などが欠けている状態、最低限の衣食住を満たす程度の生活水準が保障されていない状態です。これに対して「相対的貧困」は、その人が暮らしている社会において平均的な暮らしができない状態を指します。例えば、学費が用意できず進学を断念する、みんなが修学旅行へ行けるのに行けない、制服の購入に苦慮する、部活に掛かる費用が用意できないため部活動をやめる、塾や習い事に通えない――といった状態です。

沖縄県の調査は国の調査に準ずる形で、子育て世帯の貧困の度合いを測る指標として貧困ライン（一二六万円）を設け、一人当たりの等価可処分所得が年間一二六万円より少ない世帯で暮らす子どもたちの割合を貧困率として算出しました。例えば四人世帯であれば、一年間の等価可処分所得が二五二万円、手取り月額二〇万円ぐらいで四人家族が暮らしているイメージです。沖縄県であれば一七歳以下の子どものうち、貧困状態にある子どもの割合が二九・九パーセントを占めるなど厳しい状況です。ひとり親家庭はさらに深刻で、五八・九%に及んでいます。沖縄県の調査に加わった研究チームの一人である沖縄大学名誉教授の加藤彰彦さんは、高い貧困率の背景を「低賃金が大きな課題だ。長時間労働、非正規雇用も多い」と指摘します。沖縄県はワーキングプアの割合が二五・九%（二〇一二年）とほぼ四人に一人を占め全国でワーストです。非正規雇用率はおおよそ二人に一人の四四・五%で突出しています。沖縄県経営者協会会長の安里昌利さんは「沖縄は上場企業の数が全国最低レベルで、中小零細企業が多い。企業は存続を第一義とし、従業員への給与配分はその次だ」と働く子育て世帯の就労環境の厳しさに言及しています。

貧困から派生する様々な問題

子どもの貧困が生活や成長に与える影響は、「経済的困窮」を基軸に、「孤立や排除」「不適切な養育環境・虐待」「DV」「不十分な衣食住」「文化的資源の喪失」「低学歴・低学力」「自己肯定感の低さ」「不安感」「非行」など、様々な問題に派生すると言われています。先述の加藤さんは「貧困は社会的な孤立、排除を引き起こし、希望の喪失につながる」と指摘しています。

私は取材を通して、貧困が絡む諸課題は、子どもが年齢を重ねるほどより複雑になり、深刻化していくと危惧しています。私たち取材班が二〇一五年に、県立全八一高校の教職員を対象に、家庭の経済状況を聞くアンケートを実施（五八校・約九三〇人の教職員が回答）したところ、教職員の九割が家庭の経済力が学力に影響すると回答、三割が「昼食や昼食代を持参できない生徒がいる」と回答、八割が家計を支えるためにアルバイトをしている生徒が「いる」と回答しました。自由記述では「眼鏡が買えず板書を写せない子がいる」「学ラン、ズボンが買えず破れたまま」など学習に必要な用品の準備さえままならない生徒の姿のほか、「大学の入学金を用意できず、志望大学を諦めた生徒がいる」「親の離婚で妹弟の面倒を見たり、バイト代を家に入れたりしている」と家庭の状況が進路に与える影響を懸念する記述も数多くありました。

四　埋もれた事実を掘り起こす

取材班の共通認識

二〇一五年一二月、七人の記者で取材班をつくり報道キャンペーンを始めました。私は当時キャップとして、取材をしながら、連載全体の方向性や内容をまとめる役割をさせてもらいました。取材班の記者の大半が幼児から高校生の子どもを持つ親です。子どもの学校生活を通して貧困状態にある家庭はごくごく身近にいると実感していました。どのような視点、切り口で取材をするのか、議論を重ねました。経済的な困窮を根底に、借金、アルコール依存、ＤＶ、児童虐待、精神疾患など、さまざまな課題を抱えている家庭があるという認識はほぼ共通していました。希望を持てない環境が次世代へ連鎖すると、貧困が一定層の中で固定化され、分断されたままその層の中で次世代へつながっていきます。階層が分断されているので、貧困ではない家庭からは貧困の問題が見えにくくなっていると推察しました。

沖縄戦から米軍統治の時代を体験した沖縄特有の課題にも着目しました。二七年間、米軍統治下にあった沖縄は、本土に比べて社会保障に関する法律の適用が遅れました。その結果、高齢になっても年金を受給できない「無年金」や受給額の少ない「低年金」の高齢者が多いと言われています。私が取材で出会った家庭の中には、十分な年金を受給できない祖父母がワーキングプアにあえぐ娘・息子世帯を経済的に支援することができず、親子ともに家計の厳しさを抱えている実態がありました。「沖縄戦からの地続きの貧しさ」であり、沖縄特有の課題として見逃してはならない視点です。

誰のために、何のために取材するのか

記事の掲載後に予想されるのは、貧困を扱う報道へのバッシングでした。「親の怠慢だ」「努力しないのが悪い」「自己責任だ」などといった言葉に代表される弱い立場に置かれている人への嫌悪、攻撃です。生活保護を受給している人のすきを見つけて攻撃する「生活保護バッシング」も懸念されます。取材班は議論を重ね、「病気や失業などを引き金に誰もが当事者になり得る」、ごく身近に「安心

して健やかに過ごせない子どもの存在がある」、そして「貧困を放置しておくと、沖縄社会・日本全体に多大な影響を及ぼす」というところまで視点を広げて見ていこうと考えました。

報道キャンペーンの「ねらい」として、「貧困は人権を脅かす問題」であり、「子どもの貧困を家庭の自己責任にせず、社会全体で引き受ける課題」とする考え方を基本に据えました。実際、貧困を放置すれば、子どもたちが将来働いて経済的に自立することが難しくなります。取材の中心は人権問題としての捉え方ですが、社会全体の活力にも影響する問題だと考えました。表に見えにくい子どもを取り巻く貧困の現状を掘り起こして伝え、社会全体の課題として広め、行政・支援機関・企業・個人・地域・学校が連携しながら解消へ手だてを打つ後押しをしたいと取材を進めてきました。

取材協力者を探す難しさ

子どもの貧困をテーマにした取材には、取材協力者を探す難しさがつきまといます。取材班のメンバーは、定時制高校の教員や元教員、相談・支援機関、ひとり親家庭の当事者団体、母子支援施設などを通して、協力してくれる生徒や保護者を探しました。中には、学童クラブに何日間か通って、子どもたちと遊びながら、学童クラブに子どもを通わせている母親と知り合い、取材をしたという事例もありました。

また、いざ取材を申し込むにあたっても、壁にぶつかりました。取材依頼そのものが、相手に「あなたは貧困でしょう」と突き付けるような行為になってしまうのです。「自分は貧困ではない」と困惑する方もいました。

私が取材した事例の一つを紹介します。ひとり親家庭の当事者団体から紹介された方でした。四〇代の女性で、子どもを三人育てながら、夜はスナックで働いていました。取材の趣旨も伝えて、お話を何度か聞きました。お給料は手取りで月一〇万円です。本人も「決して多くはない」とも言っていました。児童扶養手当を受給しながら子どもを三人育てています。ですが、最初に出会った時、この方は、「私は決して貧困じゃないのに、なぜ私に聞くの？　もっと厳しい人がいるはずよ」と言いました。

彼女の話を聞く限り、やはり厳しい状況にあるのではと感じました。彼女は離婚しているのですが、別れた夫から養育費をもらっていません。月一〇万円の給料と児童扶養手当で民間のアパートに住んでいるのは、非常に厳しい状況だろうと思いながら話を聞きました。連載の趣旨を伝える中でも、「私は貧困じゃないのになんで私に聞くの？」と言われることは多々ありました。最初と二回目はスーパーのカフェでお茶を飲みながらひたすらおしゃべりをし、三回目はこの女性の子どもが出場するスポーツ大会に同行して、四回目に女性の自宅近くで話を聞く過程で、ようやく取材への了解を得ました。了解が得られて始めて、取材のスタートです。

取材者の当事者性

貧困にかかわる取材は、自分の中に潜む無知や偏見、差別意識に気づかされてはそれと向き合う作業の繰り返しです。二〇一五年の年末から翌年の年明けにかけて、沖縄県内の夜間保育所を訪ね歩いた経験を思い出します。飲食産業と観光業が盛んな沖縄では、夜間働く親が多いと言われています。夜間の保育ニーズが一定割合あるにもかかわらず、認可園は少なく、認可外保育施設が夜の子どもたちの主な受け皿になっています。認可外保育施設に足を運び、利用している親と園長に話を聞きました。「経済的な貧しさを抱えている保護者がほとんど。沖縄は賃金の低い事業所が多いから、ダブルワークが当たり前」と園長たちは口をそろえました。認可外なので公的補助はほとんどありません。一人一枚の敷布団がない狭い室内で肩を寄せ合いながら寝る子どもたち。乳児が泣きながら抱っこをせがむが、保育士が少ないため無視せざるを得ない、そんな環境で子どもたちが夜を過ごしています。

夜の飲食店で働いている親から話を聞くとき、それに対して自分はどのような聞き方をすればいいのか絶えず自問自答を繰り返しました。親が夜間に働いている理由、働かざるを得ない理由は何なのでしょうか。待機児童の多い沖縄では、昼間の認可園に預けられず、夜働いているのかもしれません。生活のために賃金が割高な夜間に働いているのかもしれません。実家や夫の支援が得られないのは確かです。一人で仕事も子育ても抱えているのではないのか。想像力を広げることはとても難しいですが、大切なことです。夜間保育所で話を聞いた保護者の中には、一〇代で若年出産し、父親である男性と別れ、ひとりで子どもを抱えながら、夜間保育に子どもを預けて夜どおし働く人も少なくありませんでした。幼少時代に貧困と暴力にさらされ、性風俗に押し込まれる若い母親たちもいます。沖縄の若年出産率は全国一で、二〇一三年の人口動態統計で見ると、全出生数に一〇代の出産の占める割合は県内で二・五％、全国平均（同年一・三％）の約二倍です。沖縄の若年出産に詳しい研究者からは、一〇代の出産は、学業の中断や専門的な知識を身に付ける機会の喪失につながり、貧困に陥るきっかけになりやすいという指摘があります。

信頼関係を構築するために

人に知られたくない話を聞くことになりますので、取材協力者との信頼関係の構築が非常に重要です。取材の目的と、どのような形で記事を掲載するのかを細かく伝え、了解を得るまでが第一段階です。その第一段階に至る前段としては、一緒にお茶を飲んだり、子育ての悩みを聞いたりします。高校生に直接取材したこともありました。まず部活動や好きなアーティスト、学校生活などの話を聴きながら、ざっくばらんに雑談します。しかし、数回会って信頼関係をつくっていると思ったのに、急に連絡が取れなくなったり、断られたりするケースも珍しくなく、自分の言動に問題があったのではと落ち込みました。

写真が一番難しいと思いました。断られることが多いので、すぐに撮ろうと思わずに、三回目、四回目に会ったときにお願いするということが多いです。撮影した写真は必ず、本人に確認してもらい、了解を得られたコマだけを使うようにしました。取材協力者が特定されて、不本意なことにならないためです。

先ほどの四〇代の母親への取材でも、最初は写真を撮らせてもらえませんでした。写真を撮らせてもらえたのは三回目に会った時です。この日は息子さんのスポーツ大会の会場で一緒に観戦していました。子どもがトラックを回ってゴールする直前に、「子どもを応援している手元写してもいいですか。記事に載せたいのだけど」とお願いしました。そうしたらようやく「手元だけだったらいい」と言われました。遠くで子どもたちが一斉に走っているので、子どもの様子を見守る母親という雰囲気はあるけれど、誰かというのは分からないような写真になっています。写真一つについても、タイミングが大事ですし、掲載するイメージまで伝えながら取材を進めていきました。

月給10万円届かず／生活費 借金で工面

希望この手に 沖縄の貧困・子どものいま 第2部 ③

固定費㊤

「家賃助成あれば」

子のため、願う安定

都道府県別平均家賃（%は東京都を100とした場合）

1	東京都	73,229円	100%
2	神奈川県	65,670円	90%
3	埼玉県	59,448円	81%
4	兵庫県	57,595円	79%
5	大阪府	57,465円	78%
6	千葉県	55,974円	76%
13	福岡県	51,583円	70%
	沖縄県	51,454円	70%

県内のエリア別平均家賃（3K～3LDK・中古）

情報やご意見をお寄せください。
文化部生活班 ☎098(865)5162 社会部 ☎(865)5158

出典：琉球新報、2016年2月25日朝刊社会面

プライバシーの秘匿

未成年の子どもたちが対象なので、親も子どもも名前を出さず、「定時制高校二年の男子生徒」「飲食店で働く四〇代の母親」という属性で表現しました。取材協力者のプライバシーを守ることは大原則ですが、家族の暮らしの描写が抽象的ならば、読んだ人は「本当にこんな人いるのかな」と思い、共感してくれません。限られた行数の中で、どこまでリアルに伝えるかという、その時々にせめぎ合いがありました。

難しいのは、未成年の話を記事にする場合です。高校生以上なら本人の話を基本にします。問題は未成年の話を記事化する場合、親への確認をどうするかです。支援者を通して、親と子ども家族一緒に話を聞くケースもありますし、高校生本人からだけしか話を聞けないなら、その子どもの通うフリースクールの先生など、信頼できる人から家庭状況を聞くなど工夫をしていきました。

五　分断された階層をつなぐ

寄り添い型ジャーナリズムの可能性

客観報道、中立公平な報道はジャーナリズムの鉄則と言われています。ですが、今回の取材には客観報道とは違う要素があることに気づきました。客観報道は取材相手との間に適度な距離を置いて、一歩引いた目線から取材します。権力の監視や不正を暴く、調査報道に向いている手法だと思います。一方で子どもの貧困にかかわる取材は、子どもとその親が抱える苦しみへの共感が第一歩です。何度も会って取材として話を聞くうちに、生活苦や育ちの中でたい積した悩みを聞くだけで終わっていいものかと思うようになり、フードバンクを一緒に訪問したり、給付型奨学金の情報を探して提供したりと、半ば支援者のような行動を起こしたこともありました。

社会的に弱い立場にあり、声を上げられない人々が抱えている課題の改善につなげたいと考えるので、相手との距離が近くなります。その一方で、取材者と取材協力者という関係性なので、適度な距離感を保たなければという思いもあり、信頼関係の築き方が難しいとも感じました。あきらかに客観報道とは違う立ち位置です。これでいいのかと悩みながら取材してきました。記事を通して個人と個人、支援機関を「つなぐ」ことを微力ながら意識して取材をし、記事を書いてきました。地域に根づいた地方紙だからこそ、掲載されて終わりではなく、記事を読んだ人がどこかでこの問題に引っかかり、自分の身近な人を助けられるかもしれませんし、取材に協力してくれた方に対して、直接支援したいという申し出が出てくるかもしれないという思いで記事を書き続けてきました。

報道による成果

沖縄県と市町村が子どもの貧困解消へ施策を手掛けたことが大きいとは思いますが、琉球新報と、同じく沖縄の地方紙である沖縄タイムスが、ほぼ同時期に子どもの貧困をテーマにした長期連載を手掛けたこともあり、子どもの貧困に対する危機感が広がり、解消しなければという気運が生まれてきたように感じます。沖縄県や企業などでつくる団体による児童養護施設や里親家庭の子どもたち向けの給付型奨学金の支給が二〇一七年度から始まりました。沖縄県が三〇億円の基金を積み立てて市町村実施主体の就学援助や学童クラブの保育料を補助するという動きも広がっています。内閣府は二〇一六年度から、市町村への支援員配置や「子どもの居場所」への運営補助を始めています。

六　貧しさの源流に沖縄戦

出発点は孤児院から

沖縄は日本の中で唯一、住民を巻き込んだ地上戦のあった場所です。米軍による艦砲射撃や空襲、日米両軍の交戦で沖縄各地が焼き尽くされ、焦土と化しました。一九四五年四月一日に沖縄本島の中部から上陸した米軍はいち早く、戦場をさまよう孤児への応急措置として、本島各地の住民避難地域に孤児院を開設していきました。戦後の児童福祉は米軍管理下の「孤児院」から始まりました。コザ孤児院（現沖縄市）や旧羽地村（現名護市）の田井等孤児院では、多くの子どもが衰弱死したという証言があります。子どもの命と人権は守られていませんでした。当時、孤児院にいたという女性に聞き取りをしたことがありますが「子どもたちはやせ細り、おかゆで命をつないでいた。下痢に苦しむ子が多く、連日衰弱死した子どもが担架で運ばれた。『いつか自分も』と恐怖におののいたが、『弾が飛んでこない分まだいい』と思うほど感覚がまひしていた」と証言しています（二〇一六年六月二三日付特集に掲載）。

児童福祉論が専門で、沖縄戦後の孤児院を調査してきた立教大学名誉教授の浅井春夫さんの調査によると、一九四五年以降、多い時期には一四カ所の孤児院がありました。一九四九年に一カ所に統合されたそうです。

浅井さんは、沖縄県内の孤児院の調査を基に『沖縄戦と孤児院』（吉川弘文館、二〇一六年）をまとめました。私のインタビューに対して、米軍による孤児院設置は「戦争孤児の囲い込み政策の一環だった。児童福祉の観点は全くなく、雨露をしのげればいいという考え方だった。多くの子どもたちが孤児院で亡くなっており、虐待の定義でいえば養育放棄だ」と指摘しています。浅井さんはさらに「孤児院の実情が戦後の沖縄の児童福祉の水準を規定しており、さらに米軍統治下で日本の児童福祉法の適用が遅れ、福祉の水準を問えない状況だった」と分析しています。

本土から置き去りにされた沖縄の児童福祉

沖縄は、一九四五年〜七二年までの二七年間、米軍の統治下に置かれました。その結果、日本の児童福祉法の適用が遅れました。保育施設の建設に日本の予算を投入することができたのは一九六四年度からでした。日本本土とは異なった福祉施策が展開されました。認可保育所が少なく、認可外保育所が沖縄の子どもたちの主な受け皿となっていました。認可外保育所は認可保育所に比べ保育料が高く、親の負担感は大きくなります。また、保育所の役割の一つに、養育に困難さを抱えている親の支援や虐待の発見がありますが、運営費が担保されていない認可外保育所では保育士の配置数が少なくなりがちで、認可保育所のような役割を十分には担えないと言われています。小学生が放課後過ごす学童クラブは、他都道府県に比べて民設民営が多く、母子生活支援施設の設置数も全国平均を下回っています。沖縄戦とその後の米軍統治が、現在の児童関連施設や児童福祉施策の脆弱さにつながっているのではないでしょうか。本土との格差是正と所得の向上を目標にした沖縄振興計画（一九七二年～現在）が、子どもの貧困を抑制できなかったのはなぜでしょうか？　全国一深刻とされる沖縄の子どもを取り巻く貧困の背景をもっと深く掘り下げるためには、沖縄戦以降の時間軸を抑えながら、日本本土との児童福祉施策と社会保障制度の違いを丹念に見ていく必要があると考えています。私にとっての次の取材テーマです。

講義を終えて　突き動かされる感覚大切に

子どもの貧困に関する取材を五年続けている。早稲田大学での講義では、児童養護施設から退所した若者のその後を描いた連載「陽だまりを求めて」（二〇一四年〜一五年）と、沖縄の子どもを取り巻く貧困の実態を描く連載「希望この手に」（二〇一六年）にまつわる取材過程について主に話した。講義で映し出したスライドは、掲載された記事だったので、順調に取材が進んでいたような印象を学生に与えたのではないかと後で気になった。

取材に入るには、話を聴かせてもらえるような関係づくりが第一歩。さらに数回会ってみないと記事になるかどうか分からない場合がほとんどだ。先の見えない道をかきわけているような感覚がつきまとう。

高校生や若者への取材は、生い立ちや親との関係の聞き取りが欠かせない。児童養護施設出身で、少年院を仮退院したばかりの青年とのやりとりは忘れることができない。過去を思い出す過程で、つらい体験がよみがえったのか、わっと両手で頭を抱え、ふさぎ込んでしまった。それ以上、聴くと相手を傷つけてしまうと思い、本人の意向を聴いて取材をやめた。

取材で出会った若者や家族は、今でもつながっている場合がほとんど。しかし、電話やメールでやりとりを重ねてきたが、記事掲載後に音信不通になった母親とその子どもたちもいた。丁寧な取材をしているつもりだっただけに、かなり戸惑った。「不本意な内容の記事だったのか」と思い巡らせるが、かといってクレームがあった訳ではなく、真相は分からない。

取材の在り方を考えさせられる出来事もあった。ある児童養護施設出身の若者が、貧困問題で多用される「未来への投資」という言葉に疑問を示し、「社会的な成果を収める人になることを期待して支援するのは違うと思う。中には頑張れない人もいる」とシンポジウムで訴えた。その言葉が胸に突き刺さった。私自身、深刻な出来事だけではなく、子どもたちの「頑張り」を書くことにこだわっていただけに、「理想の若者像」を押し付けた一人ではないかと思い悩んだ。

デリケートで、あとから抗議が予想される取材をなぜ、続けているのか。自分でも理由はよく分からない。心の内側から、湧き出てくるものに突き動かされているのは確か。小学生の息子二人を育てている母親として、日々子育ての難しさを感じている。その気持ちが子どもをテーマにした取材に向かわせていると思う。取材で出会った若者たちから、進学や就職をしたという連絡をもらい、話す機会がある。元気そうな顔を見ると、取材を続けて良かったと実感する。

将来、皆さんが記者かジャーナリストになって取材テーマを考えるとき、これをやってみたいと思うような、心の底から湧き上がるような感覚を大事にしてほしい。個人が抱えている課題にとどまらず、広がりがあり、多くの人に共通する課題になりそうなら、取材テーマになり得る。取材は順調にいかないのが当たり前だ。それでも自分がやりたいテーマなら、その意欲が苦労を乗り越える力になる。取材をすればするほど、さまざまな課題が見えてきて深みにはまり、ますます分からなくなっていく場合もある。それでも粘り強く一歩一歩進むしかない。

8　戦後七二年、「戦争報道」を続ける理由

毎日新聞学芸部記者
栗原俊雄

一　新聞の使命としての「戦争報道」

新聞の役割は三つ

新聞の役割、ジャーナリズムの役割とは何か。三つあると思います。一つは権力者の不正を許さないことです。二つ目は、その裏返しですが、被害に遭っている人たちに光を当て、存在を知らせることです。そして三つ目は、国家に戦争を起こさせないことだと思うのです。残念ながら戦前の新聞は、その役割を果たせませんでした。それどころか、片棒を担いでしまいました。理由はいろいろあります。言論の自由はありませんでしたし、そもそも戦争反対など言えなかったわけですから。とは言っても、結果として戦争を防げませんでした。

戦国時代はともかく、近現代の戦争では、戦争を始める人は戦地に行きません。勝てるはずのない対米戦争を始めた東條英機首相も、日中戦争を泥沼化させてその後の大戦にレールをひいた近衛文磨首相も戦地には行っていません。戦地へ行くのはわれわれのような庶民です。ですから、戦争を絶対に起こさせないために、戦争を始める人を監視しなければいけないのです。

ジャーナリズムの役割はこの三つです。そして結果的にですが、私が取り組んでいる「戦争報道」は、この三つの役割を充たしていると思います。

常夏記者の使命〜一年中「八月ジャーナリズム」

では、「戦争報道」を続ける理由は何なのでしょうか。第二次世界大戦は、一九四五年、七二年前に終わりました。昔話です。新しく聞いた話で「新聞」と書くぐらいですから、新聞の主力商品はニュースです。なぜ七二年前の戦争の話を報道するのでしょうか。

八月になると、どの新聞も、どのテレビも戦争に関する報道をします。戦争体験者を探して、話を聴いて、「戦争だけはやってはいけない」と、一つの文法のような形で記事が書かれています。べつに馬鹿にしているわけではありません。それさえなくなったときのことを考えたら非常に重要です。ただ、ほかの季節はあまりやりませんので、昔から「八月ジャーナリズム」と若干揶揄した感じで言われるわけです。

私はその「八月ジャーナリズム」を一年中続けていますので、去年私の友人があだ名を付けてくれました。「常夏記者」です。気に入っているのです。一年中アロハシャツを着ているみたいですが、そうではありません。「戦争報道」を一年中続けているのです。なぜ七二年前に終わった戦争の取材と執筆を続けるのか。今日は硫黄島（東京都小笠原村）での遺骨収容についての報道を題材にして、「戦争報道」を続ける理由と、それを通じて新聞の役割について考えていきたいと思います。

二　硫黄島で感じた戦後補償の積み残し

「戦争報道」のスタート

一九九六年に毎日新聞社に入社してから、ときおり戦争に関連する記事を書きました。それこそ「八月ジャーナリズム」でした。「戦争報道」を本格的、継続的に始めたのは二〇〇五年、戦後六〇年の時です。一二年前になります。毎日新聞は「戦後六〇年」と題して、一年かけていろいろな特集を組みました。その一環で、「戦艦大和」の元乗組員にインタビューすることができました。「大和」というと、テレビアニメのモチーフになっていたりして、何となく遠い存在でした。取材の対象とは思っていなかったのですが、その気になれば乗員の証言を集めることができるのだと、取材を通じて学びました。結局三〇人近くにインタビューして連載することができました（詳しくは栗原俊雄『戦艦大和　生還者たちの証言から』（岩波新書、二〇〇七年）参照）。もともと研究者になりたくて、大学で日本の近現代史を学びました。それで戦争に関心と知識が多少あったことも大きかったと思います。

硫黄島。手前は米軍が星条旗を立てた摺鉢山。2006年12月16日、田中雅之氏撮影。（提供：毎日フォトバンク）

硫黄島取材を思い立つ

そして二〇〇六年、私は硫黄島*を取材することになりました。当時大阪本社にいたのですが、その年はクリント・イーストウッド監督がつくった『硫黄島からの手紙』と『父親たちの星条旗』という二本立ての映画が大ヒットしていました。加えて、前年が戦後六〇年の節目ということもあり、硫黄島が非常に注目されていたのです。そこで、毎日新聞も特集を組むことになりました。

私は、「これは硫黄島に行くチャンスだ」と思いました。硫黄島の記事を書くこと自体はそんなに難しいことではありません。例えば映画関係者にインタビューして、それから学識経験者、戦争の歴史に詳しい大学の先生などにインタビューします。あとは、生き残った方々への取材です。硫黄島の戦いでは日本軍兵士およそ一〇〇〇人が生き残りました。その一〇〇〇人の中から一人でも探し出せば記事を書くことができます。

実際、何とか生き残った方を探しだしました。そこで記事としては一丁上がりです。でも、私は硫黄島へ行きたいと思ったのです。しかし、これは簡単ではありません。硫黄島は、全域が自衛隊の基地なのです。

＊**硫黄島の戦い**　太平洋戦争史上、最激戦の一つ。約二二平方キロの島に米軍は七〇日以上連続で砲爆撃をしたのち、四五年二月一九日に六万人が上陸を開始。日本側は二万人余りで迎え撃った。米軍側が圧倒的に有利とされたが、栗林中将が率いる日本軍は総延長一八キロの地下壕を使い、三六日にわたって組織的な抵抗を続けた。日本側の戦死者は約二一九〇〇人。収容遺骨数は約一〇四〇〇体にとどまっている（二〇一七年三月三一日現在）。

防衛庁との取材交渉

自衛隊の飛行機に乗せてくれと言っても乗せてくれませんから、自社の飛行機を飛ばしてくれと企画を出しました。半分諦めていたのですが、なんと通ってしまいました。硫黄島に飛行機を出すということには、人件費も掛かりますし、燃料費もかかります。事故のリスクも付きまといます。考えたくないですが、飛行機が落ちるかもしれません。会社としては、そんなリスクを犯す必要はないのです。ところが、企画を通してくれたのです。上司との巡り合わせがよかったというのもあるのですが、これはうれしかったですね。

喜び勇んで防衛庁（当時）に交渉に行きました。二〇〇六年の秋のことです。今でも忘れません。自前の飛行機ですし、硫黄島の基地は国民の財産ですから、当然行けると思っていました。ところが防衛庁のお役人は、あくまでも私の感覚ですが、「何を言ってるの、あなたは」「行けるわけがないでしょう」という雰囲気でした。考えてみれば当然です。厚木の自衛隊基地に毎日新聞の飛行機は簡単に降りられないのと同じです。考えが甘かったわけです。

では、なぜ行けるようになったのか。今日は取材の裏側を話します。

いくつかのカードがありました。一つは、一番安い「お願いカード」です。正面から「お願いします。行きたいのです」と伝えるのです。今までの取材経歴や今回の取材の意図を説明しました。「戦争の悲惨さを訴えるために臨場感が欲しいのです」ということを、書面にもしましたし、大阪から東京・市ヶ谷の防衛庁まで陳情にも行きました。

これが本当の気持ちなのですが、ダメでした。「あなたのところが行ったら、みんな行こうとするんだから」とは言わなかったですが、相手にすればそんな気持ちだったでしょう。

最後の交渉カード

一二月上旬の記事になることは決まっていましたので、締切が迫ってくる中で、遺族の方に協力をお願いするなど、いろいろなカードを切りました。「これはもうダメか」と思ったころ、非常に重要な情報を得ました。クリント・イーストウッド監督が、主要なロケは別の所ですが、硫黄島でもロケをしていたのです。

硫黄島は遺族や生き残りの人ですら、自由に行くことはできません。自分の肉親が死んでいるところなのに、墓参も自由に行けないのです。私は「しめた、重要なカードを手に入れた」と思いました。そこで、タイムスケジュール的にもこれが最後だと思って防衛庁と交渉し、最後のカードを切りました。「ところで、クリント・イーストウッドがロケをしたそうですね」と力を込めて言ったのです。

これで断られたら、記事に書こうと思いました。だって、おかしな話でしょう。なぜ遺族が自由に行けない場所で、外国人の映画監督にロケを許可するのですか。なぜ日本のメディアは許可されないのですか。あの時書いていたら結構な記事になっていたと思いますよ。ただ、時間もなかったので、カードとして使ったのです。

防衛庁の担当者の態度がガラッと変わりましたね。「うっ、いや、あれは……」と、しどろもどろになったのです。これが決定的でした。

向こうには向こうの言い分があると思います。硫黄島には船着場もありませんので、みんなを受け入れるのは大変です。とは言っても、「日本人が行けないのはおかしい」と思い気合いを込めて交渉したら、行けることになったのです。

この時は頑張りましたね。新聞記者になって二二年になりますが、あれが一番真剣に仕事をした時かもしれません。本当に行きたかったのです。なぜかというと、戦争が終わったままの状態だということを、知識として知っていたからです。戦闘の跡地が生々しく残っています。二万人の日本人が亡くなっているわけですから、やはり見てみたかったのです。

その場所に行かなくてはは感じ取れないことがある

二〇〇六年一二月に硫黄島に行きました。行ってみると、やはり聞くと見るとでは大違いでした。硫黄島の戦いでは、迎え撃つ日本軍は総延長一八キロの地下壕をつくって、地下に潜って戦いました。その地下壕に入れてもらいました。

私が入った地下壕は、立って歩けるところはほとんどありませんでした。中にはほふく前進しなければいけないようなところが何カ所かありました。しかも暑いのです。一二月の半ばで、それもワイシャツ一枚になって地下壕に潜ったのですが、もう暑い、暑い、汗だくでした。その暑さも気持ちのいい暑さではありません。湿度が高くて、つらい蒸し暑さでした。

よく見ると、壁にツルハシの跡があります。明らかに人力で掘っているのです。あんなに狭く、暑いところで。まして当時の日本兵は食うや食わずでした。硫黄島には飲み水が全くありませんから、水も制限されていました。

一万体もの遺骨が埋まったままであるという現実

大変だったろうな、苦しかったろうなと思います。硫黄島の組織的な戦いは一九四五年二月一九日から三月二六日まで、三六日間続きました。われわれは戦闘が三六日間で終わったということを知っていますが、兵隊さんたちはいつ終わるか分からないわけです。これはつらいですよ。

新聞記者にもつらい仕事はいっぱいありますが、「あと何日かすればこの仕事は終わる」というゴールが見えていれば、何とか耐えることができます。ですが、兵隊さんたちはゴールが分からなかったわけです。これは精神的につらいです。私は想像しました。暑いし、飲み水もない、食べ物もろくにない。こんなところに兵隊さんを連れて来て、アメリカ軍は六万人で、援軍が次々来ますが、日本軍はおよそ三分の一の兵力で援軍も補給もなしです。「本土決戦」までの時間稼ぎ、事実上のみごろしですよ。

そんなひどい目に遭わされた人たちのうち、半分以上の遺骨が帰ってきていません。毎日新聞の飛行機が着いた滑走路の下にもたくさんの遺骨が埋まっていると思います。そこは本格的な発掘はおろか、調査さえされていませんでした。「どういうこと?」という憤り、エネルギーが湧いてきました。硫黄島にしっかり焦点を当てて、遺骨を帰すべきだという報道をしようと思ったのです。

この時に書いた特集記事が、原点です。硫黄島の最初の記事、戦後六〇年の特集記事です。硫黄島に行って書いたのは、四〇〇字詰原稿用紙でわずか三枚ちょっと。その三枚ちょっとの原稿が、その後何倍もの成果になって返ってきました。私のエネルギーに火を付けてくれたのです。

戦後60年の原点
◇番外編◇
いま、硫黄島は
曲がりくねった壕内 トーチカには機関銃

初めて硫黄島に渡った際の記事。（出典：毎日新聞2006年12月８日朝刊（大阪版）15面）

二度目の渡島　首相側近に誘われて

それで、遺族を探しはじめました。インタビューをすると、皆さん当然、遺骨は帰ってきてほしいと言います。そのような取材を続けていたら、新聞の神様が微笑んでくれたのか、二〇一〇年に、とある国会議員が私の携帯に電話をくれたのです。その方も戦後補償に力を入れている方なのですが、「栗原さん、菅（直人）首相が硫黄島に行くんだ。ついては一緒に行かないか」と声を掛けてくれました。

新しい首相が就任すると硫黄島へ慰霊に行くことが多いのです。当時は民主党政権でしたが、菅首相は東京選挙区ということもあって、野党時代から硫黄島の問題に力を入れていました。そこで菅首相の側近の議員が「栗原さんのようにずっと取材している人に行ってほしいんだ」と言ってくれたのです。うれしかったですね。政治部の記者は首相と一緒に行きますが、私は政治部でも何でもありません。政治部以外の記者は私だけだったでしょう。二〇一〇年一二月に行ったのですが、この時が、私の記者人生において決定的な経験でした。

菅首相が行くまでは、硫黄島の遺骨収容は少し停滞していました。一九六八年から掘り始めているのですが、比較的見つけやすいところから掘っていましたので、直近の一〇年平均でいうと五〇体ぐらいがアベレージだったのです。ところが二〇一〇年、菅首相就任時に民主党はやり方を変えました。そして八三二体の遺骨を収容することができたのです。

どう変えたのか。菅首相はアメリカ側に埋葬の記録があるはずだと思ったのです。そこで、さきほどの側近の議員をアメリカの公文書館に派遣しました。そうすると、「島の真ん中辺りにある滑走路の西側に二〇〇〇体の遺骨を埋めた」と米軍の記録にあったのです。そこを掘ったら遺骨がたくさん出てきました。菅首相はその視察に行ったのです。

硫黄島で収容された遺骨。これでもほんの一部だ。2010年12月14日、筆者撮影。（提供：毎日フォトバンク）

一面の遺骨を前に感じたこと

この時は直前に参加が決まったので、細かいスケジュールは聞いていませんでした。空港で降りて、バスに乗せられて、いきなり現場に着きました。遺骨が出ているなんて全然知らされていなくて、いきなりです。

人間の骨をこんなに見る機会なんてありません。もう言葉を失いました。恥ずかしい話ですが、たぶん茫然と立ちつくしていたのだと思います。そこで、お骨を持っている人から「合掌していただけますか」と言われたのです。真っ先にやらなくてはならないのに。恥ずかしいのですけれど、頭がまったく働いていませんでした。反面教師にしてください。

「えっ、ここは東京都でしょ?」とまず思いました。「自衛隊がいるのに、なんでいまのいままで、戦後七〇年近くたってこんなことになっているの?」と思ったのです。

政治家はよく「政治は結果責任だ」と言います。「これは結果責任を果たしているのか?」と聞いてみたいです。「早く滑走路をひっぺがして掘るべきなのではないか」と当時は思わなかったですが、「東京都にもかかわらず、なんでこんなことになっているのか」と思いました。

「一万体が埋まったままだ」ということは知識では知っていました。知っていたけれど、やはり現物を見ると違います。頭骨があって、歯を見ると明らかに若い骨です。治療痕もない、しっかりした歯が残っているのです。今は毎日新聞に限らず、新聞は基本的に遺体や遺骨の写真を載せないのですが、その後の記事で載せました。伝えたいのですよ、この戦後七二年の日本の現状を。離島とは言え、首都東京に未収容の戦没者遺骨がたくさんあることを。

遺骨を掘っているのは誰か

決定的にショックだったのは、「遺骨を掘っているのは誰か」ということでした。主力は遺族です。つまり七〇歳を過ぎた、硫黄島で死んだ方の娘や息子が掘っているのです。このことに本当にショックを受けました。

二つ解釈があると思います。一つは、美しい同胞愛、家族愛。「日本万歳」と言うかどうか分かりませんが、「日本人はやはりすごい」と感動する人がいるかもしれません。けれど、私は「国家としてそれでいいのか。あまりに不条理ではないか」と思ったのです。

硫黄島には多数の自衛隊員が常駐しています。それでも遺族が掘っている。「いいんですか、それで。よくないでしょう! 国が真っ先にやるべきことでしょう!」と思いました。猛烈に、その現実を伝えたくなりました。以前にも増して、この未収容の遺骨の問題を報道したいと思ったのです。

遺族と同じ目線で伝えるために

それには自分も掘らなくてはならないと思ったのです。この環境で、同じ目線に立って遺族の気持ちも聞き出すんだと強烈に思ったのです。遺骨が埋まったままなのは硫黄島だけではありません。太平洋の諸国、それから中国大陸、朝鮮半島、一〇〇万体以上の遺骨がまだ埋まったままなのです（詳しくは栗原俊雄『遺骨　戦没者三一〇万人の戦後史』〈岩波新書、二〇一五年〉参照）。いまさら、全部収容することは不可能です。ニューギニア、ミャンマー（ビルマ）、インパール、そうした場所で遺骨をすべて収容するのはもう無理でしょう。そうならば、なおさらのこと、できるところからやりましょうよ。一体でも多く。硫黄島は試金石です。硫黄島ができなかったら、ほかのところなんてできません。そう記事に書くには説得力を持たせなくてはなりません。ですから自分も掘ろうと思ったわけです。

遺骨収容の過酷な現場

さすがに今度は会社の飛行機を使うわけにはいきません。どうすれば掘れるか、ボランティアです。遺骨収容は遺族が主役と言いましたが、敗戦時ゼロ歳の方が七二歳ですから、だんだんボランティアにシフトしています。社会人や学生さんがかなり力になっています。

二〇一二年の七月ですが、私は厚生労働省が募集しているボランティアに参加しようと思いました。もちろん、厚生労働省には事前に、毎日新聞の記者で、記事を書くことが前提であることを明かしています。この時は、一切遺骨は撮らせてくれませんでした。その代わり、厚生労働省が現場の写真を撮って、あとで提供してくれたのです。

これも見るとやるとでは大違いでした。硫黄島は暑いのです。しかも七月です。ですが、みんな長袖、長ズボン、ヘルメットです。なぜでしょう。

一つは、紫外線が非常に強いからです。皮膚がやられてしまいます。もう一つは、毒虫がいるのです。カミツキアリ、サソリ、ムカデ、こうしたものに刺されないために長袖、長ズボンなのです。これが結構しんどいのです。

この時は、二〇一〇年に遺骨を見た現場と同じ場所を掘りました。七月の半ばに九日ぐらい滞在して、正味掘ったのは四日間でしたが、体調を崩す人も結構いました。スコールが多い、蒸し暑い。

おまけに私は夜よく眠れませんでした。遺骨をいっぱい手にしたから興奮してしまったです。特に一日目の夜は疲れ切っているのに全く眠れませんでした。寝不足と暑さで、二日目の午前中には気持ちが悪くなってしまいました。スコールがザーッと降ってきて、三〇分ぐらい休憩になったのに救われました。あれがなければ、倒れていたでしょう。

木の根に食われた遺骨

掘り始めたら、五分もたたずに遺骨が出てきました。皆さん、植物の生い茂っているところを掘っていました。葉っぱや木の根のところを掘ると、必ずと言っていいほど遺骨が出てくるのです。なぜでしょう。やってみて分かりました。私は大腿部、太ももの大きな骨を掘り出しました。その太ももの骨の真ん中を木の枝が三〇センチぐらい貫いているのです。完全に栄養にしているのです。もう絶句です。ほかの骨も、細い木の根っこがクモの糸のように絡みついていました。明らかに養分になっていたのです。

私の作業を指導してくれた男性は、四回目の遺骨収集でした。お父さんが陸軍の軍人で、硫黄島で亡くなっています。この人が私の掘りだしたその大腿骨を見て、ポッリとおっしゃったのです。「かわいそうに。島で飢えていて、死んでからはこんな木の根っこに食われるのか」と。

魂の声です。肉親だからこその発想です。衝撃を受けました。七〇年近くこんなところに埋められて、かわいそうすぎるだろうと。

厚生労働省は、アメリカの資料が見つかったときに「埋葬地図が見つかった」と発表しました。ですが、これは埋葬でも何でもありません。明らかに重機で穴を掘って遺体を投棄したとしか思えません。骨の出方が異常なのです。頭の骨の上にほかの人の軍靴が乗っていたりするのです。埋葬とは、一体一体ねんごろに弔うということですから、全然違うひどい状態です。

四　報道し続けることが人を動かす

本当に重要なことは何度でも書く

「遺骨収容を進めるべきだ、このような状態は一分でも早く解決しなくてはいけない、せめて硫黄島から始めましょう」と、何度も何度も書きました。毎日新聞でも書きましたし、本でも書きました。たまに「これのどこがニュースなんだ。新しいことはないじゃないか」と言われることがあります。私はそういう時に言い返します。「本当に重要なことは何度でも書けばいいのです」と。もちろん工夫は必要です。やり方を変えて、表現を変えて、機会をつかまえて書けばいいのです。一〇〇万体以上は海外で眠っているという事実を、掘り起こさなければいけないということを、書き続けるのです。

戦没者遺骨収集推進法の成立

その記事の効果かは分かりませんが、去年（二〇一六年）の四月、「戦没者遺骨収集推進法」という法律が議員立法で成立しました。これから先、二〇二四年度まで集中的に収容を進めようという法律です。この法律によって、厚生労働省、防衛省、外務省が協力して遺骨を掘るという体制になったのです。いろいろな問題はありますけれども、前進しました。

それまで、遺骨収容は厚生労働省がほぼ単独で行っていました。遺骨収容には根拠法、国の責任であるという法律がなかったのです。だから国は何度もやめようとしました。例えば二〇〇二年度の『厚生労働白書』に、「南方での遺骨収容はおおむね終わった」と書いてあるのです。フィリピンは三七万体近くの遺骨が帰ってきていません。硫黄島は一万体以上の遺骨が帰ってきていません。もしその時、私がこういうことをやっていたら、「あなたたちが言っている南方というのはどこですか」と聞きたかったです。これはさすがに遺族の猛反発を食って早々に撤回されました。ですが、このことが象徴するように、国は遺骨収容をやめたかったのです。

報道によって社会を変えることができたのか、正直言って分かりません。ですが、あまり知られていない現実を伝えることはできました。そこから先、感じる人は感じるでしょうし、それが大きな力になるかもしれません。「遺骨収容」はそうした問題の一つだと思っています。

進まない遺骨のDNA鑑定

ただ、残酷なことに、遺骨を収容したらそれが遺族のもとに帰るのかというと、それは非常に難しいのです。骨に名前が書いてあるわけではありません。私は沖縄でも何回か遺骨を掘っているのですが、沖縄では一八万体の遺骨が収容されています。そのうち身元が分かったのは四体だけです。〇・〇〇二二二二パーセントです。ほとんど分からないのです。その四体はどうして分かったかというと、DNA鑑定の結果です。二〇〇三年、戦没者遺骨のDNA鑑定を国が始めたのです。遺骨からDNAを採取して、遺族と思われる人のDNAとマッチングして身元を特定するのです。

それまではDNA鑑定がなかったので、遺骨を焼いてしまっていました。焼いてしまうと、今の技術ではDNAは採れません。科学技術が進歩してできるようになったわけです。

本当は、国がすべての遺骨のDNAを採取してデータベース化すべきです。遺族にも声を掛けてDNAを提供してもらい、マッチング作業を進めるべきなのです。

なぜ、国はDNA鑑定を進めないのか

このことを私は何度も何度も書いています。新聞でも、本でも、インターネットの記事でも書いています。ところが国はそれをなかなかやりません。DNAを採るのに非常に厳格な条件を付けているのです。身元がある程度特定できるもの（印鑑や名前が書いてある万年筆など）が一緒に出てくる場合に限っていました。あとはDNAを採らないで焼いてしまって身元不明の無縁仏にしてしまうのです。

沖縄で三〇年以上ボランティアとして遺骨を掘っている具志堅隆松さんという方がいるのですが、その方に言わせると、身元が特定できるものが一緒に掘り出されるのは軍人さんで一〇〇体に五体あるかないかだそうです。民間人はおよそゼロ。そんな遺品なんか出てきません。

そんな条件を付けていると、せっかく収容したところで無縁仏を集めるだけです。千鳥ヶ淵に納まるだけです。なぜ国はデータベースをつくってマッチングしないのでしょうか。

理由の一つは、ＤＮＡは「究極の個人情報だから」ということです。何を言っているのかよく分かりません。個人情報などと言うなら、「それなら俺のマイナンバー消してくれよ」と言いたいです。国に都合のいい個人情報はさんざん集めているくせに。

もう一つは、ＤＮＡの確定率が一〇〇パーセントではないことです。あまり範囲を広げてしまうと、「まったくの他人と偶然ＤＮＡの型が一致してしまうかもしれない」と言うわけです。そうであれば、その可能性もあることを含めて遺族に説明すればいいのではないでしょうか。私から見ると、やらないための理由ばかり探しているのです。

〇・二歩の前進

戦没者遺骨からＤＮＡを採取してデータベース化し、遺族とマッチングすべきだ、という記事を何度も書きました。すると、ＤＮＡ鑑定問題に力を入れているある国会議員が私の記事にふれながら、鑑定を拡大すべきだと塩崎恭久厚生労働相に迫りました（二〇一五年五月一二日、参議院厚生労働委員会)。

　その質問に対し、塩崎厚生労働相はＤＮＡ鑑定を拡大する方針を示し、その後実際に拡大しました。ただし、沖縄の四地域に限ってだけです。そこは比較的状態のいい遺骨が出てくるところでしたし、防衛省などに部隊の記録等の資料がありました。ですから、そこから限定的に掘ることになったのです。

　〇・二歩ぐらい前進したかもしれません。この〇・二歩の背中をもっともっと押してあげないといけません。もしその四地域から出てきた遺骨の身元を特定することができたら、それを拡大させないといけないのです。おそらく拡大せざるを得ないでしょう。その四地域に限ってもＤＮＡ鑑定を望む遺族から三〇〇人以上の手が挙がりました。今、私が取り組んでいるのはそうしたことです。*

＊この講義から三カ月後の二〇一七年七月、厚生労働省はＤＮＡ鑑定の対象地域を一〇地域に拡大し、鑑定の対象もそれまでは事実上軍人・軍属の遺族に限っていましたが、民間人の遺族にも拡大しました。

五　戦争の借金を背負うのは庶民

忘れられない言葉

遺骨が出てきても、特に南方の場合は気候の影響もあって骨の状態が良くないため、身元を特定することは極めて難しいということは知っていました。硫黄島で骨を掘っている時もそのことは分かっていました。でも、言い出せませんでした。本当は、新聞記者の仕事としては、掘っているご遺族に現実を伝えて、その感想を聞き出すべきだと思うのです。でも、あまりに残酷すぎて、さすがに聞けませんでした。

硫黄島である女性にお会いしました。広島出身で、遺骨収容への参加は四回目でした。硫黄島で亡くなったお父さんの記憶はほとんどありません。私が「せっかく遺骨を収容しても身元が分からないかもしれませんよ」と言いたかったのを察してくれたのか、彼女はこう言ってくれました。「見つかった骨が誰の骨か分からないなら、すべてお父さんの骨だと思う」と。

衝撃でした。肉親の感情というのはこういうものなのかと。ゴールのないマラソンを走っているようなものです。そして、そんなことを言わせて、この暑い中で掘らせている国家とは何だろうかと思いました。私は身内に戦没者がいるわけではありません。ですが、新聞記者としてものすごく憤りを感じます。

これは明らかに不作為です。解決すべきことを放り出しているのです。自衛官が常駐しているのですよ、この時点で。関係者に「なぜ掘らないのですか」と聞くと、「自衛隊法に書いていないから」と言うのです。自衛官の方は皆さん真剣です。個別に話を聞くともちろんマインドは持っています。法体系がないのです。だから政治の責任です。自衛隊法のためにできないと言うなら、法律を変えればいいのです。

この国に二度と戦争を起こさせないために

私が「戦争報道」を続ける理由を分かっていただけたでしょうか。戦闘は七二年前に終わりました。でも、国がやるべきことをやってこなかったため、遺骨を掘っているおじいちゃん、おばあちゃんがいるのです。戦争の後遺症で苦しんでいる人がいっぱいいるのです。

そうしたことを全部忘れたふりをして、日本は高度成長をしてきたのです。私たちの国にはそうした積み残しがいっぱいあります。私は、自分のフィールドで、権力者たちの不作為あるいは不誠実・不正に光を当ててきたつもりです。そして、犠牲になっている人たちの声を拾い集めているつもりです。戦争を起こすとどれだけわれわれ庶民がひどい目に遭うかということを具体的な事実で積み上げてきたつもりです。これからも積み上げていくつもりです。

常夏記者が戦争を追いかけている理由を分かっていただけたでしょうか。七二年たっても、為政者たちが起こした戦争による負の遺産、借金はわれわれ民間人にかかったままです。国によって理不尽に負の遺産を押しつけられたままの人たちが健在な限り、そのことを伝えたいと思います。それが、国に二度と戦争を起こさせない力になると思っています。

講義を終えて　行動力と想像力を武器に

「戦争報道」といえば、現に世界のあちこちで続いているそれを思い浮かべる人が多いだろう。しかし国内外で野ざらしにされたままの戦争遺骨が典型のように、一九四五年、今から七〇年以上前に終わった第二次世界大戦のツケはいまだに残っている。しかも本来何の責任もない国民に押しつけられている。私はそのことを具体的に報道してきた。これも「戦争報道」だと思っている。

身の回りに戦没者がいない私が「戦争報道」を続けるエネルギーは、被害者たちの肉声だ。例えば、民間の空襲被害者たち。戦争で多くの日本人が被害にあった。あるいはシベリア抑留。海外で営々と築いた財産を失った人たち。私は一〇年以上、インタビューを重ねてきた。

その戦争は為政者、国が始めたものだ。「政治家を選んだ国民にも責任がある」という指摘がままあるが、完全に間違っている。当時、女性に参政権はなかった。男性が投票し、ある党に多数を与えたとしても、その党首が首相になるとは限らなかった。むしろ軍人や宮廷政治家など、国民が選ぶことができない人が首相になる方が圧倒的に多かった。戦争に反対する言論の自由もなかった。

そうした史実からして、戦争責任は為政者、国家にあるのは自明だろう。被害者たちに補償するのは当然だ。ところが政府は応じない。このため名古屋、東京、大阪大空襲の被害者たちはそれぞれ、国を相手に裁判を闘ったが、裁判所は「戦争でみんな被害にあった。だからみんなで我慢する必要がある」という趣旨の「戦争被害受忍論」という「法理」でこれをはねつけてきた。

一方で政府は、元軍人や軍属には「国と雇用関係にあった」という理由で補償をしている。その額は累計でおよそ六〇兆円。政府も、この冗談のような法理に便乗してきた。

民間の被害者たちが「差別だ」と主張しても、司法はこれをはねつけて「立法で解決すべき問題」とたらい回しにしてきた。ところがその立法、つまり国会の政治家たちは「解決」しようとしない。これが、「奇跡の復興」を遂げた戦後日本の一面だ。高度成長の過程で「三丁目の夕日」は力強く輝いていたが、その陽があたらない暗いところを、われわれ日本人は見ようとしなかったのではないか。

この受忍論を放置していたら、例えば原発事故など国策の誤りによって広く国民が被害を受けた場合にも「みんながひどい目に遭った。国家財政の制約から、みんなで我慢しなければならない」といった理屈を、司法や行政は振り回しかねない。だから私は繰り返し受忍論の間違いを書いている。

戦後七二年、二〇一七年の今日になっても、戦争の被害者でありながら補償を求めて闘っている人たちがたくさんいる。八〇歳前後の高齢者たちがときに杖をつき、車いすにのって国会議員に立法を働きかけている姿をみると、「この不条理を一人でも多くの人に伝えたい」という気になる。

もう一つのエネルギーは想像力だ。私が硫黄島でたくさんの遺骨を掘り出しながら考えたのは、「この状況を、自分がこうだったらどう感じるだろう。この骨の人にも妻や子ども、親がいただろうに……」。そういう想像から生まれる憤り、この現実を一人でも多くの人に知ってほしいという気持ちが、私の取材と執筆のエネルギーだ。

戦争体験者の高齢化が進んでいる。しかしすぐにいなくなるわけでもない。行動力と想像力を武器に、「戦争報道」を続けていきたいと思う。

9　原発事故五年、隣県からの報告

下野新聞編集局報道センター長
手島隆志
下野新聞編集局写真映像部長
野上裕之
（共著）

一　グラバーへの手紙

「東日本大震災、福島第一原発事故から五年を迎えた。奥日光・中禅寺湖では汚染された魚の持ち帰り制限が続いている。約一〇〇年前には『長崎グラバー邸』で有名なトーマス・グラバーが奥日光に別荘を建て、湖や川で釣りを堪能していた。この土地を愛した英国紳士に、今も変わらぬ豊かな自然も含め震災五年の奥日光の今を報告する」

1898年ごろ、奥日光で釣ったマスを前にしたグラバー（左）と、後に中禅寺湖漁業組合の総代となる大島久治（提供：大島久夫氏）。

二〇一六年一月から七月まで半年間にわたり、毎週土曜日、下野新聞の一面で「グラバーへの手紙」というタイトルの連載を、計二七回にわたり行いました（このほかスコットランド取材については特集ページも展開しました）。さきほどの文章はその連載のプロローグとして掲載した文章です。連載のテーマは、奥日光地域の放射能汚染。紙面は毎回A2の大きさで、当然、毎回カラーで掲載しました。

トーマス・ブレーク・グラバー（一八三八～一九一一年）は明治期の産業革命に貢献し、「日本近代化の父」と評される英国スコットランド出身の貿易商です。長崎市に残る住居「旧グラバー邸」の世界遺産登録が決まり、激動の半生や人物像にも注目が集まりました。

あまり知られていない事実なのですが、グラバーと奥日光との間には深いかかわりがあります。一八八〇年代後半、豊富な経験や人脈を買われて三菱財閥の幹部社員となったグラバーは、長崎から東京に拠点を移しました。そのころ、在留外国人の間で奥日光・中禅寺湖が避暑地として注目され始めていました。当時の英語の旅行ガイド本には「マス釣りができる場所」として紹介されています。英国では昔も今も「釣りは紳士のたしなみ」と言われています。グラバーは一八八九年夏、五一歳の時に初めて中禅寺湖で釣りをしたとみられています。その後は湖畔に別荘を建て、夏になると釣りに明け暮れる生活を送りました。さらに、釣りのために魚の稚魚をアメリカから輸入して放流もしています。現在「マス釣りの聖地」と言われる中禅寺湖の釣り文化を一〇〇年以上前に拓いたのは、グラバーだったのです。（グラバーと日光との関係について、詳しくは福田和美『日光鱒釣紳士物語』（山と渓谷社、一九九九年）を参照）。

福島第一原発事故は、たった五年前の出来事とはいえ、もはや人類史に残る事故として位置づけられます。ですから、その事故の周縁での出来事を、歴史上の人物であるグラバーに報告する形で未来に残せるのではないかと考えたわけです。チェルノブイリ原発事故から三〇年の節目でもありました。チェルノブイリ原発事故の放射能汚染の影響で二六年間も羊の出荷制限が続いたグラバーの故郷スコットランドを訪ね、グラバーとわれわれ、日光とスコットランド、フクシマとチェルノブイリの類似性に目を向けるという企画コンセプトを固めました。

今日はこの「グラバーへの手紙」を題材に、原発事故が起きた隣県から間接的に問題を告発した手法や、そのための写真撮影の取材過程について説明していきます（連載「グラバーへの手紙」の記事全文は『震災後の奥日光　グラバーへの手紙　この地を愛した人に』（下野新聞社、二〇一七年）参照）。

二　栃木県内の放射能汚染の実態

下野新聞は震災をどう報じたか

私（野上）は東日本大震災当時、栃木市で支局の記者として、他県からの避難者を取材していました。三月一三日付けで各支局員の写真を集めた写真特集ページ（「写真グラフ」）を掲載し、私も「避難所の朝」というタイトルで、一枚の写真を出稿しました。辛い思いをして避難された方々は多分眠れなかったのでしょうと想像しながら。

下野新聞は地方紙ですので、県内の状況を報道するのが、一義的な使命だと思っていました。ですが、実はこの時点で私の気持ちは揺れ動いていました。「被災地に足を踏み入れ、取材をしなくてもいいのか」という思いです。

震災発生当初の社の方針は、被災地に記者は派遣しないことだったと記憶しています。記者の数的問題や放射能の関係もあったのでしょう。

三月一六日だったと思います。考えた末、やはり現地に向かう必要があると思い、休みをとって東北に向かう手段を模索しました。同業他社と所轄の警察署員から緊急取材車両の話を聞き、申請して許可されました。これによって、車両通行止めだった東北自動車道が利用できることとなり、現地取材の可能性が広がりました。この時点で、写真映像部の若手カメラマンを連れて行くことを決めていました。テレビでは感じられない現場の「臭い」や「空気感」を経験させたいと考えからです。「会社が被災地へ記者を派遣しないのは事情があるためでやむを得ない。ならば休日を取得して行けばいい」と当時は考えました。私は、彼と共に自家用車に撮影機材一式や寝袋などを積み込み、一九日の早朝に宮城県を目指しました。宮城県内で二泊し、宇都宮市に戻りました。

同行したカメラマンが写真映像部員だったこともあり、「写真グラフ」の特集ページで紹介してはどうかと助言しました。出稿はしましたが、残念なことに紙面化には至りませんでした。メディアのスタッフとして悔しい思いをした記憶があります。

その後は、仕事以外の個人的な行為として、休みをとりながら、福島県内の様子を写真で記録に残していました。一方、震災直後、宮城県に同行したカメラマンも、独自で被災地を訪れながら写真取材を続けていました。彼と共同で震災の写真展を宇都宮市内で自費開催するなどしました。

栃木県内の放射能汚染状況

福島第一原発の水蒸気爆発によって放射性物質が飛散しました。当時の風向きは栃木県方向、さらにその後雨が降りました。そうした要因が、汚染濃度の濃淡となって現れたとされています。

当然、福島県よりは低かったのですが、国内で二番目に放射能汚染されたのは栃木県でした。表土を取り除く「除染」が各地で広く行われました。除染で生じた土や焼却灰など、一キロあたり

栃木県の放射能汚染状況

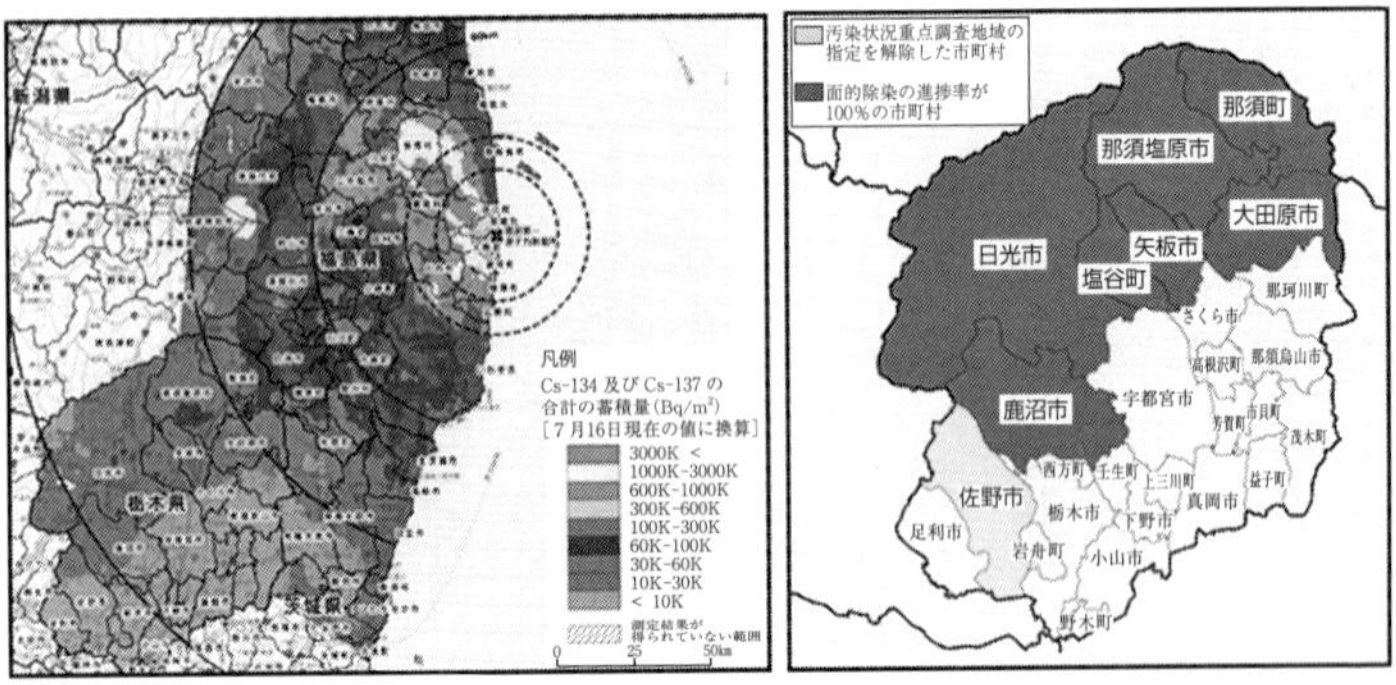

出典：左：原子力規制委員会ホームページ「文部科学省及び栃木県による航空機モニタリングの測定結果」（http://radioactivity.nsr.go.jp/ja/contents/5000/4930/view.html）
右：環境省ホームページ「市町村が中心となって除染を実施する地域における進捗状況」（http://josen.env.go.jp/zone/）を基に作成

八〇〇〇ベクレルを超える放射線量の土や焼却灰は「指定廃棄物」と呼ばれます。この指定廃棄物の保管量は、最新（二〇一七年三月現在）の環境省の数値では福島県が一六万トンと圧倒的ですが、栃木県は一万三五〇〇トン、そのほかの県は千葉県が三七〇〇トン、茨城県が三五〇〇トン、宮城県が三四〇〇トンです。風向きによって、ずいぶんと被害程度が違うのです。

指定廃棄物は、福島県内では既存の管理型処分場に埋め立てる方法などが決まっていますが、栃木県をはじめ宮城県、茨城県、千葉県では長期管理施設の調査の候補地になった途端、反対運動が起こり、まったく見通しが立たない状況が続いています。栃木県では、県内のあちこちの農地の片隅などで、全国で二番目に多い指定廃棄物が分散保管されている状況です。

奥日光・中禅寺湖の苦難

汚染された地域の中には、日光国立公園一帯も含ま

指定廃棄物の数量（平成29年３月31日時点）

数量は以下の通り。

都道府県	焼却灰 焼却灰（一般）		焼却灰（産廃）		浄水発生土（上水）		浄水発生土（工水）		下水汚泥 ※焼却灰含む		農林業系副産物（稲わらなど）		その他		合計	
	件	数量（t）	件	数量（t）	件	数量（t）	件	数量（t）	件	数量（t）	件	数量（t）	件	数量（t）	件	数量（t）
岩手県	8	199.8	0	0	0	0	0	0	0	0	0	0	2	275.8	10	475.6
宮城県	0	0	0	0	9	1,014.2	0	0	0	0	3	2,271.5	30	127.1	42	3,412.8
福島県	455	123,693.7	153	3,427.6	35	2,261.2	5	203.1	95	10,710.9	63	4,652.4	140	16,392.6	946	161,341.5
茨城県	20	2,380.1	0	0	0	0	0	0	2	925.8	1	0.4	3	229.4	26	3,535.7
栃木県	24	2,447.4	0	0	14	727.5	0※(1)	0(66.6)	8	2,200.0	27	8,137.0	6	21.3	79	13,533.1
群馬県	0	0	0	0	6	545.8	1	127.0	5	513.9	0	0	0	0	12	1,186.7
千葉県	46	2,719.4	2	0.6	0	0	0	0	1	542.0	0	0	14	444.6	63	3,706.5
東京都	1	980.7	1	1.0	0	0	0	0	0	0	0	0	0	0	2	981.7
神奈川県	0	0	0	0	0	0	0	0	0	0	0	0	3	2.9	3	2.9
新潟県	0	0	0	0	4	1,017.9	0	0	0	0	0	0	0	0	4	1,017.9
静岡県	0	0	0	0	0	0	0	0	0	0	0	0	1	8.6	1	8.6
合計	554	132,421.1	156	3,429.2	68	5,566.6	6	330.1	111	14,892.6	94	15,061.3	199	17,502.2	1,188	189,203.0

出典：環境省ホームページ放射性物質汚染廃棄物処理情報サイト「指定廃棄物について」（http://shiteihaiki.env.go.jp/radiological_contaminated_waste/designated_waste/）を基に作成

れていました。中禅寺湖もその中の一部です。中禅寺湖は、小学校の遠足や修学旅行先にもなっていますので、ご存じの方がいるかも知れません。

中禅寺湖には、魚のマス（トラウト）類が生息し、釣り人からは聖地として親しまれていました。震災後、この湖の魚は、放射能によって汚染されていることが判明しました。一個体あたり最大一〇〇ベクレル以上の汚染魚が見つかりました。湖でマスなどの魚が持ち出し禁止となったのが、二〇一二年です。太平洋などで海の魚が汚染され、禁漁になったという話はマスコミで良く取り上げられるものの、内水面に関する事例は当時、あまり報道されていない状況でした。

栃木県が全国で二番目に放射能汚染された県であるという事実は、栃木県民は知っていますが、全国的にはあまり知られていないかもしれません。風評被害を恐れて、栃木県が声を挙げなかった側面もあると思います。

三　周縁から伝える

震災五年目の「今ここ」を記録にとどめる

人間というのは忘れる生き物です。あれだけ大きな経験をし、そして、いまだに大勢の避難者がいる中、日常生活ではほとんど震災を思い返しません。脳科学者の茂木健一郎さんの『記憶の森を育てる』（集英社、二〇一五年）という著書の中に、「日本人は水に流す」という記述があります。例えば、昨日の喧嘩は水に流して、今日は仲良くやろうといった具合です。それは、回復や復旧が可能な問題や短期間の出来事などには当てはまるのではないかと思います。ですが、廃炉まで何十年もかかる上、放射性廃棄物の最終処理といった問題が解決されない限り、原発事故の問題は水に流せません。

一方で、私もですが、これほど重要なことでも、時が経つと忘れていってしまいます。ならば、忘れずに覚えておこう、震災五年目の「今ここ」を写真で記録して、文章と共に残そうと考えました。

中心地、福島の訴え

原発事故報道といえば、毎年三月一一日の前後には多くの特集、特番が組まれ、集中的に報道されています。ですが、日々の報道量が目に見えて減っていることは、皆さんも感じていると思います。日常的には廃炉への過程と指定廃棄物の処理の問題が時々報道されるのを目にするくらいでしょうか。

しかし、被害の中心地である福島県の地方紙はこの問題を忘れてはいません。福島県に本社を置く福島民報社は、二〇一二年に「東日本大震災　東京電力福島第一原発事故　一連の報道」で新聞協会賞を受賞し、二〇一四年にも「東日本大震災・東京電力福島第一原発事故『原発事故関連死』不条理の連鎖」という連載企画で新聞協会賞を受賞しています。今も「ふくしまは負けない　明日へ」というページを毎日連載し続けています。福島民報社は原発事故を「福島の問題」に矮小化してはならない、と訴え続けています。当然、これからも福島第一原発事故そのものの現場として継続して報道し、県内外に問題点を発信していくでしょう。（福島民報社の取り組みについては、紺野正人「原子力災害をどう伝えるか」八巻和彦〔編著〕『今を伝えるということ（「石橋湛山記念　早稲田ジャーナリズム大賞」記念講座二〇一六）』〔成文堂、二〇一五年〕一六七頁以下も参照）。

周縁である栃木県から伝える

それに対し、栃木県は地理的には放射能汚染の中心地ではありません。その周縁にあたります。ですが、その周縁である中禅寺湖ですらも、釣った魚は汚染魚とされてしまい、一部の魚の持ち出しはいまだに禁じられているのです。原発から約一六〇キロも離れた周縁で、五年が経過した今でもそのような状況が続いているのです。中心ではなく周縁で起こっている状況が、中心での問題の深刻さを提示するのではないか、と考えました。

こうした問題意識は、文化人類学者の山口昌男さんの「中心と周縁の理論」が発想の元になっているかもしれません。中心と周縁の理論は主に文化の側面から語られたものです。『知の祝祭　文化における中心と周縁』（河出書房新社、一九八八年）の一節にはこのような記述があります。

「中心と周縁の問題は、中心の内側に身を置いて見れば、周縁はマイナス的になる。しかし周縁には、周縁がもっている多義的な豊かさ、やさしさがあって、それを踏み台としてのり越えていくことができるという可能性が開けているのです。日本の中からばかり見ていたのでは、周縁を否定的に再生産しつづけるということになりかねませんけれども、周縁に身を置くことによって日本という次元を越えるきっかけが摑めそうです」

記録としての撮影

記録という意味で写真撮影者に求められるものはなんでしょうか。撮影者の思い込みや主観、意思の誘導で被写体を切り取ることはやめましょう、ということです。要は、ありのままに写しましょうということになります。

今回の取材が通常の取材と異なる点は三点あります。一点目は放射能は目に見えないので写真に写せないことです。二点目は撮影した写真から、文の構成を考えることです。そして三点目はその文が手紙形式だったということです。撮影者は放射能を写せないので、美しい写真を撮影しています。その写真が文章（今回は手紙）と同じページに掲載されたとき、写真をどう見るかの判断を読者にゆだねることにしました。

写真はただ単に記録しているにすぎないと思います。写真で訴えるということは、例えば「原発をやめろ」と糾弾することではありませんし、地元の風評被害をこれによって助長することでもありません。表現でなくて、ただ記録するという写真の精神というものは、冷ややかな感じがしないでもありません。ですが、それは逆にどこか一点で抵抗の精神にもつながっていくのではないかと思います。

例えば、「記録／記憶のサーキュレーション」（八角聡仁〔著〕・京都造形芸術大学〔編〕『現代写真のリアリティ』〔角川学芸出版、二〇〇三年〕所収）の中に、写真家の中平卓馬の主張として以下のような一節があります。「無数のアノニマスな記録写真が（自閉的な美学によって作品を統御してしまう）『表現』という意図を持たなかったがゆえに実現したことを、現代日本に生きる写真家は意識化し、方法化しなければならない」（カッコ内は著者による）。取材者として共感する部分があります。

この点は記録写真なのか表現の写真なのかによっても多少違ってくるとも思います。表現の写真であれば、自分の気持ち、意思を通していくことが可能です。新聞社の立場では、取材者（撮影者）の主観が一方的に入り過ぎると、読者をその方向に誘導するかもしれないという問題があります。そのために今回の写真企画では、自然風景などを中心に淡々と撮影しています。

手紙という形に込めた願い

英国人女性旅行家のイザベラ・バードが記した『日本奥地紀行』（平凡社、一九七三年）は、「日本初の外国人の旅行ガイド本」、あるいは明治維新当時の日本の地方の住居、服装、風俗、自然を細かく書き留めた名著と言われます。一八七八年六月中旬に東京を発って三カ月、日光にも滞在し、東北を北上した記録です。日光に関する記述も多くあります。

イザベラ・バードの文章は、遠い異国にいる妹への手紙集として書かれています。こうした手法は、珍しいものではありませんが、今回、私たちが日光の現状を遠い存在に語りかけるという構図を思いついた際に、何らかの触発を受けたかもしれません。一貫して、美しい写真で、目に見えない放射能汚染のある風景や自然を切り取り続けることと、写真と手紙という形態で寓話的に原発事故を描くことで、時空を越えた表現ができるのではないかという思いが生まれました。

四　写真で伝えた五年後の奥日光

あの事故から五年、伝えたい今

連載第一回目は、男体山を取り上げました。男体山は高さ二四八六メートル、この山の爆発で中禅寺湖ができたと言われています。取材では結局三回登りました。一回目は濃霧で湖がまったく見えませんでした。二回目は、六合目まで登ったのですが、その時に会社から呼び出しが入って戻りました。三回目にどうにか写真になりました。この日、少し風が強くて雲の流れが非常に印象的だったのを覚えています。

男体山山頂付近からの眺め（提供：下野新聞社）

これは連載の初回でしたので、どんな企画が始まるのかを知らせなければいけません。ですから「あの事故から五年　伝えたい今」という見出しにしています。中禅寺湖はマス釣りの聖地と言われていますが、放射能汚染でいまだに魚は汚染されたままです。食べることが禁止されるどころではなく、汚染物質として扱われ移動することすら禁止されています。そうした状況が今も続いているということを、手紙を通じてやんわりと伝えました。

降り注ぐ放射性物質

連載第二回目は小田代原という湿原を取り上げました。湿原には、通称「貴婦人」と呼ばれるシラカバの木が一本だけ立っています。早朝訪れてみると霧が漂い、光が差し込んでいました。幻想的な風景だと思いながらシャッターを切っています。こうした状況を見た時には、やはり放射能のことが少し頭を

小田代原の象徴、シラカバを包む朝霧（提供：下野新聞社）

早朝の中禅寺湖と釣り人（提供：下野新聞社）

よぎりました。放射能は目に見えないといっても、メタファーとして捉えられるのではないかと考えました。ただ、今回の企画に関しては、きれいな写真を撮っていこう、そこに文章が付け加えられることでどう判断されるかは、読者に委ねようと考えました。

釣り人を監視する悲しい光景

連載第六回目では釣り人を取り上げました。中禅寺湖はキャッチアンドリリースが義務化されていて、釣り人は釣った魚はすぐその場で返さなくてはいません。ですが、なかなか釣れないのです。私も胸まであるウェダーという胴長を着用しながら写真を撮っていました。その静寂の中で突然釣り人が、釣れたのでしょうね。思いっきり引いているような、突然動いた姿を撮影することができました。

この写真は、地元の漁協が、その年の釣り解禁を呼びかけるポスターに採用しました。ですが、私たちがこの写真につけたタイトルは、「釣り人を監視する悲しい光景」。キャッチアンドリリースを担保するために、この周りに民間の警備会社から雇った警備員が一定の間隔で並んで、釣った魚を持ち出していないか監視しています。きれいな写真ですが悲しい光景なんだという背景があります。

ハンターストン原発（スコットランド）（提供：下野新聞社）

グラバーの故郷を取材する

グラバーの故郷、英国スコットランドにも取材に行きました。スコットランドはチェルノブイリ原発事故で国土を長期間、汚染されました。さらに、老朽化した原発が多い英国は、原子炉廃炉の先進国でもあるからです。

スコットランドでは、春のサケ釣りで名高いディー川や、廃炉作業の進むハンターストン原発（A原発）の取材を行いました。A原発は二〇年以上前に廃炉が決まり、工事は進んでいますが、工期は二〇八〇年頃までかかるということです。訪れた四月はヒツジたちが出産の季節を迎えていました。

自然が見つめる人間社会

第二五回目の連載では、奥日光の千手ケ浜を取材しました。クリンソウの畑にシカが現れたところを撮影しました。この場所は、ロープや網で周囲を囲って、クリンソウの畑の中には人や動物が入れないようになっています。ですがどういうわけか、その間からシカが入り込んでいたのです。偶然の出会いということです。最初はずっと下を向きながら草をはぐくんでいたのですが、顔を上げた瞬間にシャッターを切りました。

五　「風評被害」と「報道の使命」

歴史的事実から目を背けてはならない

地方紙という性格上、「地域とともに歩む」というスローガンは捨てられません。例えば、紙面に東京や海外のことばかり掲載していたら、見向きもされません。地元のことがたくさん載っているのが地方紙です。しかし、放射能汚染報道について、県民からはどんな反応があるでしょうか。汚染濃

中禅寺湖畔の花畑に現れた野生のシカ（提供：下野新聞社）

度が低くなっていることや、指定廃棄物の中間処理施設問題がこじれていることなどは、その進捗に興味があるでしょう。しかし、五年前に県内がひどく汚染されたことや、今も魚が放射能汚染されているため持ち出してはいけない湖があることなど、こうした事実は、歓迎しない人も少なくありません。とくに震災直後、修学旅行のキャンセルが相次ぐなどし、ようやく立ち直りつつある地元日光にとっては、好ましくないと感じる人も多いのではないか。そんな危惧もありました。しかし、「未曾有の放射能汚染という歴史的事実から目を背けてはいけない」というのがわれわれの報道スタンスでした。

風評被害とどう向き合うか

風評被害の問題は、報道する側からすると難しい問題です。われわれが教訓にすべき報道のあり方に「所沢ダイオキシン報道」があります。一九九九年二月、テレビ朝日のニュースステーションが民間研究所の調査結果を取り上げて、「埼玉県所沢市の野菜はダイオキシン濃度が高い」と放送しました。これを機に所沢産の野菜価格が急落します。ところが、この調査で最も汚染濃度が高いとされたのは、野菜ではなく煎茶だったことが後で分かりました。

後に農家らがテレビ朝日に賠償と謝罪広告を求めた裁判では、一、二審とも、「所沢の野菜から高濃度のダイオキシンが検出されたという報道内容は主要な部分で真実だ」として農家の請求が退けられました。しかし、最高裁では判断が覆されます。正確にデータを伝える努力が軽んじられていたことが大きな問題とされました。所沢ダイオキシン報道は、和解という形でしたが、テレビ朝日、報道側が負けた訴訟としてかなり注目されました。

しかし、この点に目を奪われるあまり、ダイオキシン汚染に警鐘を鳴らした報道の意義を否定することはできないのではないか、という主張もありました。この報道をきっかけに、ダイオキシン対策法ができ、大気中に排出されるダイオキシンの総量規制が導入されるなど対策が進みました。所沢のダイオキシン濃度も大幅に下がりました。この時の最高裁判決でも、一人の裁判官が補足意見として「長期的には農家の人々の利益擁護に貢献した」と述べています。

震災直後は、放射能汚染との絡みでしばしば政府や福島県、栃木県側が使っていた風評被害という言葉ですが、インターネット社会の中で、商品イメージ、企業イメージを傷つけられるという局面で、しばしば取り上げられるようになっています。「名誉毀損」なのかどうかは、具体的に人の社会的評価を低下させるに足りる事実が告げられたときの、その事実の中身が正しいかどうかによります。それが、野菜と煎茶という間違いによって、敗訴という残念な結果になってしまいました。

調査報道を委縮させてはならない

しかし、こうしたことがジャーナリズムに最も期待される「調査報道」を萎縮させるようなことがあってはならないと思います。環境汚染や感染症の拡大など公衆衛生分野においては、読者や県民、国民に迅速に正しい情報を提供しなくてはなりません。被害の拡大を防ぎ、命を守るための情報を提供することをためらってはいけません。これを「風評被害」「名誉毀損」の懸念から躊躇するようであれば、ジャーナリズムの役割を放棄したと見なされる、そう思って私は現場にいます。

今回の原発事故における低線量被曝が長期に及んだ後にどのような影響があるのかは、だれにも分かりません。震災後の日光では首都圏からの修学旅行客のキャンセルが相次ぎました。地元の人々は現状では何の問題もなく日常生活を送っているのに、なぜそれほどまでに恐れるのでしょうか。日光の観光業者は精神的にも経済的にも大きく傷つきました。しかしわれわれは、地元の人々の苦悩をすくい取ることはできますが、キャンセルする側を批判することはできません。なぜなら、健康被害が全くないという根拠のある主張もできませんし、それができたとしても「ほんの少しでもリスクのあるところには行きたくない」という考え方も分かるからです。

では、「日光を避ける傾向」がようやく収まり、修学旅行客が戻ってきたこの時期に、原発事故報道をすることをダイオキシン報道に当てはめると、どうでしょうか。日光の観光業者は、報道により再び観光客が減少し損害を被ったとして新聞社に損害賠償を求めるかもしれません。しかし、その報道が客観的で正確な情報提供などの報道の目的を達成しているものであれば、まったく問題はないと考えています。

結果的に地域のためになる報道を

さきほどのダイオキシン報道では、結果的にダイオキシン対策法ができ、大気中に排出されるダイオキシンの総量規制が導入されるなど対策が進んで、所沢のダイオキシン濃度も大幅に下がりました。風評被害を受けたとしてテレビ朝日を訴えた農家の皆さんは、長期的に見ると自分たちの利益擁護に貢献したその報道と反目していたのです。ダイオキシン報道を念頭に置きながら、われわれも「この記録が結果的に日光の人々のためになる」と信じて仕事を続けました。

ですから、被害を受けた現況への怨恨や絶望感を徒らに代弁するのではなく、グラバーの祖国が被った同様な事故の教訓や対応を例にして、次の時代を切り拓くためのヒントや試みを紹介して、人々の心に希望の光を運ぶ作業として取材を進めればいいと考えました。

実際に現地の観光関連施設からクレームを受けたこともあります。しかし、「被害者であるわれわれが被害実態を矮小化する必要はない」と説明しました。その後は抗議がありませんでした。

「風評被害」と「報道の使命」はしばしば対立する問題ですが、目先の利害に縛られるのではなく、対象への尊敬や愛情を基にした将来への明確な視座が必要だと確信しています。

講義を終えて　追伸：グラバーへの手紙

あなたに福島第一原発事故の栃木県内での後遺症を報告した写真企画「グラバーへの手紙」が、ジャーナリストを志す学生に対し、幾ばくかの参考になるのではという提案を受け、早稲田大学で講義をしました。

栃木県が全国で二番目に放射能汚染された事実は、ほとんどの学生が知りませんでした。しかし、あなたのことは皆が知っていました。「長崎グラバー邸」「トーマス・グラバー」を知らない日本人はほとんどいないようです。ただし、晩年、日光の中禅寺湖畔に別荘を持ち、釣りを楽しんでいたことまでは、残念ながら。

「グラバーへの手紙」のタイトルの意味が分かってもらえればよかったので、あなたに関するそれ以上の説明はしませんでした。でも、息子さん、倉場富三郎さんのことも伝えた方がよかったのかもしれない、と後悔しています。あなたが亡くなってから三四年後。日本は世界大戦の中にいました。広島、長崎に原子爆弾が投下され敗戦を迎えることになりますが、息子さんは長崎で原爆に遭遇しています。そして数日後、長崎の自宅の洋館で自ら命を絶ちました。巨大なキノコ雲の残像を瞼に残し、息子さんは逝きました。

そして、息子さんが亡くなってから四一年後、東欧の原子力発電所が制御不能に陥った末に大爆発を起こしました。史上最悪の原子力事故、チェルノブイリ原発事故と呼ばれます。この事故では、約二〇〇〇キロも離れたあなたの故郷スコットランドもひどく汚染されました。二四年間もスコットランドから自由にヒツジ肉の出荷が認められなかったほどです。

あなたが愛した土地、愛した人が、放射線、放射能によって傷つけられてしまった。またしても、あなたが愛した土地の一つ日光、息子さんと釣りを楽しんだ中禅寺湖が汚染された現実を美しい写真とともに報告したことを学生さんたちに説明しました。


英国紳士だったあなたに愚痴を言いたいのは、今、超大国のトップが「フェイクニュース」などとマスコミ攻撃を続ける嘆かわしい時代になっていることです。しかし、フェイクニュース呼ばわりされるテレビ局の視聴率は過去最高の水準で、同様に攻撃されている新聞も購読者数を伸ばしています。情報が氾濫する時代になったため、実は、信頼される情報への関心は極めて高まっているのです。

私たちがあなたに送った写真は、震災から五年後の奥日光を写した真実です。信頼される情報をあなたに伝えられたと、学生さんたちの感想で確信を持ちました。「美しさが痛切さとなって、胸に迫ってくる」。あなたに伝えたかった真実を皆、感じてくれたようでした。

第三部

拠り所を確かめる

10　物書きの悦楽

著述家　菅野　完

一　仕事の入口

はじめに

「ラッキーパンチ」だったと自分では総括しているのですが、二〇一六年の四月に出版した『日本会議の研究』（扶桑社新書）で、早稲田大学から「石橋湛山記念 早稲田ジャーナリズム大賞」草の根民主主義部門の奨励賞をいただきました。また、先だっては、昔で言うところの「大宅賞」（現・大宅荘一メモリアル日本ノンフィクション大賞 読者賞）という賞をいただきました。最近は籠池のオッサン*をいじって遊んでいる、というのが私の仕事であります。

今日は「物書きの悦楽」と題してお話をいたします。終わったあと、皆さんに「物を書くのって楽しいな」と思っていただけたらいいなと思っています。

＊籠池泰典氏と森友学園問題　籠池泰典氏が理事長を務める大阪の学校法人「森友学園」が二〇一七年四月の小学校開学をめざして取得した国有地が、土地評価額の七分の一以下の価格で売却されていたことに端を発した問題。学園の名誉校長には首相夫人の安倍昭恵氏の名前があり、また一時は「安倍晋三記念小学校」の名前で寄付が募られていたことなどから、土地取得に首相が関与していたのではないかという疑惑が生じた。籠池氏は三月一〇日に学校設置認可申請を自ら取り下げ、その直後の一二日に菅野完氏の単独インタビューに応じ、稲田防衛相をはじめとした政治家との関係を明かした。

「在特会」との出会い

もともと私は一五年間普通のサラリーマンをやっていました。それなりの安定した生活、それなりの収入を頂戴し、都内で子どもを二人育てながらサラリーマンをやっていたのですが、二〇〇八年ごろ、「在特会」といわれる人たちに出会います。新大久保の街頭で人種差別的なプラカードを持って歩いている馬鹿どもです。

その後、二〇一三年になってのちに有名になる「レイシストしばき隊」という集団ができましたが、二〇〇八年ごろ初めてこういう人たちに出会ったときは、周りに一緒に彼らと闘ってくれる仲間がほぼいません。私一人きりでした。そのころの私はサラリーマンですから、守るものがたくさんあるわけです。もし自分がデモの行われる土曜日、日曜日に逮捕されて、月曜日に会社に行けなかったら、部下たちが困ってしまいます。捕まらないということが至上命題だったわけです。ですから、捕まらないために一生懸命彼らの中に入って、まるで彼らの仲間であるかのようにしながらICレコーダーを回し、写真を撮るという活動をしていました。

ヘイトスピーチは人権侵害

ちょっと醜悪過ぎて皆さんの気分を害するかもしれませんが、例えば「韓国人を殺せ」というプラカードを持って街の中を歩く人たちがいるのです。考えられないですよね。実際はこれを口に出して言っているのです。これは完全に表現の自由を逸脱していると私は思います。なぜならば、この表現というのは完全に他者の権利を否定しているからです。

よく「ヘイトスピーチは憎しみを煽るからだめだ」と言われます。ですが、憎しみを煽るからだめなのではないのです。ヘイトスピーチは相手の権利を侵害するからだめなのです。「ヘイトスピーチも表現だから自由なんじゃないか」と言われます。でも、ヘイトスピーチは自由なんかではありません。なぜならば、それが向かう相手の発言の機会を奪っているわけですから。権利の平等ということを考えると、相手の権利を一方的に侵害する表現はやはり問題だと言わざるを得ないはずです。

「同じ切り口」で話す人々

こういうプラカードを掲げている人に近づき、彼らの言っていることを聞き、彼らの読んでいる本を読んでみました。すると、世間では、こういうデモに参加する人たちは貧しくて将来に希望を持てない若い人たちだとよく言われるのですが、そうでもないことがわかってきます。デモの隊列の中には老若男女、金持ちからそうでもない人まで含めて、実に様々な人がいるのです。大学のキャンパスや普通の企業より、ダイバーシティに富んだ集団です。もっと不思議だったのは、そんなにダイバーシティに富んだ人たちなのにもかかわらず、みんな言うことが一緒だということです。判で押したように同じでした。例えば竹島の問題とか、慰安婦の問題とか、日韓両国に限ってもいろいろな問題があるにもかかわらず、どの問題に対してもまったく同じ切り口で彼らはしゃべります。ダイバーシティに富んでいるにもかかわらずです。不思議に思って彼らが読んでいる本や、彼らが見ているインターネットの掲示板や、彼らが聴いている音楽や、彼らが観ている映画を意識的に観たり聴いたり読んだりするようになったのが、二〇〇九年から二〇一〇年ごろでした。そこから、誰も知らないことを調べること、知らない人に話を聞きに行くことそのものの面白さに私は目覚めてしまったのです。「なんでこいつら、こんなけったいなことを易々とドヤ顔で言うんやろ」というのがすごく面白くなってきたのです。そしてこのときの調査や取材で「みんな、同じことを言っている」ということに気づき、その「同じこと」の出所を探していくと、のちに私のテーマとなる「日本会議」に行き着いたわけです。

世の中には不思議な人がたくさんいる

在特会や日本会議、そして籠池のオッサンと、私の取材対象には一見関連がなさそうに見えますが、私の中では「世の中ってこんなにも不思議な人がぎょうさんおるのやな」という点でつながっています。こういう不思議な人のことを丹念に書く人が最近減っているのではないか。もし私が物書きという商売で何らかのお金を得て生活していくのであれば、世の中の人がまだ見つけていないけったいな人、不思議な人、おかしな人のそばにいて話を聞き、その人にまつわる資料を読み、普通の人にもわかる日本語で書いてみるというのが、私にできることなのではないかと勝手に自分のテーマを設定したわけです。

それで、たまさか二〇一四年に書き出したのが、その変な人の代表例の日本会議だったわけです。そして、それが二〇一七年になると籠池のオッサンになっているということです。私の中では籠池のオッサンもそろそろ終わりで、二〇一八年に向けて、違うけったいな人、おかしな人を見つけていこうと考えています。二〇一七年後半の私の課題になってくるかなと思います。

フリーランスの過酷さ

こうやって自分の興味に基づいて試行錯誤して、何の訓練も受けていなかったにもかかわらず、一五年間のサラリーマン生活をやめて、「面白そう」というだけで、メシが食えるかどうかもわからないのに物書きの世界に入りました。

ウェブでの連載から始まった私のシリーズは、一年ほどで本になりました。結果、一八万六〇〇〇部売れたり、裁判の対象になったり、賞をいただいたりと、毀誉褒貶が激しいですが、それなりの話題になり、栄えある早稲田大学で講義をさせていただけるようになったわけです。けれども、私としては自分の好きなことをやっているという意識しかないのです。

前回ここに来たのは東京新聞の望月さんですね（本書1参照）。彼女は子育てをしながら働いています。私も子育てをしながら仕事をしています。そんな縁でよく二人で話をするのですが、私と違って彼女は組織の人です。彼女を見ると、「組織っていいな」と思います。

今日は「フリーランスって気楽で楽しいよ」という話もしようと思っているのですが、皆さんは、ゆめゆめフリーランスライターになろうとか、フリージャーナリストになろうとは思わないようにしてくださいね（笑）。絶対あきません。ほんまにアカン。ちゃんと三年生の夏になったら就職活動をして、早く内定をもろうて、大きな組織の記者になってください。

望月さん、菅官房長官の記者会見でワーワー言っているじゃないですか。あれをなぜ彼女ができるかは単純で、彼女は会社に勤めているからです。我々フリーの人間は記者クラブとの壁がありまして、参加できない。望月さんの活躍というのも、彼女が組織に属していればこそできることです。また、仮にやれたとしても、失敗したとたん誰からも相手にされなくなります。組織が守ってくれないので、こういう意味でもフリーなんてやるもんじゃないです。組織に行ってください
大きな組織に属さずに物を書くということはどういうことか。私には書斎がありません。自分の机さえない。ダイニングテーブルで書いてます。私は基本的にMａcと灰皿とたばこがあればどこでも仕事ができるのですが、やはりこれは極めて環境としては悪いわけです。朝の七時半に子どもは小学校に行って二時半ごろに帰ってきます。その間で物を書くのに割ける時間は四時間程度で、子どもが

帰ってきたら、「お父さん、ウルトラマンごっこをしよう」とか言って原稿どころではなくなるわけです。その数時間の間に、書かないといけないことをダーッと書くわけです。わずか一日四時間です。学校が週休二日だから強制的に私も週休二日です。たったそれだけの稼働で仕事をしないといけないのです。これは本当に大変なので、繰り返し申し上げますが、サラリーマンになりなさい。就職をしてください。

二　森友事件にかかわって

なぜ森友学園を取材したのか

偉そうなことばかり言っていますが、私がやっていることは、さっきから言っているみたいに単純です。変なことを言っている人、変なことをしている人を見に行くのが好きなのです。

今、私がメディアにコメントを求められたり、原稿を書いたりするのは、だいたい森友学園の籠池のオッサンのことばかりです。

そうだ、つかみで言うのを忘れていた、しもた。今日の朝、子どもに、「パパ今日帰ってきたらいるの?」「いないよ」と。「なんで?」と言われたから、「大学でおしゃべりしてくるんだよ」と言ったら、「加計学園?」と言われました（笑）。さすがうちの娘やなと。

繰り返しになりますが、「加計」はやっていなくて「森友」ばかりやっています。加計も裏でこちょこちょやっているのですが、なぜ私が加計をやらずに森友ばかりやるかというと、加計学園って森友学園問題よりものすごく悪質です。強烈に悪質です。めちゃめちゃ悪質なのです。でも、出てくる人はみんな普通の人です。

森友問題って、事件としてはすごいしょうもないんです。九億円の土地が実質二百万になったのですが、たった九億ですよ。なぜ「加計」のほうが悪質なのに「森友」ばかりやっているかというと、籠池のオッサンがおもろいからです。どう見たって変でしょう、あの人。実際変な人なのです。奥さんはもっと変です。

変な人って、深刻さの度合いは別にして必ず事件を起こすのです。私が日本会議に近づいたので、日本会議が事件を起こすと言っているわけではないのですが、変な人は必ず変なことをするんです。実を言うと、私が『日本会議の研究』の中ですでに森友学園のことはすこし書いています。当時からあの夫婦は変な人だというのがわかっていて、暇があったらあの変な夫婦を取材してやろうと思っていたのですが、ようやく森友事件として二月九日に朝日新聞が書いてくれたから、ちゃんと取材できるようになったわけです。

保護者対籠池ならば保護者、国家や社会対籠池ならば籠池

でも、いちばん最初は、あの夫婦にアプローチしたわけではありません。最初にアプローチしたの

はあの変な夫婦の被害者である、塚本幼稚園に子どもを通わせていた親御さん方です。

この人たちと大阪で取材をしているときに知り合って、保護者たちにインタビューを重ねていったわけです。インタビューは断続的に行われたのですが、ＩＣレコーダーの時間を合わせると、十何人から聞いて、一人頭一時間だから延べで一五時間ぐらいのインタビューを三日ぐらいかけてやりました。保護者たちの話を掘っていく中で、「安倍晋三記念小学校」という紙を見つけたのです。もっと調べていくと、園長先生の奥さんが「私は差別はしません、公平に子どもたちを扱っています。しかし韓国人と中国人は嫌いです」という訳のわからない手紙を保護者に送っていることも判明しました。

籠池夫婦のけったいさを立証する物証を集めていて、三月一〇日、籠池のオッサンの記者会見に行きました。そこで私と籠池のオッサンが初めて会うわけです。それで籠池のオッサンとは揉めるわけですが、隣に座っていた長男の籠池佳茂氏が「菅野さんにはあとで直に会うから」と言ってくれて、それにすがって二日後の三月一二日に、本人にインタビュー*をすることができたわけです。

その二日後の三月一四日、なぜかオッサンは急遽上京してきます。ＦＣＣＪ（外国特派員協会）で記者会見をするという話をしていたのですが、それを途中でキャンセルして、豊中にいたらいいにもかかわらず、私の家に来て、私が囲みの取材を受けるということがありました。

インターネットに動画が上がっているので見ていただければと思いますが、このときに記者団の中から、この前まで被害者である保護者の取材ばかりしていたのに、なぜ今は籠池さんの肩を持つのですかと言われたのです。あのとき私は、囲みの取材でなくマンツーマンの取材だったら怒鳴っていたと思います。ものすごく嫌な質問だったのですが、「保護者対籠池ならば保護者、国家や社会対籠池ならば籠池」という基準をメディアの人に提示しました。私はこの基準はまったく間違っていないといまだに思っていますし、いまだにこの基準の選定でメディアとほぼ毎日ケンカをしています。

私はおもろいオッサンとオバハンの話を聞きたかったと言いましたが、確かに籠池のオッサンとオバハンはおもろいのです。昨日（七月一〇日）も大阪府の参考人招致がありましたが、見ましたか。維新の議員がしょうもない質問をしたら、「そんな質問をする、議会制民主主義の基礎もできていない人が議員をやっていることに失笑を禁じ得ません」とか言いましたよね、府議会の中で。そんなことをすっと言えるぐらい、オッサンはやっぱりおもろいのです。オバハンは突然暴れ出すし、めちゃめちゃおもろいのです。おもろいから、カメラを据え置きで珍獣みたいに流していたらいいのですが、しかしそれは単純に人権侵害でしょう。やっぱり表現する人間としてそれは避けないといけないと思うわけです。

このポイントは私の中ではこれはゆるがせにできないのです。確かに私はおもろい人のところに行って、おもろい人間の話を聞きたい。それが私のモチベーションだと何度も言いますし、それにうそ偽りはないのですが、やはり基準は取材対象の人権を守るという点に置いておかないといけないと思うのです。

＊ハーバー・ビジネス・オンライン「【森友学園問題】籠池泰典氏　緊急独占インタビュー！　あの会見で語れなかったこと」（二〇一七年三月一三日　https://hbol.jp/133139）参照

三　言論人の姿勢

「公正な言論」は存在しない

よく新聞やテレビは、公明正大さとか公正さとか言いますが、世の中に公正な立場、公正な言論なんてないのです。あり得ないのです。

例えば大きな新聞の社会部に入りました。人事部から「社会部の森友・加計チームに行け」と命じられました。そして、「お前、ちょっと現場に行って取材してこい」というのがデスクの指示でした。こういう事例を考えてみましょう。

自分で品川駅なり東京駅に行って、新幹線の売り場で、岡山までの切符を買うか大阪までの切符を買うか、すなわち「加計」を取材するか「森友」を取材するか、自分で選択したとします。もうその瞬間からバイアスはスタートしているのです。どの事実を取材しにいくか、どの現場へ行くか、誰と話をするかという判断が自分の中で走っている以上、もうバイアスはかかっているのです。

だから私は逆に「自分は公正である」なんてそぶりは見せてはいけないと思っているんです。それはかえって不誠実だと。公正なんて無理なのです。私たちは神ではないのですから、どの事実を採用するか、誰に話を聞きに行くかという段階で、もうすでに公正ではないのです。人間のやることですから、必ずバイアスがかかっているのです。

バイアスを取り外す手続き論

しかし、そこであぐらをかいてはいけません。そのバイアスを自覚しつつどうするかが重要になってくるわけです。理系の皆さんのほうがもっとシビアだと思いますが、バイアスがかかったまま論文にできないのと同じです。そのときに必要なのは手続き論であるはずです。

私がぜひサラリーマンになってくださいと言うのは、実をいうとここなのです。サラリーマンになると、いかに自分のやっていることが公明正大なことだ、公正なことだと思い込んでいようが、上司はちゃんとそれを見越していて、手続き論を徹底的に叩き込んでくれます。それも極めて若いうちに。

私がなんとかかろうじて物書きができているのは、私の前職がとてもお役所的な会社で、手続き論にうるさい会社だったので、私自身が何をするにも手続き論にうるさいからだと思います。「内容はどうでもええ、仕事のクオリティはどうでもええけど、私に話を持ってくるときに踏んでいる手続きが違うよね」という上司にサラリーマン時代に鍛えられたので、そのおかげで私はフリーでもかろうじて仕事ができていると思うのです。

それをせずに、例えばたまさか大学を卒業したばかりの二二、三歳でドーンと売れたからフリージャーナリストになるという人が大概死滅しているのは、その手続き論が抜けているからです。手続き論は極めて重要。人間のやることですから、どんな取材でもどんな原稿でも絶対バイアスはかかっているのです。そのバイアスがかかったものを、バイアスがかからないように世の中に問うには、きちんとした手続きを踏むくせをつける。これは訓練とくせの問題なのです。

常に弱いものの側の立場で書く

もう一つ、自分がバイアスまみれなのだということを認識できたら、では、「そのバイアスをどこに置こうか」ということが重要になってくるはずです。できたら、民主主義社会で言論人をやるなら、自分の軸足の置き所はたった一つです。「常に弱いもののそばにいる」であるはずです。「弱いものの側の立場で書く」ということを徹底して、なおかつそれで手続き論を踏んでいたら、一〇〇点のものは書けないかもしれないけれど、少なくとも八〇点のものは書けるはずです。

日本のメディアはこの軸がたまにズレます。特に情報系の番組はそうした傾向が顕著ですね。いまだに八〇年代の日本の安っぽい言論のせいで、「弱い者の側に立つというのは決して正しいことではないかもわからない」という小林よしのり程度の人間が論じがちな安っぽい相対論が蔓延していますが、そんな話に耳を傾ける必要はありません。言論人であれば、胸を張って弱いものの側に立つべきです。それで十分なのです。それで、弱いものの側から物事を見て、手続き論的に間違いのないものを出せばいいだけです。そこは自信を持ってやればいい。

私が今、籠池のオッサンとべったりくっついているのは、おそらく今の日本の社会で、籠池のオッサンほど弱い立場にいる人間はいないからです。

確かにさっきお話ししたように、「私は朝鮮人と韓国人は嫌いです」なんていう手紙を出しているのだから、あのオッサンとオバハンは、レイシストです。一切許容できない。そこは絶対に許さないです。保護者と私が会っているときは徹底的に保護者側です。その点で籠池を追求するときは徹底的に保護者側。しかし官憲や社会が籠池を弾圧するというのならば、徹底的に籠池側。この原則を、偉そうなことを言うみたいですけれど、皆さんも社会に出たら絶対に守ってほしいのです。

今の情報系メディアというのは、「弱い側にいればいい」ではなく「数字がとれるほうがいい」という点に軸足をおいています。これは間違いです。これは言論として間違いだというだけでなく、経営上も間違いだと思います。マネタイズの観点からもそれは間違いないと思う。合理的な経営判断としても、数字さえとれればいいというのは、長期的に見ればいつか自分の経営基盤を失います。

売り上げさえ立てばいいという考え方は会社を腐らせるのです。これはたぶん大学の経営も一緒だと思いますし、大学の先生の講座もそうだと思います。人気講師になって生徒の数が集まればいいというものではないのと一緒。数字さえとれればいい、売り上げさえ出せればいいというのは、長期的に見れば会社を腐らせるのです。

しかし、自分はなぜ物書きをやろうと思ったのか、そのときのプリンシパルは何かというところを「常に弱い側に身を置く」に設定していると絶対にズレることがなく、またシンプルで忘れることもないのです。手続き論的に完璧で、弱いものの側に立ってものを書くということをしていれば、間違いは絶対起こさない。間違いを起こさなければ、大きくはなれないかもしれないけれど死ななくて済みます。私たちみたいなフリーの人間は、特にそこを心がけないとすぐ殺されてしまいます。

なぜ単独インタビューが取れたのか

ちょっと話は飛びますが、この間、別のところで、「なぜ籠池さんみたいな人にアプローチできたのですか」と言われました。これも私が正々堂々と、弱いほうに行きますということをオッサンに言ったからです。実を言うと、籠池のオッサンと初めて会った瞬間はほぼ掴み合いのケンカでした。「お前のせいでうちの学校は潰れたんや」みたいなことをオッサンは言うし、「やかましいわ、このくそレイシスト」と私は平気で言いました。それで怒鳴り合いのケンカをして、六時間後にあのインタビューになったのですけれど、そもそも私がなぜオッサンをインタビューしようと思ったのかというと、三月一〇日の記者会見で、私は「オッサンが弾圧を受けている」と感じたのです。

これは細かい話で、皆さんもう忘れているかもわかりませんが、本来であれば三月二〇日に、大阪府は私学設置審議会で正式に「瑞穂の国記念小学校」の設立にゴーサインを出す予定だったのです。しかし、報道が過熱して、政治情勢的に大阪府はハンコが押しにくい状態に追いこまれました。そんななかで突如、籠池側から「申請を自ら取り下げる」と言いだしたわけです。その話を聞いたその瞬間、それまで「悪魔・籠池」という認識しかなかった私の頭の中に、「大阪府から弾圧されている籠池」という要素が加わったのです。籠池のオッサンとオバハンから幼児虐待を受けている保護者や子どもの声を聞くのと同じで、大阪府から虐待を受けている籠池のオッサンの話も聞かねばならぬと思って、どうしても話が聞きたいと思ったわけです。

でも、この商売をしていたら誰でもそう思います。特に三月一〇日のあの記者会見の現場にいた人間からすると、そんなの誰でもわかります。なぜこのオッサンはこんな変な判断を下したんやろ。このまま私学設置認可のハンコをついてもらわなくても、待っていて大阪府が押せませんと言ったら損害賠償請求ができるわけですから、オッサンは座っていても勝ったはずなのです。なぜこんなアホな判断をしたのだろうとみんな気づきます。つまり、あの瞬間、何人もの記者が、これは大阪府によるオッサンに対する弾圧やということに気づいて、ダーッとオッサンのインタビューをとりに走ったわけですが、私だけがとれたわけです。

権力勾配、デュープロセス、突き放す勇気

これは、先日東京新聞の望月さんから指摘された、「なぜ菅野はあのとき籠池のインタビューがとれたか」という彼女なりの総括です。彼女の言葉を使うと、「権力勾配を感じるセンス」があったからだと。権力勾配というのは、要は弱いものの側に絶対に立つということです。「デュープロセスへの理解」というのは、彼女がバババババッとしゃべったのを私なりにまとめたものですが、自分が取材している対象に関連する関連諸法、関連法規、関連条規・条例等々の知識です。特に今やっているのは犯罪報道ですから。

国家権力が誰かを弾圧するときというのは、江戸時代ならいざ知らず、必ず何らかの違法行為に対

象者を問うわけです。土地取引こそが森友問題の重要な本筋の話ですが、籠池のオッサンは土地取引とは別の容疑で逮捕されるでしょう。その容疑がどのようなものになるか？　果たしてそれは法律論としてまともな運用なのか？　という予測がある程度つかないと、渦中の事件の取材は難しい。

最後の三つ目、「突き放す勇気」ですが、「菅野さんって、人のこと平気で突き放しますよね」と望月さんに言われたのです。そのとおりだと思います。しつこくなかったのだと思います。望月さんがさすがだなと思ったのは、「菅野さんは、籠池さんのことを徹底的に馬鹿にしながらも、弱いからと思ってそばにいるでしょう。たぶん本人はそっちのほうが安心なのだと思います」と言ったことです。私も実際そうだと思います。その突き放す勇気があって、初めて被取材者と取材者の間に信頼関係が生まれると思うのです。

取材対象に「のめり込む」ことの危険性

最近はやりのスポーツ系のノンフィクションが私は大嫌いです。取材者と近過ぎるからです。あるでしょう、「八月の甲子園の白いマウンドの向こうに夢が見えた」とかいう二行から始まるスポーツノンフィクションが。ああいうの私は大嫌いなんですけど、その理由は、取材対象者と近過ぎるからなんです。その取材対象者のことをまるで神様のように思っている。特にイチローのノンフィクション系は、イチローが生き仏みたいに出てくる。

そんなこと、どうでもいいのです。相手のことをちょっと距離を置いて見るというと簡単に聞こえるけれども、怖いのは、長時間のインタビューをしていたら、一回こっきりのインタビューでも、必ず相手に没入してしまう瞬間が来ることです。相手の考えていることが手にとるようにわかるときがあるのです。そこで距離が必要以上に縮まってしまう。次、この質問をしたら、この人絶対こう言うはずだと思ったら、案の定その答えが返ってくる。それが丁々発止うまいことなっていくと、相手に没入して何とも言えない雰囲気になるのです。人はそういうインタビューを成功だったと言うのですが、私はそういうインタビューは成功だと思いません。

私がインタビューをするときには必ず、もう一人の自分が頭のうしろにいるようにしていて、調子に乗っていたら、後髪を引っ張るようにしています。「ちょっと調子に乗りすぎやよ、お前」といって引っ張るようにしているのです。絶対のめり込まない。

私は、悪いことをしている人、変な人、宗教の人、カルトの人、籠池のオッサンみたいな半分犯罪者を取材しているので、その危険性は少ないです。けれど、いい人、特にスポーツ、芸能人をインタビューしているときは、のめり込んで相手のことが見えないようになることがあります。そうなると相手を過大評価してしまう。絶対にのめり込まないために何らかの工夫を自分の中に置いておいたほうがいいと思います。

取材に感情は不要

最後に、「のめり込まない工夫」ということで、対人取材で不必要なものを挙げてみました。よく言われるのです。「取材しがたい相手には熱意を持ってぶつかれば取材できるはずだ」とか、「誠意を持った手紙を書けばインタビューに応じてくれるはずだ」とか、「取材相手には愛情を持とう」とか、「取材相手のやっていることや言葉に共感しよう」とか、「なぜ自分が取材するのかということに対する正義感とか使命感を常に忘れないでおこう」とか、あるいは「犯罪被害者に取材しに行くときは、きちんと同情を示そう」とか言いますが、こんなもの全部要りません。一切必要ない。むしろ邪魔です。プロに感情はいらないのです。正義感とかもいりません。「弱い者の側に立つというのは正義感ではないのか」と言われるけれど、それは正義感ではなくて原理原則の話で、弱い者の側に立って物事を書かなかったら、何のためのマスコミュニケーションなのかわからないというだけの話です。それは正義とかではなく原理原則、プリンシパルの問題なのです。それ以外の誠意とか愛情とか、何も要りません。

私は今まで取材相手に事務連絡以外の手紙を書いたことは一回もありません。これは、必要以上に自分が怪我をしないための予防線だと思うのです。自分の手元にあるネタ元を過大評価しないための予防線でもあると思います。もちろん人間関係、プライベートのおつき合いの中ではこれはめちゃくちゃ重要ですよ。お友達づき合いとか家族づき合いとか、パートナーとのつき合いの中では重要ですけれども、取材は仕事の一環としてするわけですから、そういうことはいらないわけです。

一方で取材対象との人間関係を非常に大事にしていた時代がナベツネさんとかの時代です。取材相手と麻雀して仲良くなったり友情を築いてネタをとっていく。その手法もありなんでしょうが、結局、あの人たちは今、日本をゆがめているだけでしょう。こういうべったりなものを仕事に持ち込む必要は一切ないんです。

相手への敬意だけは忘れてはいけない

では、何が必要なのか。最後に忘れてはならないのは、「相手への敬意」だけです。敬意は絶対に持っています。どんな人に対しても、です。あと重要なのは、皆さんの「知性」です。現場に行くときには、パソコンと、ノート一冊と、鉛筆一本と、相手への敬意と、大学で培った自分の知性さえ持っていけば、もう二〇一七年です、今後どんな技術の発展があるかわかりませんが、もはやどんな格好をしたってどこでも仕事ができるようになっているのです。

この技術の恩恵を最大限に享受して、私はべつに皆さんにものを教えているつもりはないので、私は皆さんのことをライバルだと思っているので、現場で会えたらうれしいと思います。

講義を終えて　悦楽の追求

ＩＣレコーダーを相手に見せ「お話、記録のためにも録音しても良いですか？」と尋ねる。一瞬の躊躇ののち「ええ、いいですよ。しかし私の話なんか聞いてもなんの役に立つのか……」との答えがあって、ポツリポツリと相手の話が始まった。

「あまりこういう話を人様にしたことがなくて。それに、私、話し下手で、いつも息子に怒られてます」という言葉に嘘はないだろう。確かに、話の内容は論理的とは決して言えず、時系列さえ怪しい。だが、証拠として見せられる資料の数々は衝撃的と言っていいものばかりだ。「これ、中学二年の息子が持って返ってきたプリントなんですけどね」と示されたＡ３大の印刷物は、担任教師がつくったものだという。昭和初頭前後の日本史に関するプリントだが、ご丁寧に「日中戦争」という言葉の後ろに（支那事変が正式名称）、「太平洋戦争」という言葉の後ろには（大東亜戦争が正式名称）との注意書きがある。細かいフォントでびっしり書き詰めらたプリントの内容はおおよそ「欧米列強に追い詰められた我が帝国は、東亜の解放のためやむなく立ち上がった。敗戦したといえども、その結果はアジア諸国解放という結果を生んだ」というもの。自虐史観ならぬ、自己陶酔史観だ。

驚くべきことに、このプリントが配られた中学校は私立ではない。埼玉県某市にある公立中学だ。公立中学の教師が自分の担任のするクラスの生徒に自分で勝手に作成したプリントを配布したという次第だが、保護者は「日本史の授業の一環としてならまだ理解できるんですけど、当時、日本史の授業は江戸時代とかを扱っていたはずで、昭和の話は関係なかったと子どもは言ってるんですよね」と証言する。真偽を確かめるために教育委員会に取材申込をしているが、現状まだ回答はない。

我が子を小学校・中学校に通わせる普通の保護者たちが私の目下の取材対象者だ。こちらから探し当てたのではない。拙著を読んでくださったり、新聞や雑誌に載った拙稿をみて、向こうの方から「ぜひ、話を聞いてほしい」と連絡をくださった方達ばかり。「これまで新聞やテレビに『最近の公立小学校中学校はおかしいから取材してほしい』と何度か依頼しましたが、取り合ってもらえず、モンスターペアレント扱いまでされてしまって」と肩を落とす保護者までいる。「学校や教育委員会を告発したいんじゃないんです。今子どもを育てる保護者として、正確に『今の時代がどんな時代か』を記録として残してほしくて、それなら、あれを書いた菅野さんだろうと、藁にもすがる思いで連絡したんです」

こう言われた時、物書き冥利に尽きるとはこのことだと嬉しく思ったが、同時に、こうした小さな声を誰も取り合わない現状に失望もした。子どもや保護者たちの声なき声に、メディアは応えられているのだろうか？

小さな声や声なき声を拾い集めるためには、現場に潜り込むしかない。そこにこそ真実が潜んでおり、その真実を見つけ出すことこそが物書きの愉悦であると信じて、今日も現場でＩＣレコーダーを回す。

11　現場で感じた「違和感」から社会の「歪み」に迫る

NHK大型企画開発センター　チーフ・ディレクター
小川海緒

一　現場で感じた「違和感」にこだわる

はじめに

私はテレビ業界に身を置いて二〇年になりますが、正直言って今も「報道」というものが何なのか分かっていないところがあります。性格がひねくれているのか、「こうあるべきだ」「こうだ」と言われていることに対して、「それって本当なの?」とどうしても考えてしまうのです。ですから今日は、ジャーナリズムの「正論」は話せないかもしれません。ですが、番組制作の現場に少し長く身を置いた人間として、なるべく取材現場で考えたことを正直に語りたいと思います。

私はＮＨＫの大型企画開発センターという部署に在籍しています。主に「ＮＨＫスペシャル」という番組をつくっています。NHKの看板を張っている番組であり、中身もスペシャルでないといけませんが、テーマは何でもいいのです。経済を描こうが人を描こうが。ニュースは速報性も求められますが、番組の場合は「時代」を描くとでもいいますか、ニュースの裏側にある社会の空気や流れのようなものをあぶりだしていくものだと思っています。

では、どんな番組をつくってきたのか。今回こうした機会を頂いて、自分なりにつくってきた番組を振り返ってみました。駄作も多く、情けないやら恥ずかしいやらですが、自分なりに現場に身を置いて感じたこと、例えば痛かったこと、泣いてしまったこと、怒ってしまったこと、感動したこと、そういったことをなるだけ正直に描いてきたつもりです。

闇雲に現場に入っているわけではありません。取材テーマを決めると、その現場が持つ社会的背景や、そこにある正義、悪といったものについて、時間が許す限りあらゆる角度から勉強します。そして、現場に入ると、勉強では知り得なかったことを教えられて、最後にそれらすべてを咀嚼した上で何を伝えるべきか考えて、番組にしています。

ただ、そうする中で難しいと思うことがあります。現場に入ったときに、それまで必死に勉強し理解してきたことが全然違ったり、その知識が吹っ飛んでしまったりすることが多々あるのです。よく起きる、というより、ほぼすべてにおいて起きるのです。そのときに自分が何に着目し何を伝えるのか、自分自身が問われる。毎回そんな気がしています。

ニュース現場で感じた報道の意義

私がかつてニュースウォッチ9という部署にいた時に感じた「違和感」についてお話しします。この時の体験は、今も番組作りにおいて大きな教訓になっています。

ある時、三週連続で大きな殺人事件が起きました。ニュースでは、殺害の方法や加害者の生い立ち、人柄、そして、被害者家族の悲しみ、怒りといったものを連日報道します。すると、視聴者の多くはどうしても加害者への憎悪を募らせていきます。

取材する自分たちは、加害者への怒りを募らせつつも、取材を続ける中で、事件の背景にある社会の闇のようなものをクローズアップしていかないといけないと思うのです。ですが、この時は、先週起きた殺人事件のことを忘れて次の殺人事件を取材していました。その次の週になると、またそれも忘れて次の事件を……。社会の闇どころではありませんでした。

三週目に無差別殺人事件が起きた時のことです。すべてのニュースが一斉にその報道に向いていく中で、ある上司が「なんでこんなに殺人事件が続くんだ。今日のニュースではちゃんと怒りを伝えよう」と言いました。違和感を覚えたのは、その「怒り」でした。「怒りを伝えることがジャーナリズムでいいのか」と感じたのです。

被害者家族や加害者家族、被害者の友人のように、当事者に近い人たちは、冷静に判断して事件を語ることはできないと思います。ですが、第三者である私たちにはそれができるはずです。マスコミは、「国民の知る権利を代弁する」と言われます。それは大前提です。けれどもそれは悲しみや怒りにただ同調するのではないはずです。報道が加害者への憎悪を増幅させる装置になってはまずいと思ったのです。

もっと言うと、犯罪者をたたくことは社会的に制裁を加えるということです。それは報道機関でなくてもできると思うのです。なぜ加害者はこんな残忍な殺人という行為に至ったのか、そこに至るまで彼はどう生きてきて、どのようなことが彼の身に起きてきたのか。われわれが生きる社会の歪み、膿といったものが、殺人事件として表に出てきたのかもしれません。それは私たちに関係ないとは言い切れないのではないのか。実際に殺害現場に立って取材をしていると、取材先の誰もが怒りや悲しみを同じように口にします。でも、殺人事件が続いたときだからこそ、怒りや悲しみだけではない社会性についてちゃんと考えないといけないのではないのか。取材で深めるのは、「同じような悲劇が起きないために社会が考えなければいけないことは何なのか」ではないのか。そのためには時間がかかります。でも、事件を通して、社会の膿の正体を知ることができれば、それが社会の共有財産になります。そこから何か教訓を導き出せれば、それこそが報道の意義だと思います。

もちろん私も怒りは感じますし、怒りを番組で出してもいいと思います。人間の命が奪われているのですから。ですが、怒りを番組の中心に据えた瞬間、ほかのことが見えなくなってしまいます。やはりこれではまずいと思います。

災害報道における使命

一方で、報道機関の役割として災害報道があります。現場は圧倒的に悲しみに支配され、どこに怒りをぶつけていいか分からない人たちで溢れています。殺人事件のように、社会的背景などと言ってる場合ではなくなります。私たちは、あの手この手で報道するしかありません。

たぶんわれわれ人間にとって、一番大事なものは命です。自分の命だったり、家族の命だったり、友人の命だったり。災害などはそれを突然、予告なく奪ってしまいます。

では、その命を奪われないために何ができるのか。その答えを考えるために、「この人はなぜここで命を落としたのか」ということを取材して伝え、徹底的に考えていく。そのことはわれわれ報道機関の最低限の使命だと思います。

二〇一一年の東日本大震災の時も、私は、福島、宮城、岩手を横断しながら様々な現場に入りました。どこへ行ってもつらいことばかりです。当たり前のように人が亡くなっていますし、家も奪われ、どこをどう切り取っても悲しみが溢れています。ひたすらニュース企画などを出し続け、その現場で何があったのか、そのことを伝え続けました。

ニュース企画が落ち着いた後、私は大槌町（岩手県上閉伊郡）の小学校の一クラスに一年間密着して番組をつくりました。なぜ多くの現場を体験する中でここを選んだのか。それは、取材に行くとみんなとにかくよく笑っていて、元気だったからです。頭では被災地の子どもたちだと理解しているのですが、一人一人にカメラを向けるとそれが全く分からなくなりました。ある意味ショックでした。

その違和感を番組で探ることができれば、本質的な何かが見えてくるかもしれないと思ったのです。自分にとってはチャレンジでした。

取材ではまず、「分からない」ことから始まります。「なんで笑ってるの？」なんて聞けません。どんなに知りたくてもそれを聞いたらアウトです。カメラは時に「武器」になり得ます。どんなきれいごとを言おうが、他人の敷地にずかずか入り込んで記録するのですから。そこで、とにかく子どもたちと同じ時間を一緒に過ごすことにしました。少しずつカメラを向けていくと、中にはカメラに向かってピースサインをする子どもが出てきました。私はこういったカメラを意識したカットが好きです。よくカメラを意識しない自然なカットを求める人もいますが、それは逆に不自然に感じてしまうのです。そもそもカメラが入っていることが不自然なのですから、意識するほうが自然です。ですから、こちらから何かを無理に発してもらうことはせずに、ひたすら近い場所に立って記録することにしました。

「時間」を記録する

学校では授業にも参加して、体育ではデジカメ片手に一緒に走りました。避難所に帰れば一緒に弁当を食べて、鬼ごっこをしたりゲームをしたり。子どもたちの生活の中に自分がいることが「当たり前」になってもらうようにしました。すると例えば、震災前のサッカー部の写真が見つかった時、子どもたちと一緒に見ていると、「この子は亡くなっちゃった」と教えてくれるのです。すると、その子の思い出をみんなが語り始めます。私はその言葉や表情をただ黙って記録する。そうしていくことで、少しずつ彼らの置かれている環境が見えてくるのです。子どもたちからすれば一緒に遊んでくれるおじさんでしかなかったかもしれませんが、それが良かったのかもしれません。時間はかかるのですが。

一つ分かったのは、子どもってすごく正直なんだけど、悲しみを明るさで隠してしまうのです。そのことに気づかない時は、笑っていることが理解できなくて、カメラマンとケンカにもなりました。カメラマンからすれば、笑顔ばかり撮っていても「番組にならない」となるのです。悲しいはずの現場が映像では悲しく見えない。でも、実は笑っていることが悲しいことの裏返しだと気づいた時、子どもたちにとって震災がどれほど大きな傷として心に刻まれたのか、分かった気がしたのです。

この時の教訓は、現場に入って、自分の想像を超えたものが目の前に現れた時にどうするかということです。時間がなければたぶん排除してしまいます。それを排除しないで、徹底的に考えて、取材をしていかなくてはなりません。たぶんそこには近道はありません。同じ場所に立って時間を記録することが唯一の道だと思います。被災地で笑顔を見せる子どもたちを通じて、われわれは何を考えなくてはいけないのか。そこから何を導き出せるのか。現場に入った人間は真面目に考える責任があります。だからやるしかありません。

つまり、「こうである」と思ったことを切り取るのではなく、現場で感じた違和感のようなものの理由を本気で考えて伝える。それが、本当のジャーナリズムではないかと考えています。

災害現場で見た人間のリアル

話は少しそれますが、小学校に密着している時にこんなことがありました。被災地ではホテルがありません。避難所に泊めてもらうわけにもいきません。結局、被災地から車で一時間半ぐらい内陸に入った山奥のラブホテルが唯一空いていたので、そこに泊まっていた時のことです。

震災から間もないのに、朝から大勢の人がやって来るのです。若い人からお年寄り、家族連れもいました。ある家族連れに話を聞いたら、「被災地では風呂に入りたくてもなかなか入れない。やっと友人から車を借りることができたので、風呂に入ろうと山奥までやって来た」と言うのです。小さな子どもも含めて家族みんなでシャワーを浴びて、すっきりした後、一本のジュースを回し飲みして笑っていました。まだ見つかっていない家族もいるし、家も津波に流されたけど、「久しぶりに笑ったね」なんて言いながら。悲しい一方で、何というか美しく見えたのです。

山奥のラブホテルにやってくる人一人ひとりに物語があります。私はそこで被災地で生きる人たちのリアルな姿を初めて見た気がしたのです。震災番組でラブホテルを舞台にするのは、そう簡単ではありません。実際できませんでした。でも、悲しみをたくさん撮るよりも、ラブホテルでようやく笑うことのできた家族のほうが、人間の逞しさとか震災のリアルな姿が伝わったのではないか、今も考えることがあります。

二　危機に立つ日本のジャーナリズム

報道の「忖度」について

皆さんジャーナリスト志望ということなので、今、後輩たちと一緒に番組をつくりながら感じていることを少しお話しします。番組の編集をしていて、難しい話になればなるほど、分かりやすくしようとして、自分の知っていることや、社会の常識と言われるものに当てはめていこうとする傾向が強いと感じます。たぶん、そのほうが楽なのです。ですが、これはやはりまずいと私は思います。知らず知らずのうちに、社会の常識とされているところに社会を誘導してしまう可能性さえあると思います。

よくよく考えると、社会が報道を変えている感じさえあります。今、「忖度」という言葉が良く言われますが、「こういう社会だ」と勝手に思い、「こうあるべきだ」と何となく思っていたことが現場で違ったときに、現場で見てきた人間であるにもかかわらず、「これは分からないから、こうしたほうが分かりやすい。社会の常識ではこっちでしょ」として「忖度」してしまうのは危険です。

ニュースの現場では、少しでも早く情報を掴んで他社を抜く「特ダネ」が重視されているところがあります。それは裏返せば、権力側が出したい情報だけをメディアにリークすることで情報操作できてしまうことを意味します。権力の監視が一つの役割であるメディアにとって、このシステムは危ないと感じます。戦時中、多くのメディアは大本営発表をそのまま伝えました。戦争反対なんて言えば、記者クラブ出入り禁止になって情報が取れなくなってしまいます。戦後になって、従軍した記者が現場で感じた違和感を伝える書籍などがありますが、その当時は誰も「おかしいのでは？」と思っても口にできませんでした。その結果、戦争をあおってしまったのです。その反省から、メディアの役割として「権力の監視」があるはずなのに、スピード重視の「特ダネ」が邪魔しているのではないかと感じることがあります。

権力側の発表に対し少しでも違和感を覚えた時に立ち止まれるか。「おかしい」と感じたことにどう迫りどう掘り下げていくのか。何を描くか。その角度の高さとか、視点の深さ、面白さ、そういったことをジャーナリズムが目指していかないと、世の中がおかしくなってしまうのではないか。もちろん、記者も必死で情報を取ろうとしているのですが、今のシステム上、それが報われない時代になっていると感じます。ですから、分からない時こそ、分からない理由を探る。是非、そのことは心に留めて頂ければと思います。

三 〝描きたいこと〟と〝描くべきこと〟

名もなき小さな人々の物語

「ジャーナリズムとは何か」について、私は明確な答えを持っていません。自分がジャーナリストかと聞かれればちょっと首をかしげてしまいます。

でもかつて少し憧れたことはあります。皆さんと同じ学生のころは、ノンフィクションにはまった時期があって、沢木耕太郎の『敗れざる者たち』（文春文庫）や『一瞬の夏』（新潮文庫）、開高健の『ベトナム戦記』（朝日文庫）、柳田邦男の『マリコ』（新潮文庫）、藤原新也の『東京漂流』（朝日文庫）なんかが好きでした。彼らのような仕事をしたいと大それた夢を思い描いたこともありました。「ジャーナリズム」という枠なのか、それさえ分かりませんが、決して陽の当たらない、名もなき小さな人々の世界の物語。登場人物はその世界で必死に生きていて、そこにある小さな感動が圧倒的に迫ってくる。大上段に「この世界はこうだ」と言われなくても心に響いてくるのです。

ノンフィクションではありませんが、井上ひさしの『不忠臣蔵』（集英社文庫）という作品があります。これは、自分の報道に対する考え方の根源のようなものが詰まっている、そんな気がしている作品です。普通、忠臣蔵と言えば、かたき討ちをした四七人が美談として語られますが、この作品は、討ち入りに参加しなかった家臣たちの物語が、フィクションも交えてですが紡がれています。当時の赤穂藩には三〇〇人を超える家臣がいて、実際に討ち入りしたのは六分の一弱という事実から発想して、「参加しなかった人たちを徹底的に描いたほうが、日本人というものがはっきり出るんじゃないか」と、井上さんは考えたのです。これなんか、私の考えるジャーナリズムそのものです。「四七人が討ち入りに行ったことが美談」ということが社会の常識だとしたら、討ち入りに行かなかった人たちは、常識ではないところにいるのかもしれません。ですが、この人数を見れば分かると思いますが、二五〇人強が行かなかったわけですから、当時からするとその二五〇人のほうが常識で、限りなくわれわれに近かったと思うのです。井上さんの言う通り、日本人のリアルではないかと思うのです。

ただ、残念ながら、彼らの圧倒的な筆の力にはどうやっても太刀打ちできません。憧れるけど無理。でも、テレビでドキュメンタリーをつくるとき、こういった世界観はつくってみたいと思うのです。何か結論を言うのではなく、その世界をしっかり体感して、映像の力を借りながらそのリアルな世界を伝えていく。二〇年経ってもまだできていないので、今も無理を言って現場に残してもらっています。

ディレクター人生を変えた番組

大上段に構えるのではなく、その世界のリアルを伝える。毎回、自分なりにチャレンジしているのですが、今振り返ると、初めてつくったＮＨＫスペシャルに少しその痕跡があって、今もこの番組の経験が私のディレクター人生を大きく変えてしまっていると気づくことがあります。

番組のテーマはハンセン病でした。当時鹿児島放送局にいたのですが、番組を完成させるまでに、鹿児島のハンセン病療養所「星塚敬愛園」に二年近く通いました。

ハンセン病は、ご存知の通り、昔は不治の病と言われ、病気になると療養所に隔離されました。後に特効薬がつくられて「治る病気」になったのですが、隔離政策がずっと続いたこともあって偏見や差別がどんどん大きくなっていったのです。今も多くの人が療養所で暮らしています。

取材のきっかけは二〇〇五年、全国のハンセン病の療養所で胎児の標本が見つかったという一つのニュースでした。ハンセン病はかつて、胎児にも遺伝すると言われ、療養所では、妊娠すると国の政策で無理やり堕胎、つまり中絶させられていました。そして、研究者たちが中絶した胎児をハンセン病の研究用に使っていたことがあり、一〇〇体を超える胎児が標本として残されていたのです。

その標本が見つかった当時、既に国はハンセン病の隔離政策は過ちだったと認めて元患者たちに賠償金を支払っていました。ハンセン病はどちらかというと終わった問題と見られていたのか、このニュースも最初は社会面の小さなベタ記事でした。ただ、私の場合は、妻が妊娠中だったこともあり、何か引っかかるところがありました。少し調べてみると、言葉にするのもつらいのですが、堕胎された胎児のリストというものがありました。例えば、「一番、身長五七センチ、体重何キロ」といったことが書いてあります。完全にモノ扱いでした。さらに隣の欄には妊娠八カ月とか、ちょっと信じられない言葉が並んでいました。何とも言えない怒りに似た感情を覚えて体が震えたのです。

番組を企画するとき、まず考えるのは「なぜ今これを伝えるのか」ということです。でも、この時は自分が強く突き動かされた衝動のようなものがきっかけになって、「自分自身がそのことを深く考えてみたい」という極めてパーソナルな理由から入りました。やはりこれもジャーナリスト失格かもしれません。どんな番組になるか、番組で何を伝えるのか、全く分かりませんでした。でも、一人の人間が小さな新聞記事と接点を持ったことから、番組が動き出す。そんなことがあってもいいと思うわけです。

私が上司に番組にできないか相談すると、「ハンセン病はもう終わった問題では？　何を新しく伝えられるの？」と言われました。でも、こっちは怒りで震えてしまっています。無理を言って、五分のニュース企画でいいからやらせて欲しいと食い下がって、ようやく取材の許可が出ました。今考えると、その上司は、大変な世界に飛び込む覚悟があるのか、私に問いかけていたのだと思います。

何をどう取材したらいいか、暗中模索の日々

当時の私はまだ三〇歳そこそこ。何の縁もない鹿児島で、療養所に足を運んだところで誰も話などしてくれません。彼らは長年隔離され、差別されてきた人たちです。基本的にわれわれを信用していません。それは仕方ないことです。当初は、療養所内を歩いているだけで、白い目で見られたりしました。普通ならくじけます。でも上司に無理を言った経緯もあるので、やめるわけにいきません。正

直なところ、完全に仕事のための取材でした。番組枠の五分を埋めなくてはならないという、強迫観念がありました。やはり、ジャーナリスト失格です。

まずは話してくれる人を探さなくてはいけません。支援者の力もかりながらとにかく必死で通いました。すると、少しずつですが話してくれる人が現れるのです。語り部としてその世界では知られる人もいましたが、「あなた最近よく来るわね」と話しかけてくれたおばあちゃんがいました。もちろん「堕胎させられたんですか」などと聞けるわけもありません。ニュースを見て怒りを覚えて来たと言うのが精いっぱいでした。

するとある時、そのおばあちゃんが、「実はあの人、堕胎されてるんだよ」と教えてくれました。その方は、療養所の中でもひと際明るい方で、こんなつらい経験を持っているなどとは夢にも思わなかったので、びっくりしました。でも、本人に聞けるわけもありません。またしばらく療養所に通うだけの日が続きました。

一人の人間として向き合った日々

その方とも次第に仲良くなって部屋に招かれることもありましたが、もちろん堕胎のことは聞けずに時間だけが過ぎていきました。ある日、いつものように部屋に招かれ、お茶を頂きながら、世間話をしていた時のことです。ちょうど私の子どもが生まれたばかりでしたので、無神経にも子どもの話をしていたのです。すると突然、そのおばあちゃんが立ち上がり、たんすから産着を出して見せてくれました。値札が付いていて、折り目もあって、きれいに畳んである買ったばかりの新品でした。「最近、堕胎された子どもが見つかったでしょう。たぶん私の子どもも残っているんだよね。だから、もし会えるんだったら、ホルマリンに漬かって寒くしているだろうから着せてあげたいと思って買ったの」。そう言って涙を流されたのです。そして、その後が私にとっては強烈でした。八カ月で別れてしまった娘さんにひょっとしたら会えるかもしれない、「長生きしてよかった」と言って、今度は笑顔を見せたのです。

このおばあちゃんは、六〇年以上も療養所に隔離され、堕胎という理不尽な経験をさせられました。その子どもは標本となって同じ施設の中でホルマリンに漬かっています。そんなひどい人生、考えられません。それなのに、他人の私に対して、すごく素敵な笑顔を見せて「長生きして良かった」と言うのです。

その時、「なぜこんなつらい目に遭った人がこんな素敵な笑顔を見せてくれるのだろう」という思いが湧き上がりました。ハンセン病に対する国への怒りではなく、完全に一人の人間としての生き方に関心が強くなってしまったのです。

それから二年近く、とにかくそのおばあちゃんと同じ時間を過ごし記録しました。この時期だけで言うと、もう自分の家族よりも圧倒的に多く、濃密な時間でした。部屋に行くと、おばあちゃんは、もう孫を迎えてくれるような状態です。例えば、昼間だと弁当を用意して取材に来るのを待ってくれています。夏場なんかは、弁当が腐るといけないからと言って、暑い部屋の中で弁当に扇風機をあてて待ってくれているのです。本人は暑いのに。嬉しいやら悲しいやら申し訳ないやら、こんなに優しくしてもらっていいのか。そんな気持ちを抱えつつ、隔離された一人のおばあちゃんの社会に対する思いを番組にしたい、という思いを強くしていったのを覚えています。

おばあちゃんの覚悟に応えるために

最終的には、鹿児島県内だけで流れる五分のニュース企画に始まり、三〇分番組、さらに全国のニュース番組をつくり、クローズアップ現代、そしてNHKスペシャルと取材の節目節目で放送しながら取材を続けました。

最初の五分企画の時には、本人の顔はまったく映っていません。声も変えています。でも、最後のNHKスペシャルでは、本人から「顔を映して」と言われました。「ちゃんと伝えてね」とも言われました。もう嫌でも気合いが入りました。

ところが、そう簡単ではありませんでした。「全部伝えてね。ちゃんと伝えてね」と言われたので、何でも話してくれると思うわけです。ですが、取材に行くと、ハンセン病のハの字も話してくれません。何を話すかというと、療養所の中であった楽しい思い出です。「庭に咲いている小さい花が今年もきれいに咲いたでしょう」とか、「この季節になるとあそこでよもぎが採れるのよ。それで饅頭をつくるとおいしいわよ」とか、そうした話ばかりでした。

半年あまりが経ってようやく分かったのですが、このおばあちゃんの六〇年は、怒りだけではなかったのです。やりきれないとか、いろいろな思いはあったでしょう。ですが、狭い六畳ぐらいの部屋に閉じ込められてはいるけれど、療養所の中でたまに見る花がきれいだとか、あの時みんなで花見をして楽しかったとか、そういったことが積み重なった六〇年だったのです。たぶんこういったことを口にするのも相当な覚悟だったと思います。

このことに気づいた時、悲しみや怒りを直接声にして訴えなくても、この日常の幸せに気づくまでに六〇年かかったということのほうが、ひょっとしたら、この人の本当の姿や、ひいてはハンセン病の本当の姿が描けるのではないかと思ったのです。

番組で何が伝えられたのか

番組タイトルは「悲しみの淵から」としました。ハンセン病という文言は全く入れていません。番組ではハンセン病の説明は最低限していますが、政策への批判なども全くしませんでした。

ニュースとしてハンセン病を取り上げると、国への怒りを募らせるための内容になってしまうかもしれません。語り部などその世界で有名な方を取り上げて「怒り」を話してもらうのは、そんなに難しいことではないかもしれません。ですが、二年近く一緒に過ごした時間をひたすら記録していくうちに、一人の同じ人間として、想像もしない悲劇に直面したときに人はどう生きるのか、なぜこの人はこのような目に遭わなければいけなかったのかを考えるようになっていったのです。そのことを正直に伝えることは、取材した人間にしかできないのかもしれません。

今振り返っても、理解できないことをただひたすら探求していって、番組に帰結するまでに自分がどんなことに「震えた」のか。そのことを描いたに過ぎないと思うことがあります。これを撮りたいと思って撮ったカットはおそらく限りなくゼロに近いです。思い通りにいかなくて、でもふと出会った思いがけない出来事に自分自身が震え、知らなかったことに気が付く。それを記録し紡いでいく。結果的に、当初想像していたよりも遥かに豊かな番組になったと思っています。

これが良かったのかどうか正直分かりません。ハンセン病には、国から隔離されたという絶対的な歴史があります。でも、その国を「悪」というのは誰でも言えることです。そんな分かり切っていることを描くことにはちょっと抵抗があるのです。それが言いたいのであれば活動家になったほうが、よっぽど声を大にして言えると思います。

当時の普通の人たちに目を向けると、その多くがハンセン病を差別の目で見ていたわけです。取材したある元患者の家族は、「妹が療養所に連れていかれる時、悲しかったけれど、これで友達に家族にハンセン病が出たことがばれなくて済むと思ったのです。友達がするように、ハンセン病が出た家の前を通る時は、『うつる』なんて言いながら息を止めて歩いていました。これではいけないと思いつつも、それが当たり前になっていたんです」と言って、涙を流されていました。

「みんなやってたんだから」と言って加害の記憶をなかったことにして開き直るのではいけません。同じような差別が繰り返されないためにも、忘れたことにしないで歴史を検証しなければなりません。だからと言って、「ハンセン病政策を問う」といった番組をつくっても多分あまり響かないと思います。番組が「同じ人間」というところから考え直すことで、番組を見た人が少しでも自分のこととして考えるようになってほしいと思ったのです。そうした気持ちになってくれたら、私たちの報道も、社会を変えるとまでは言わないまでも、個人を変えるかもしれません。その人のその後の行動が少し変わるかもしれません。そうしたことにつながるのではないかと考えました。

この考え方には賛否両論あると思います。国への批判も含めはっきり言うべきという人もいるかもしれません。でも、批判を伝えているだけでは社会は変わりません。普通には報道されにくいことや、当たり前とされていることに疑問を感じたとき、そのことを恐れずに取材して物事の本質に迫っていく。それがジャーナリズムだと信じたいです。今日お話しさせて頂きながらその思いをより強くしています。

四　報道が人を変える

人生観を変える番組をつくりたい

最後に、沖縄戦の番組（「沖縄戦全記録」）でナレーターをして頂いた舞踊家の田中泯さんから言われた言葉をお伝えしたいと思います。戦後七〇年のタイミングで沖縄戦の番組をつくったのですが、田中さんは六〇分近い番組のナレーションを最後まで立ったまま読まれたのです。何度もやり直しますから、三～四時間は立ったままでした。座っていては声が出ないと言って。画面をにらみつけるように、もうそれは気合いが入りまくっていました。番組を想像以上に強いものにして頂いたのです。私は半ば茫然としてただ感動していました。

ナレーションをとり終えて話している時に、こんなことを言われました。

「すごい番組だったで終わってはダメです。見た人の行動が次の日から変わってしまう。見た人が次の日から戦争について自分で調べ始めてしまう。テレビが見られなくなっている時代になった今だからこそ、片時もテレビの前から離させない。そういった番組にしてください」

この言葉は重く響きました。

いまやインターネット上で情報が氾濫し、テレビは娯楽として楽しむもの、悪く言うと「暇つぶし」になっているかもしれません。もちろん楽しい暇つぶしも大事ですが、目指したいのは番組と出会った人の人生観が変わってしまうくらいのもの。少なくとも、自分自身は取材をしながら人生観がはっきりと変わっていますから、できないことではないはずです。難しいかもしれませんが、このことは肝に銘じてこれからもチャレンジしていこうと思っています。

講義を終えて　真実と嘘

戦後七〇年にあたる二〇一五年、私は、ＮＨＫスペシャル「沖縄戦全記録」を六月に、ＥＴＶ特集「書き換えられた沖縄戦」を八月につくりました。四人に一人が命を落とした沖縄戦そのものを扱ったＮスぺに対し、Ｅ特は沖縄戦の戦後補償の話です。沖縄県では今もタブー視されている題材で、これまでマスコミでもあまり触れられていませんでした。取材が難航を極めたことは言うまでもありませんが、ここで私が突きつけられたのは「真実」と「嘘」を見極める難しさでした。

戦後補償の話になると、必ず「受忍論」という言葉が出てきます。国家の非常事態である戦争で皆被害を受けたので、生命・財産に何らかの被害を受けても受忍（我慢）するというものです。ですから、例えば、空襲で亡くなった人の遺族を補償する仕組みはありません。しかし、例外があります。その一つが沖縄戦です。沖縄ではあまりに多くの民間人が犠牲になったので、国は戦傷病者戦没者遺族等援護法という法律で特別に「準軍属」という身分をつくって、援護金を出すことにしたのです。戦時中、戦争に参加したことが認められれば、という条件付きです。つまり、日本兵に弾薬を運んでいる最中に弾に当たった、日本兵の看護を手伝っている最中にアメリカ兵に襲われた、日本軍が作戦で使うからという理由で、隠れていた自然洞窟を明け渡した後に砲弾に当たった……。しかし、この仕組みがねじれを生み出しました。戦後困窮を極めた遺族が、お金を受け取るために、日本軍に協力していなくても、したと嘘の申請をする。あるいは役場の職員があまりに悲惨な遺族の姿を見て、申請が通るよう日本軍に協力したような筋書きに書き換える。そういったケースが出てきたのです。

すると、嘘をついた遺族は、お金を受け取っていることに後ろめたさを感じ、本当の戦争体験を話せなくなります。役場の職員も口をつむぐ。正直に申請してお金を受け取れなかった人は、嘘の申請で受け取れた人に怒りをぶつけます。そうやって嘘と本当が入り混じり、嘘がさらなる嘘を生み、どれが本当の戦争体験か分からなくなったのです。

私は嘘を暴こうと取材したわけではありません。嘘がないと戦後生きられなかった、そういうシステムを国はなぜつくったのか、なぜみんなを救えるシステムにできなかったのか。遺族ではなく国の戦後処理のあり方について問いかけたいと考えたのです。しかし、取材に入ると、嘘を暴くのではないかと警戒され、取材拒否の連続でした。中には取材に応じるといって、明らかに嘘をつく嫌がらせも受けました。そうした中、意を決して話してくれる人が出てきても、それが本当なのか嘘なのか分からなくなる事態にもなりました。

私たち報道機関の大事な仕事に、新たに入手した情報が本当か嘘か「裏を取る」ということがあります。この時、まずあたるのが一次資料です。国がつくった公文書などで裏づけることができれば、真実と判断する材料になります。しかし今回、膨大に入手した援護金の申請書類には嘘が含まれているので、裏づけにならないという事態が生まれました。私たちが真実の拠り所としてきた資料にも嘘がある。今回は嘘が含まれていると思って事細かにチェックしていますが、そうでない場合、だまされる可能性があるということです。これは、今後のディレクター人生に不安を覚えるくらい怖い事実でした。

私たちは、膨大な情報から真実を見極めて伝えていかなければなりません。そうしないと、未来への正しい教訓は生まれない。私は、七〇年前の戦争からも、そのメッセージを強烈に教えられたのです。

12 取材の「断片」から見える世界とは

公益社団法人日本記者クラブ専務理事兼事務局長
土生修一

一　「雑食系移動記者」としての歩み

私は二七年間、新聞記者生活を送りました。そのうち、地方支局勤務が浦和と横浜の二カ所で計七年、特派員としての海外支局勤務がマニラ、ローマ、ロンドンの三カ所で計一〇年半となります。残りはデスク業務など本社での内勤でした。

誇るべき大スクープもなく、特定分野についての専門記者でもありません。三年ごとに取材対象も住所も変わる「雑食系移動記者」を長年、続けてきました。ただ、そのおかげで、国内では地域の盆踊りや高校野球地方予選の取材、海外では中東、バルカン半島の武力紛争からバチカン、バッキンガム宮殿まで四〇カ国以上で取材し、平均的な記者よりは広範囲に動き回り、多彩なテーマをネタに記事を書いてきました。

今日は、こうした長年にわたる「雑食」取材で体験した「断片」のいくつかを紹介することで、そこから見えてくる世界を感じていただければと思っています。小さな水たまりにも大空が映っています。

二　地方支局の駆け出し時代

春に入社で最初の完全休暇は夏休み

私たちの世代は、全国紙の場合、新人記者は入社直後にほぼ全員、地方の支局に配属され、警察担当、いわゆるサツ回りから記者生活を始めるのが通例でした。

私の場合は一九七九年に読売新聞東京本社に入社して、浦和支局（現さいたま支局）に配属され、担当は浦和署と与野署でした。

新聞記者は自分の会社に行っても仕事がありません。駆け出しの支局サツ回りの拠点は県警記者クラブです。当時の記者クラブは、本田靖春さんの著作に出てくる記者クラブよりはずいぶんお行儀が良くなっていましたが、それでも県警本部内にある記者クラブでは賭けマージャンは当たり前、時には相手が警察官の場合もありました。記者仲間でどんぶりバチにサイコロをころがすチンチロリンというバクチで時間をつぶすこともありました。良くも悪しくも「ブンヤは普通の勤め人ではない」と意識させられました。

浦和支局の新人記者は赴任当初、支局の二階に住み込みが決まりとなっていました。休日でも一階の支局を通らないと外出できず、すぐに先輩記者につかまって仕事を言いつけられます。赴任以来、最初に朝から晩までの完全休暇が取れたのは、夏休みで実家の九州に帰省した時でした。今なら超ブラック企業ですが、記者として、未知の事件、未知の人間と向き合う日々は刺激的で、「労働させられている」という意識が薄かったせいもあり、特段の不満は抱きませんでした。

記者クラブ制度については閉鎖性などについて批判があります。たしかに問題点はあると思いますが、所属する会社を超えた「記者意識」を醸成する機能はあったと思います。記者クラブの記者たちは、日々、「抜いた、抜かれた」の激烈な取材競争をする敵同士なのですが、同時に、報道という公的な目的に二四時間を捧げているという同志意識もありました。某社ベテラン記者がライバル社の新人記者に、「いいか、取材の基本はなあ」と教えることもよくあります。だからこそ、駆け出し時代の記者クラブの連中とは付き合いが続くことも珍しくありません。記者という職種に対する帰属意識が会社への帰属意識より先行するのは悪いことではない気がします。

放火犯の妹の予想を超えた言葉

浦和支局の駆け出し記者時代の忘れられない思い出は、浦和で起きたある放火事件の取材です。

逮捕されたのは二〇代の男性で、どこにでもある家庭の息子でした。容疑者がどんな人物だったのか、取材するために容疑者の自宅を訪ねました。

チャイムを鳴らすと、玄関の開き戸が開きました。父母が出てくると思ったら、そこにいたのは一〇代後半の女の子でした。「まずいな」と思いましたが、こちらも仕事ですから、「放火事件で逮捕された某さんは、このお宅にお住まいですか」と聞きました。するとその女の子はまったく動揺をみせず、無表情のまま「兄です。やると思っていました」とはっきり語り、すぐに家の中に消えて行きました。こちらは予想外の反応に「えっ」と驚いたまま、女の子の後姿を見送りました。

その後の警察発表によると、取るに足らない生活上の不満が放火の動機でした。結局、あの女の子はなぜああいう反応をしたのか、わからないままになりました。私が書いたのは「何月何日、浦和署は某を現住建造物等放火罪容疑で逮捕……」という普通の原稿です。玄関先に出てきた女の子の顔は、四〇年後の今も覚えています。疑問を解くために少女に再度取材すれば、事件の底に潜むものに光を当てられたのではと、後悔しています。

「抜け殻」を連想した目の前の殺人犯

もう一つ思い出すのは、ある殺人犯のことです。

支局のサツ担当は裁判所も担当します。浦和地裁は、記者席が一番前です。ある日、記者席に座ると、五〇代後半の丸刈りの大男が被告席に座っていました。被告は二人の女性を殺した罪で死刑を求刑されていました。殺人犯が手を伸ばせば届くような目の前にいる。もちろん、初めての経験でした。

起訴状によると、被告は離婚後、交際中の人妻に別れ話を切り出され逆上して絞殺して強姦、さらに遺体に油をかけて焼いて逃走。一年後に今度は飲食店に盗みに入り、女性店主に見つかり、強姦して殺害しました。その後は、全国各地を逃げ回りますが、逃走先の町で居酒屋のママさんと仲良くなり、しばらく一緒に暮らし、また別の町に流れていくという繰り返しだったようです。被告は法廷で暴行は認めたものの殺意は否定していました。しかし、浦和地裁の判決は求刑通り死刑でした。検察官が残虐な犯行描写を読み上げる時も、そして、死刑判決の時も、被告は何の感情も表面に出さず、両手を膝に置いたまま微動だにしませんでした。

私が目の前の被告に対して抱いた感情は、憎悪、嫌悪とは違うものでした。制御不能なドロドロした性的欲望がその大男の体に乗り移って悪さを働き、それが今はどこかへ行ってしまい、当人は抜け殻のように取り残されている。そんな感じでしょうか。ただ、自分が書いた原稿は、先ほどの放火犯と同じように、法廷での証言と判決内容を淡々と記した定型的な裁判記事でした。その被告は、その後、最高裁まで争い死刑が確定、二五年間も拘置所にいて、結局、死刑執行されずに病気のために九一歳で亡くなりました。

当たり前ですが、記者が現場で感じたことが必ずしも記事に反映されるわけではありません。短い行数で必要な要素を盛り込むためには、定型記事は有効です。支局デスクの口癖も「記者個人の感情なんて読者には何の意味もない！」でした。しかし、ナマの事実を前にしての記者の心理的反応にも何らかの報道価値があると今は確信しています。当時、それを記事にできなかったのは、記者としての私の力量不足が最大の原因です。

三　特派員としての紛争取材体験

銃声で聞き取れない電話

地方支局の後、東京本社に異動になり、地方版のレイアウトを担当した後、国際ニュースを担当する外報部（現在の国際部）に配属されました。

一九八八年にフィリピンのマニラ支局に特派員として初めて赴任しました。この国に読売の特派員は私一人だけ。支局の財務から助手の労務管理まで支局運営も一人でやりました。

当時のフィリピンは、コラソン・アキノ大統領（在職一九八六～九二年）の時代で、私の赴任中に何度も国軍反乱事件が起こりました。八八年一二月には、支局近くのホテルが反乱軍に占拠され、政府軍と反乱軍の銃撃戦が始まりました。「パン、パン、パン」と乾いた大きな連射音が支局まで届いてきます。支局から東京本社に電話で状況を伝えていたら、本社から「よく聞こえない。テレビの音を絞れ」と言われ、「テレビじゃなく、ホンモンの銃声です！」と言い返したこともありました。

政府軍と反乱軍の双方の現場の兵士は「おエライさん同士のけんかに巻き込まれて死ぬのはバカバ

カしい」と思っており、お互い犠牲を出さないように斜め上に向けて発砲していました。そうすると、銃弾は周辺の住宅地に落ちてきます。住宅兼事務所だったわが支局もその住宅地にありました。しかも雪に無縁の亜熱帯では住宅の屋根は薄く、銃弾は簡単に貫通します。支局には仕事の機材や資料があるので離れることができず、家族を避難させ、私は二階の寝室ではなく一階の台所で寝起きしていました。

戦後生まれの私にとって、音が聞こえる距離で銃撃戦を体験するのは初めてでした。こうした場合、日本人の反応は二つに分かれるようです。必要以上に怖がって動けなくなるか、実感が湧かないかです。私は、戦争映画を見ているような感じがして、後者の方でした。その後も、中東やバルカン半島で紛争地取材を何度も体験しましたが、鈍いせいか、あまり恐怖心は感じませんでした。日本の日常生活とあまりにもかけ離れているため、ピンとこなかったのかもしれません。

やっと実現した共産ゲリラの潜入取材

フィリピンでは当時、ＮＰＡ（新人民軍）と呼ばれる共産ゲリラが活発に活動していました。フィリピン特派員としての任期中の「宿題」がゲリラ潜入取材でした。これがなかなか大変です。連絡先が電話帳に載っているわけでなく、山の中を移動しながら活動しているため、相手を捕まえるのは容易ではありません。

前任者から情報源として引き継いだＮＰＡシンパが頼りでした。このオッサンが大のスシ好きで、

新人民軍のゲリラ兵士たち（1991年６月、フィリピン・パンパンガ州山間部で著者撮影）

毎月一回、日本レストランでお寿司を御馳走し「ゲリラに会わせろ」と頼み込み続けました。三年間の任期も終わりに近づき、「まだか」と焦り始めた一九九一年六月、ルソン島でピナツボ火山が大噴火を起こしました。これは二〇世紀で最大級といわれる大噴火で、約一〇〇キロ離れたマニラも火山灰で真っ白になったほどです。すると、例のシンパから「共産ゲリラが山間部の被災地で救援活動をやるので取材に行かないか」と誘いがありました。

現地までたどり着くのが大変でした。まず「〇〇村でフェルナンデスという男を待て」と指示されました。指定されたオンボロホテルで待っているとTシャツ姿のやせたフェルナンデス君があらわれました。彼とバスに乗り、また別のオンボロホテルにつれていかれ、そこにまた別の男があらわれる、といったリレー方式で、数日後にようやくルソン島中部の山間部にある小屋に案内されました。

小屋に入ると、タオルで覆面し、ライフル銃を持った男たちが六人、座っていました。ＮＰＡのゲリラです。周囲は、火山灰に覆われて雪山のようでした。雨が降り火山灰が水を吸い重くなると、農家のわらぶき屋根はつぶれてしまいます。ゲリラたちは、銃のかわりにスコップを持ち屋根にあがって「雪下ろし」ならぬ「灰下ろし」をするわけです。私もじっと見ているわけにいかないので、三日間、手伝いました。

夜は小屋のなかでゲリラとビールを飲みながら話をしました。「共産ゲリラ」と呼ばれていても、リーダー格の大学生をのぞけば、資本論はおろか共産党宣言も知らないような小作農家の若者ばかりです。フィリピンは植民地時代の名残で大土地所有制が残っています。しかもパイナップルやサトウキビなどの商品作物が主なので、稲作中心の日本のように小作農に農地を細かく配分しても栽培効率が悪くなるし、そもそもパイナップルを主食にするわけにはいきません。アシエンダと呼ばれる大農園には学校も病院もあり、ここから一歩も出ずに一生を終える小作農も多数いると聞きました。こうした状況に反発した小作農の若者たちがゲリラに合流していたのです。現在は、共産ゲリラは下火になりましたが、大土地所有制とその支配者による政治権力寡占は今でもフィリピンにとって未解決の課題になっています。

モンゴル系に変装して国境突破はかる

ソ連は一九七九年に親ソ政権支援のためアフガニスタンに侵攻しました。しかし、イスラムゲリラの反抗にあい、さらに国内の経済情勢も悪化して、一九八九年にはアフガニスタンからソ連軍は撤退しました。この結果、「力の空白地帯」ができ、それを埋めるための各派による闘争が今も続いています。

ハザラ族のイスラムゲリラたち（1989年３月、パキスタン・ペシャワール郊外で著者撮影）

ソ連軍撤退の模様を取材するため、私は一九八九年二月にアフガニスタン入りに挑戦しました。当時、ソ連軍と戦っていたアフガニスタン人のイスラムゲリラ七派は、アフガニスタンとの国境の街、パキスタンのペシャワールに拠点を置いていました。ゲリラたちは、国境を越えて出撃していたので、私の狙いはこのゲリラたちに同行してルポを書くことでした。

毎日、七派の事務所を回り、「連れて行ってくれ」と頼みました。一〇日ほど通ってようやく同行の許可が出ました。少し前に、日本人女性カメラマンが同じように同行中、地雷を踏んで死亡する事故があり、イスラムゲリラも慎重になっていたようです。

出発前夜、狭い小屋で三〇人ほどのゲリラたちに挟まれて雑魚寝しました。厳冬期でしたが、おそらく生まれてから一度も風呂に入ったことがない彼らから立ち上る感動的な香りは忘れられません。

朝五時ごろ、トラックで国境のカイバル峠に向けて出発しました。汚れた毛布のような厚い布を体にまとい、眼鏡を外しトラックの荷台の一番奥に座り込みました。途中でパキスタン軍の検問が何度かありました。

ゲリラからは、パキスタン軍兵士から何か聞かれたら「ハザラと言え」と言われました。ハザラとは、アフガニスタンの人口の一割を占める少数派部族の名前です。一三世紀のモンゴル帝国の世界制覇の一環として、この地にもモンゴル系のイル・ハン国が建国されました。ハザラ族は、その時にやってきたモンゴル人の子孫との説もあり、顔は日本人とそっくりです。ハザラ族もイスラムゲリラに参加しているので、検問通過のため日本人に似ているハザラ族のふりをしろというわけです。

いよいよカイバル峠のてっぺん近くの最後の検問所に着きました。目の前は国境です。ここで全員トラックから降ろされ、尋問されました。パキスタンはイスラムゲリラを支援していたので本物はOKですが、外国人記者の不法出国は認めていません。兵士の問いに、思い切りしかめ面をして「ハザラ」と大声で答えたのですが、その瞬間、爆笑が起きました。現地語がまったくできないので未だに理由はわかりませんが、隣のゲリラから片言英語で「オマエ、バレタ、カエロ」と言われました。こうして、汚い布を被ったまま峠のてっぺんに置き去りにされました。

その時、「そういえば、オレは大手町に本社がある企業のサラリーマンなんだ。それが、こんなところで何やってんだ」と思うと、なんだかおかしくなりました。ここで「ばかばかしくてやってられない」と腹を立てるか、「こんな面白い体験ができてラッキー」と喜ぶかで、記者としての職業の適性がわかると思います。私は明らかに後者であり、能力はともかく適性だけはあったようです。

さて、どうやって戻ろうかと途方にくれました。近くにある粗末な茶屋に入ると、客の中年男性が

「お前は何人だ」と英語で聞いてきました。「ジャパニーズ」と答えると、突然「オレイケブクロ」と言うのです。現地語かと思い聞き直しましたが、やはり日本語の「オレ、イケブクロ」でした。一時期、日本とパキスタンは、ビザ相互免除協定（ビザ無しで入国できる協定）を結んでいたことがありました。日本の日当が自国の月収にあたる状況下、八〇年代後半にはこの地域からたくさんの男性が日本に出稼ぎにやってきました。このおじさんも日本出稼ぎ組の一人で、池袋に三年間住んでいたそうです。「ワタシ、マチニカエリタイ」と頼むと、「ワカッタ、ワカッタ」とバス停に連れて行ってくれ、屋根の上まで客が乗っていたペシャワール行の満員バスに押し込んでくれました。

こうしてアフガニスタン潜入取材は失敗しました。今なら、失敗談を面白おかしくコラム風に書けるのですが、当時はこんなことを記事にしたら記者としておしまいだと思っていたので、一字も記事にしていません。

防弾チョッキ着用でサラエボへ

ローマ特派員時代は一九九四年から一九九五年にかけて、旧ユーゴ内戦の取材で何度もバルカン半島に行きました。

内戦激化でボスニアの上空には旅客機は飛んでいません。ただし、ナポリにあるＮＡＴＯの空軍基地からボスニアのサラエボ空港まで輸送機が食料や薬品を運んでいました。ヘルメットと防弾チョッキを着ることを条件に、この輸送機に乗せてくれることになりました。

当時の防弾チョッキは胸と背中の部分に分厚い鉄板が入っており、重さは一五キロ近くもあり、持って歩くわけにはいきません。冬は防弾チョッキの上からジャンパーを着れば隠れますが、真夏はTシャツの上に防弾チョッキをむき出しのまま着るしかありません。この格好でナポリ駅を歩いていると、私の貧弱なイタリア語能力でも、「ナポリキケン、デモ、アイツバカ」と周囲のイタリア人が嘲笑しているのが聞こえました。大汗をかきながら下を向いてタクシー乗り場に急いだものです。

サラエボ行きの飛行機はＣ１３０という太い胴体をもつ米ロッキード社製の軍用貨物機です。機内の中央部には白い袋に入った食料や薬品類が山積みされています。人間は側面に背中をつける形で座ります。同乗の兵士は、ほとんど米軍の黒人兵でした。

サラエボの空港に着陸すると、内戦中ですから空港には誰もいません。滑走路の真ん中で機体から降ろされ、黒人兵から「じゃあな」と言われて「入国手続き」終了です。

こうして苦労して持ち込んだ防弾チョッキですが、サラエボでは着ませんでした。なぜなら、もし銃撃にあった場合、防弾チョッキを着ていると重くて動きにくく、かえって危ないからです。それに新聞社の同僚が、サラエボを歩いていると「お前の防弾チョッキをよこせ」と路上強盗にあったこともありました。確かに住民にとっては生活必需品だったかもしれません。

サラエボは盆地で、冬はマイナス一〇度近くまで温度が下がります。定宿はホリデーインでした。ホテルホリデーインといっても、激しい内戦で高級高層ホテルは銃撃、砲撃を浴びて穴だらけです。ホテルの受付だけがガラスで囲われて暖房が入っていましたが、客室はかろうじて電気はつくが、暖房もなく水もでませんでした。外から弾が飛んで来るので廊下に寝具を移動させ毛布を何枚も重ねて寝ました。それで宿泊代が五万円近くしたのを覚えています。これに懲りて、その後はボスニアの知人宅に泊まることにしました。

紛争地取材における現在との危険度比較

紛争地取材について、「会社の命令とはいえ、危険な場所に行かされてお気の毒」とよく言われましたが、正直、あまり怖いと思ったことはありません。前述したようにピンとこない体質だったこともあります。さらに今と比べると紛争取材の危険度がずいぶん違っていました。

インターネットが普及するまでは、紛争地帯の現場情報のほとんどは、プロのジャーナリストが現地から発信するものでした。反政府の武装勢力は、当然ながら、政府が握っている国営メディアを信用していません。反政府側にとって、外国メディアは「自分たちが正しい」「自分たちが勝利しつつある」と国際的に訴えかけるための貴重な手段でした。もちろん自分たちのマイナス面は隠そうとしますが、全体として取材に協力的でした。紛争地では、自分たちの優位を強調するために、外国人記者に対し、優勢な地域に手厚いガードを付けて案内してくれることもありました。

ところが現代のインターネット時代になると、メディア以外の人が世界のどこからでも直接、情報を発信できるようになりました。紛争地も例外ではなく、イスラム過激派をはじめ各地の武装勢力は、客観報道に基盤を置く外国メディアを通さずに、自分に都合のよい情報だけを発信しています。

こうなると、むしろ外国メディアは自分たちにとって不利な情報を流す邪魔な存在になってきます。シリア、イラクで日本人ジャーナリストをはじめ多数の外国人記者が誘拐されたり、殺されたりしている現状の背景には、こうした通信技術の発達も関係しています。今の時代の方が、紛争地取材は格段に危険になっていると思います。

ここで日本人記者による紛争地報道の意義についても触れておきます。

紛争地での大手海外メディアの取材力は圧倒的です。私がヨルダンで借りた運転手付きオンボロ車でイラクの砂漠に伸びる一本道をバクダッドに向かっていた時、車の脇を長い車列を組んだCNNテレビの取材チームが砂塵を巻き上げて追い越して行きました。英国BBCも多額の費用をかけ、世界中の危険な紛争地に多くの特派員を派遣して果敢に現場から情報を送っています。

その意味では、人もカネも制約がある日本メディアの紛争地取材は苦戦しています。しかし、それでも紛争を含めた国際ニュースを日本語で発信することの意義は大きいと思っています。日本人は、経済低迷でかつての勢いを失い「内向き志向」と言われています。しかし、貿易立国の日本は、国際的に孤立しては将来がありません。こういう時期だからこそ、なじみのない国際情勢を日本人記者が日本人の理解しやすい正確で平易な日本語で発信する意味は大きくなっているはずです。

プロの野次馬としての心構え

また記者は、当事者ではありません。例えば火事現場では、消防士は火事を消しますが、記者は火事の写真を撮り、住民や警察の話を聞いて記事を書くのが仕事です。いわば、記者は「プロの野次馬」です。直接的な実力行使はできませんが、何が起きているかを克明に観察し発信することが重要な使命です。

国内の災害地や海外の紛争地で、さまざまな不幸を目撃してきました。観察するだけの職業的傍観者であることには無力感やストレスが伴いますが、しかし、そこにこそ、記者の存在価値があると自分に言い聞かせてきました。

四　欧州取材で学んだ歴史の見方

教訓多いイタリアの「戦争の負け方」

これは現場のエピソードではありませんが、ローマ特派員経験者としてぜひ伝えておきたいことがあります。

「イタリアと第二次大戦」というと、「イタリアは日独伊三国同盟の中で最初に戦線離脱した情けない国」とのイメージが日本では流布しています。かつては、日独で「次はイタリア抜きでやろうぜ」という笑えないジョークもありました。

戦後五〇年にあたる一九九五年を私はローマ特派員としてイタリアで迎えました。「敗戦の経験は戦後イタリアにどんな教訓を与えたか」とイタリア人に聞いて回ると意外な答えが返ってきました。「敗戦？　イタリアは戦勝国だぞ」。「えっ、そんなばかな」。

史実はこうです。イタリアのムッソリーニ政権は三国同盟の一員として戦争に突入しました。しかし、アフリカでの戦局は日々悪化し、ファシスト政権や軍の幹部など権力中枢に「このままムッソリーニ首相に任せていたら国は崩壊する。休戦が急務」と考える勢力が現れました。こうした勢力が首相追放を極秘に計画し、国王も抱き込み、一九四三年七月、国権の最高機関「ファシズム大評議会」でムッソリーニ解任が決議されます。ムッソリーニは逮捕監禁され、同年九月には、イタリア政府は事実上の降伏宣言を出し、さらに同年一〇月にはこれまでの味方だったドイツに宣戦布告して今度は米英の連合国側に回ります。一方、ドイツ軍は逮捕監禁されていたムッソリーニを救出し北イタリアを拠点に傀儡政権を樹立します。以降、イタリアは、北部の「親独系ムッソリーニ政権」と南部の「連合国系イタリア政府」との内戦に突入します。最後は、イタリアのパルチザンゲリラがムッソリーニを捕まえて殺害、死体をミラノの広場に曝します。

つまり、イタリア人にしてみれば、まず体制側の一部が処刑されるリスクを取ってムッソリーニ解任に挑戦して見事に成功し、続いての内戦ではムッソリーニを含むファシズム残存勢力を連合軍の一員として打ち負かしたことになります。「俺たちはファシズムに二度勝利した。日本と一緒にするな」というのがイタリア人の言い分です。

こんなことは日本の歴史の授業で聞いたこともないし、まったく知りませんでした。

戦争というのは、勢いで始められますが、やめ方はなかなか難しいものです。日本は戦局が絶望的になってもズルズルと戦争を続け、主要都市が焼野原になって敗北しました。イタリアの「敗者から勝者への道」には、戦争に関する歴史の教訓が詰まっていると思います。

「ミスター・ビーン」のユニークな王室論

ロンドン特派員時代には、「ミスター・ビーン」役で有名な喜劇俳優ローワン・アトキンソンさんにインタビューしたことがあります。彼の主演映画『ジョニー・イングリッシュ』が日本で公開されるので、ＰＲのために会見に応じてくれました。この映画は、フランス人がエリザベス女王のペット犬を誘拐、「返してほしかったら、俺を英国王にしろ」と脅かし、女王が「もちろんよ」と王位をフランス人に譲るという荒唐無稽なコメディです。私が関心を持ったのは、現役の英国女王をこれだけ茶化しているのに、彼が熱烈な王制支持者だったことです。これは矛盾ではないのか、という疑問が取材の動機です。

小柄なイメージを抱いていたのですが、会ってみると身長一八〇センチを超える大男でした。オックスフォード大学で電気工学を専攻したインテリです。三〇分間のインタビュー中、まったく笑わず、良く通る低い声で丁寧に説明してくれました。

「王制は魅力的だ。人々を励まし、社会の重要な礎石である。しかし、同時に私たちは王制がちょっと滑稽なことも知っている。英国人は、君主に対し、尊敬もしているが、同時に下品な冗談のネタにもする。この両面を持っていることは幸せなことだ。冗談の材料にすることは、必ずしも軽蔑していることを意味しない」

アトキンソンさんは、こうも言いました。

「人生の大事な根本には非合理がある。愛、美、音楽、みんな非合理だから存在価値がある。王制も同じ。だから、敬意をこめてからかうことができる」

つまり、「非合理ゆえに支持する」というのが彼の答えでした。本来私の原稿は文化面の映画欄に載るはずだったのですが、ユニークな英王室論として、国際ニュース面に掲載されました。イギリスの王室と日本の皇室は似ているとよく言われます。もちろん類似点もありますが、このような支持の理由は日本では聞いたことがありません。会いに行ってよかったと思いました。ただ、それ以降、ビーンの映画を観ても、あの真面目な姿が浮かんできて、あまり笑えなくなりました。

五　「断片」へのこだわりを大切にしたい

「浦和署の駐車場で警官がホースで水をかけて洗っていた水死体」、「エイズ感染による死者激増で故人愛用の洗面器や植木鉢が墓標の代わりに並んでいたザンビアの墓場」、「リビアの砂漠にある故郷でキンキラキンの軍服を着て会見にあらわれたカダフィ大佐」「ブリュッセルの日本レストランで偶然遭遇したシラク仏大統領とシュレーダー独首相の密談」「単独会見中に恐妻家の顔をのぞかせたノーベル賞作家のチェコのハベル大統領」「プノンペンの薄暗いバーでBGMとして聞こえてきた城達也の『骨まで愛して』」「戦闘的無神論者の英国人生物学者ドーキンス教授の自宅にあったクリスマスツリー」……「断片」が次から次へと浮かんでは消えていきます。

国際関係の記事では、「中国の出方は」「米国の対応は」と国家を一人の人間のように擬人化します。私もそうした記事をたくさん書いてきました。しかし、それぞれの国には数千万、数億人が生活しています。「全体」を書くために国家を一人の人間に擬すことで見えなくなる無数の「断片」が私には気になります。

冒頭に戻ります。小さな水たまりにも大空が映っています。これまで目撃した「断片」を時々思い出しながら、そこに映っている「大空」の意味について、これからも考え続けていきたいと思います。

講義を終えて　記者会見での質問力向上を願う

「お話ありがとうございました。それでは質問を受け付けます。質問者は　挙手してください」

ゲストは国際組織のトップ。会見場も記者でほぼ埋まっている。しかし手が挙がらない。困惑した司会者が「それでは司会の私からお聞きしますが……」

新聞社を定年退職したあと、公益社団法人「日本記者クラブ」の事務局で働いている。ここは、各国首脳をはじめ国内外の政財界要人から、学者、スポーツ選手まで、「ニュースになる」多彩なゲストを迎えて会見を企画、運営している組織だ。名称は「記者クラブ」だが、省庁にある記者クラブとはまったく別物で、日本で唯一の「ナショナル・プレスクラブ」である。

記者会見の数は、大小合わせて一年間に二〇〇件を超える。今年（二〇一七年）前半では、小池都政と対決姿勢を鮮明にした石原慎太郎元都知事や「官邸への反乱」で注目された前川喜平前文科事務次官の会見は二〇〇人を超える記者を集め、質問も途切れなく続いた。活発な質疑応答が展開する会見も多いが、冒頭のように記者はいるのに質問がなかなか出ない光景も珍しくない。

映像ではなく、質問すれば答えてくれるナマミの本人が目の前にいるのに……「ああ、もったいない」と元記者としては心の中で嘆くこともある。

ひとつの理由は、パソコンのメモ打ちにある。最近の記者たちは、会見中、パソコンに発言を打ちこむことに追われ、発言を吟味して質問を準備する余裕がなさそうだ。

ある記者は言う。「私たちも本当はじっくり会見を聞き、練った質問をしたい。ただ一刻でも早く発言メモを本社に送信すれば、他社より早く自社の電子媒体で発信でき、運良くヤフーニュースがそれを転載してくれれば自社へのアクセスが急増し電子広告の営業増につながる……と会社に言われている」。ここにもネット時代の影響がある。

ただ、記者会見での質問軽視は今に始まったことではない。「大事な質問は会見でやるな。終了後に相手をトイレで待ち伏せして個別で聞け」と先輩記者から教わったものだ。

ただ当クラブのゲストには、外国人をはじめ簡単にアポが取れない人も多い。そして、会見終了後、ほとんどのゲストはトイレに寄らずにさっさと帰る。

日本では、特ダネの単独会見では聞き手も十分な準備をして臨むが、記者会見で質問力を記者同士が競う報道文化が育っていない気がする。ただ質問すればよいというものでもない。なかには、自説を長々と開陳し「見解を伺いたい」とゲストに迫り苦笑されるケースもある。テレビのリポーターが、野球選手に「あなたにとって野球とは何ですか」、歌手に「あなたにとって歌とは何ですか」とよく質問しているが、これなどは相手の回答力に全面依存した姿勢であり、プロの質問者としては失格だ。この質問で気の利いた回答があっても、それは用意された既製品にすぎない。

ニュースの当事者を相手に、プロの記者集団が直球、変化球を織り交ぜた質問でじりじりと迫っていく。そのやりとりのなかから、当事者も想定していなかったニュースの核心に迫る言葉が飛び出し、それが大きく報道される。そんなライブ感に満ちた発信力ある記者会見を毎週、実現できれば……なんてことを考えながら、今日も静かな記者席をながめている。

13 ジャーナリズムが仕えるべき「三つの神様」

ニューズウィーク日本版編集部
深田政彦

一　ジャーナリズムは何に仕えるべきなのか

現場では自分で考えるしかない

私は文藝春秋や週刊文春、そしてニューズウィーク日本版などで、雑誌の編集者や記者として経験を積んできました。雑誌の編集者はジャーナリストと同行して現場に入り、書き手を裏方で手伝い、そしてその原稿を編集するのが仕事です。そのような仕事を通じて、さまざまなジャーナリズムやジャーナリストの実態に触れてきました。今日はそうした経験を通して、ジャーナリストを志している方にとってすぐに役立つことを伝えたいと思います。

皆さんがジャーナリストになれば、当日から現場に出て取材することになります。現場では誰かが手取り足取り教えてはくれません。現場と経験が教えてくれるのですが、その過程ですごく落ち込むこともあります。

私は大学を卒業後、社会人になってすぐに週刊文春に配属されました。いきなり尾行や張り込みもしました。何のためにやっているのか分からなくなることも多く、つらくて悩みました。現場ではさまざまなことが起きます。尾行の対象が政治家だったらどうか、私人だったらどうか、政治家の家族だったらどうか、子どもだったらどうか、愛人だったらどうか。張り込みや尾行を続けるか迷ったときにデスクに聞いても、基本的には「自分で考えろ」としか言われません。現場では自分で考えるしかないのです。

自分で考えなくてはいけない二つの理由

これには二つの側面があると思います。一つは、キャリアパスに関係することです。アメリカのジャーナリズムは専門性を重視します。大学や大学院などでジャーナリズムの基礎を学び、それから地方の新聞社等に入り、キャリアを重ねていく。原則に基づいて方法論を身につけて、経験を通して実践していくかたちがあります。

日本はどうか。少なくとも私が学生の時には、ジャーナリスト教育が確立されていませんでした。私自身も大学で国際政治学や法学を勉強しており、ジャーナリズム教育を受けるどころか、考えることもないまま、まっさらな状態で入社しました。「自分で考えろ」という背景には、ジャーナリズムは原則や方法論を議論したり教育したりするものではないといった日本流の考え方もありそうです。

もう一つの側面は、実際に取材現場ではマニュアルが通用しないことです。政治家の男性を張り込んでいたら、いきなりいわくありげな女性が現れたとします。彼女を尾行したほうがいいのか、それとも計画どおり、政治家が出て来るまで待ったほうがいいのか。現場はそうした想定外の連続で、いちいちマニュアル化はできないからこそ「自分で考えろ」ということになるわけです。

自分で考えるための三つの神様

そうしたときに、どのように行動すべきでしょうか。今日は、報道の現場での心構えを分かりやすく伝えるために、ジャーナリストが仕えるべき「三つの神様」と題してお話しします。

三つの心構えのうち一つは、テーマ設定の際に必要な「読み手に仕える」ことです。読み手というのは購読者に限りません。もっと幅広く、読む可能性のある人たち、国民全体と言い換えてもいいでしょう。二つ目の心構えは取材の際に必要な「事実に仕える」ことです。そして最後は報道の意義にかかわることですが、「民主主義に仕える」ことです。

正しい神様に基づいて取材し報道するのと、偽の神様に基づいて報道するのとでは、自然と行動が違ってきます。いざ現場で「自分で考えろ」と言われたとき、現場での心構え、基本原則が分かっていれば、それに基づいて「自分はこうすべきだ」と動くことができます。今日は、この「三つの神様」について、実際の取材体験を交えてお話しします。

二　読み手に仕える

ジャーナリズムの力の源

ジャーナリストには非常に役に立つものがあります。名刺です。「ニューズウィーク日本版　深田政彦」。これを持っていれば、政治家でも作家でも、誰にでも取材をお願いすることができます。断られることもありますが、多くの場合はありがたいことに時間をいただいて会うことができるわけです。ただの紙切れ一枚なのに、なぜ名刺にそうした力があるのでしょうか。べつに魔法でも何でもありませんし、もちろん私が偉いからでもありません。

なぜ会っていただけるかというと、ジャーナリズムの歴史的信用が積み重なっているからです。それは何の力でしょうか。私ではなく読み手の力です。購読者をはじめ国民には「知る権利」があります。ジャーナリストはそれを委託されているのです。単に私が知りたいからというだけで取材するのではありません。読み手、国民に取材の成果を捧げるために、ただその権利を預かっているだけです。

「マスゴミ批判」の戒め

あくまでも、「読み手」という神様から知る権利を委託されているからこそ、さまざまなことができるのです。政治家や経営者、事件関係者、作家、いろいろな方に会えるというのは、まさにこの力のおかげです。神様の言葉を預かる預言者と同じく、ジャーナリスト自体が全能者ではなく、あくまでも委託されているだけなのです。

今、メディアに対する批判、いわゆる「マスゴミ批判」が高まっています。実際、事件現場の周りを足蹴にするかのように、何か自分が偉くなったかのように驕ってしまう人もいます。

しかし、仕える相手は自分ではありません。自分の好奇心だけのために取材するのではありません。あくまでも読み手である国民のために、自分が代わって取材しているのです。読者はふだん日々の暮らしに追われているわけですから、現場を直接見ることはできません。自分がその代理なのだという立場を忘れないことが、「マスゴミ批判」の一つの戒めかと思います。

三　事実に仕える

慰安婦問題の誤報はなぜ生じたのか

英語に、「プリンの味は食べてみなくては分からない」という言い回しがあります。プリンを色艶、成分、見た目などで判断したところで、食べてみないことには味は分かりません。事実も同じです。目の前のプリンという事実を食べなければつかめないのです。

その分かりやすい例として、「慰安婦問題」があります。吉田清治さんが、自分が軍に仕えていた時に韓国の済州島（チェジュ島）で奴隷狩りのような状況を見たという証言をしました。それからだいぶあとになって、朝日新聞が誤報を認め、謝罪する事態に発展しました。慰安婦問題にはさまざまな議論がありますが、少なくとも吉田証言は朝日新聞が認めている以上誤りでしょう。ですが、ここでの問題はよく言われるように「反日かどうか」ではなく、吉田さんの話を聞いたあとで、記者が済州島に行かなかったことです。

済州島はすぐそこです。吉田さんの人間性を疑うためではなく、もっと深く知るために行くべきだったのです。現地で当時を知る人に聞けばよかったのです。

そうすれば、吉田さんの話とは違う話が出てきたはずです。そこから探求が深まり、事実にどんどん近づいていくのです。プリンを食べなければならなかった、済州島へ行かなければならなかったのです。

実際、吉田証言掲載後に歴史学者などから、「実際に済州島に行って調査したが、事実と違うのではないか?」という声も上がりました。ですが朝日新聞は追加取材を怠りました。だからこそ何十年たっての謝罪になったわけです。

事実を探求することの大切さ

つまり、イデオロギーや歴史問題といった難しいことよりも、ジャーナリストにとってはあくまでも事実が大事なのだということです。吉田さんがどのような人かということも関係ありません。人で判断するのではなくて、その人が言ったことが本当なのかどうかで判断すべきなのです。

時間を割いて取材に応じてくれているわけですから、取材先には敬意を払うべきだと思っています。それと同時に、果たしてその人の言ったことは本当なのかと、常に疑わなくてはいけません。事実を探求することが大事なのです。

それは相手がだれであろうと同じです。たとえ皇族でも、首相でも、人気作家でも同じです。相手に敬意を払っても、心の片隅では「本当なの?」という疑いの気持ちを忘れてはいけません。それはべつに相手の人間性を批判することではありません。「相手の人格は尊敬するが、言ったことに対しては検証する」ということです。

自らに疑いの目を向ける

英語に「悪魔の代弁者」という表現があります。自分が思うこと、自分が主張していること、取材したことに対して、あえて「悪魔」に反論させるのです。

自分が話していること、主張していること、信じていることというのは、どんなに客観的に考えようとしても、独りよがりになったり、抜けがあったり、偏っていたりするものです。そこで必要になるのが「悪魔の代弁者」です。要は「これは間違っているのではないか」と自問することです。

例えば、「早稲田大学の学生はどのような人か」を取材するとします。取材に行くと、たまたま体育会系の学生が集まっています。そうした学生に取材して、「早稲田大学の学生はみんなガタイのいい、筋骨隆々の人たちなんだな」と思ったとしたら、それは間違いです。たまたまその場にいた人、全体の中のわずかな集団にしか取材していないという偏りがあるからです。それと一緒です。「私がいくら努力しても、偏っている可能性があるのではないか」と、自分の中の悪魔がささやくのです。ジャーナリストはこれを無視してはいけません。

組織的なチェック機能の果たす役割

「悪魔を飼う」という点で、伝統的なメディア組織はうまくできています。自分の中だけでなく、システム的にもチェックできるようになっているのです。

『大統領の陰謀』(原題 *"All the President's Men"* (1974)〔翻訳として文春文庫、二〇〇五年〕)というノンフィクション作品をご存じでしょうか。ウォーターゲート事件を調査したワシントンポスト紙の二人の若手記者の手記で、現職のリチャード・ニクソン大統領の違法な政治工作を実証していく過程を描いた名作です。

この手記の初めのほうに次のようなエピソードがあります。二人の記者が大変な苦労の末、ニクソン大統領の側近がアメリカの国会図書館で何か調べ物をし、資料を借り出しているということを突き止めます。当時は貸出記録のデジタルデータなどありませんから、何千枚もの紙の貸出票をしらみつぶしに調べます。その結果、ニクソン大統領の側近が政敵のエドワード・ケネディを陥れるために資料を集めているという事実を発見したのです。二人は喜びます。直属の上司も喜びました。これはワシントンポストの一面だと、早速編集主幹のところに行きました。

ところが原稿を読んだ編集主幹の反応は、ただ首を横に振るばかり。「本を読んだだけじゃないか」、「どこがスパイなの？」と言われてしまいます。そして記事中の「スパイ」をにおわせる表現を「特別の興味を示した」と書き直して、一面ではなく、どこか適当なところに掲載するようにと指示をします。

若い二人の記者は、せっかく苦労してここまで調べたのにと、がっかりです。ところが、冷静に考えてみると、ニクソン大統領の側近が図書館から本を借りていただけなのです。「それがスパイなのか？　政治工作なのか？　本を借りただけではないのか？」。こうした編集部内や同僚からの問い掛けが大事なのです。自分の中の悪魔だけではできないのです。私もそうですが、取材中は興奮して、「ものすごい発見があった」と毎日のように思います。でも、上司や同僚は否定します。

これによって、記者はもっと説得力のあるものを書こうとします。『大統領の陰謀』の話に戻りますが、編集主幹は二人に「この次はもっと確かな情報をつかんできてくれ」と言い捨てて帰ってしまいます。そこから、最初は「図書館で本を借りました」程度しか調べられなかった二人が、裏を取り続け、一年半後についにニクソン大統領を倒すのです。

要するに、自分以外の「悪魔」とも対話することが大切なのです。メディアにはこうした厳しいベテランや同僚がたくさんいます。そこで否定されて終わりではなく、なにくそと思って説得力のある事実を積み重ねるのです。その繰り返しを通じて、新たな発見が生まれるのです。

取材は残骸の積み重ね

夏目漱石に『夢十夜』という小説があります。その中にこのようなくだりがあります（『夢十夜他二篇』〈岩波文庫、一九八六年〉）。運慶が護国寺の山門で仁王像を彫っています。見物に行った主人公（語り手）は「能《よ》くああ無造作に鑿を使って、思うような眉《まみえ》や鼻ができるものだな」と感心します。すると見物人の若者から、「あれは眉《まみえ》や鼻を鑿で作るんじゃない。あの通りの眉《まみえ》や鼻が木の中に埋《うま》っているのを、鑿と槌の力で掘り出すまでだ。まるで土の中から石を掘り出すようなものだから決して間違うはずはない」という話を聞かされるのです。

取材や執筆の過程もこれと似ています。一般市民、専門家などいろいろな人から証言を得て、そこからいろいろなことを考察します。その考えを、心の中の悪魔との対話、あるいは編集部の中での対話を通じて削っていくのです。削って、削って、削っていくと、だんだん記事が現れてきます。

ただ、削っても必ず記事が現れるとは限りません。先ほどの『夢十夜』の話に戻ります。語り手は帰宅して、自分も彫ってみたくなって、自宅に適当に積まれた薪木を彫りました。ですが彫っても何も出てきません。二本、三本、四本と何本掘っても出てきません。

同じように、取材もいつも残骸だらけです。事実を調べたけれど何も出てこなかったというものが、記事の裏には死骸のようにゴロゴロ転がっています。事実ではないので記事に出せないのです。

どんなに手間暇をかけて取材をしても、努力しても、事実でなかったのなら載せられません。

事実でないことは記事にできない

先ほど「マスゴミ批判」について触れました。こうした批判には真剣に耳を傾けるべきですが、少し違うと思うこともあります。「インターネットにはあふれている情報をマスコミが報じないのは何か大きな圧力が働いているからだ」とよく言われます。ですが、大抵の場合はそんなおごとではなく、事実でないから出せないのです。

インターネットに転がっている噂話は、いざ記者が調べてみるとしばしば事実と異なります。いっぱい努力したけれど紙面には出せずにボツになっています。いくら取材を頑張っても、事実でないものは潔く捨てなければいけないのです。

立派な仁王像か出てくるかもしれないし、出てこないかもしれないのです。間違ってももったいないからと、出てこないはずのものを無理やりつくってはいけません。それではフェイクニュースになってしまいます。

検証可能性のための実名報道

その意味で、「検証可能性」という視点が大事になります。例えば、私がいくらルポで現場の声を伝えても、「捏造だ」という反論はあり得ます。そのため、欧米のメディアは特に検証可能性にこだわります。私自身も、当事者を含めた何万人もの読者から検証を受けるだけの覚悟がないと記事に出せません。

ここで大事なのが実名報道です。なぜなら、たとえ読んで嘘だと思っても本人たちに聞いてみれば分かるからです。実名報道をめぐる抽象的な議論はありますが、一つの答えは検証可能性です。事実を担保するための実名です。もちろん、出さないでくれと言われたのに無理に名前を出したとか、相手の信頼を裏切る行為はせず、あくまでも了解を得ています。それは取材者への敬意であるとともに、公正な取材のあり方です。

四　ケーススタディ「沖縄　もう一つの現実」

なぜ沖縄の若者を取材したのか

それでは、私が二〇一五年に書いた「沖縄　もう一つの現実」というルポルタージュを題材に、「読み手に仕える」ことと、「事実に仕える」ことについてもう少し具体的に説明をしたいと思います（記事の詳細については「ニューズウィーク日本版」二〇一五年六月三〇日号参照）。

この取材のテーマは、「沖縄の若者の声を伝える」ことです。私がこのテーマを選んだのは、「読み手に仕える」ことと関係があります。

取材のきっかけは、情報収集のために参加した、とある沖縄の記者の講演会でした。講演内容は非常に勉強になりましたが、その中で引っかかるところがありました。講師が沖縄の若者に対して不満を漏らしたのです。「みんな基地に反対するために闘っている。でも最近の若い人は歴史も知らないし、どうでもいいと言う人、あるいは基地があってもいいと言う人が多いようだ」といった趣旨のことをおっしゃったのです。

私はてっきり、沖縄県民は老いも若きもみんな反対しているのだと思っていました。だから「違うの？」と、びっくりしてしまったのです。

講演会の場では、それに対して疑問が唱えられるわけではありませんでした。ですから、これはまず自分が実情を調べて伝えるべきだと思いました。もちろん私自身が知りたいということはありますが、私だけが知ってもしょうがないわけです。これは読み手が知るべきことなのです。

基地問題は沖縄県民だけの問題ではありません。皆さんの安全な日常も、日本全土にわたる防衛力によって成り立っています。基地の分担や負担軽減は、沖縄県民だけの問題ではなく、皆さんの問題でもあるのです。ですから、投票し、政権を選ぶための材料が要るわけです。その材料が、若者に関してはあまりにも抜けていたのではないかと気付きました。だからこそ読み手に伝えなければならないと考えたのです。

沖縄の普通の若者から話を聞く

先ほどもお話ししたように、取材に当たっては何よりも「事実に仕え」なくてはいけません。それはこの沖縄のルポも同じです。そのために「沖縄の若者と会わなくてはいけない」と思ったわけです。それも沖縄の「普通の若者」です。問題は、普通の若者には窓口がないことでした。窓口がある若者もいないではありませんが、それはやはりどこかの運動団体に所属している人です。

一番簡単な記事のつくり方は、そうした団体の窓口に「若い人を紹介してください」と言って取材することです。東京の編集部にいながらにして、電話であっという間に記事が書けてしまいますが、それでは事実に迫ったことになりません。

普通の若者と話したいと思って、相当手を尽くしました。それも、いろいろな若者の声を聞きたかったので、思想的に左の人にも右の人にも、基地反対の人にも容認や賛成の人にも、政治には興味ない人にも、沖縄の国立・私立の大学生にも、沖縄にずっと住んでいる社会人にも、東京に出てきた人にも会いました。いろいろな立場の人に話を伺いました。

沖縄の若者たちの冷めた視線

その中で一つ気づいたことがありました。私は最初、「さまざまな声」があるに違いないから、それを届けたいと思っていました。

ですが、取材を通じて、若者たちの中に既存の反基地運動に対する何か冷めた視線があるということとに気づいたのです。それは基地に反対する若者も同じです。私は、基地反対のために頑張っている何人もの若者と膝を突き合わせて話しました。彼らは、自分たちの感覚は基地の周辺で激しい反対運動を続けている大人とは少し違うと言うのです。

そこからは、「自分たち普通の若者とはちょっと違う。一緒にできない」という戸惑いが伝わってきました。彼らはもっと自分たちらしいやり方、沖縄らしいやり方をとろうとしているのです。例えば、沖縄には食べ物を囲んで、おしゃべりしながら政治についても話し合う「ゆんたく」という文化があります。そうしたことを運動の場ですると「お前らは甘い。俺たちみたいにもっと闘え」としかられるというのです。

若者には基地反対の人もいれば、賛成する、受け入れるという人もいます。無関心な人が一番多いと思います。でも、私が当初想像しなかったことなのですが、共通して、過激な反基地運動に対する戸惑い、距離感がありました。これは伝えなくてはならないと思いました。

これはいくらインターネットを漁っても分からないことです。仮に見つけたとしても、それが極論なのかどうなのか、あるいはフェイクニュースなのかどうか分かりません。いろいろな人に会って話を聞くと、それがその人だけの特殊な意見なのか、大勢に共通する意見なのかが分かります。それが事実を探求するということです。

自問自答の中から生まれた新たな発見

この沖縄のルポでも、悪魔の代弁者との対話を繰り返しました。まず「いくらいっぱい会っても、偏りはできるのではないか」と自問しました。何十人と会おうが、千人、一万人に会えるわけではありません。「たくさん取材したのは認める。でも偏っているのではないか」。そうしたことを自分の中で自問自答するのです。ジャーナリストはこうした問いを無視してはいけません。

検証の方法はいろいろありますが、例えば私は、沖縄県民の世論調査を参照することにしました。沖縄県やＮＨＫ、地元メディアなどが行った世論調査の結果の積み重ねがあります。そこには世代別にいろいろなデータがありました。そのデータには統計的な正しさがあるのです。私が出会った数々のミクロのファクトと、統計的なマクロの傾向を引き合わせてみて、両者にどのような距離があるかを検証するのです。

これがまったく正反対であれば、自分の取材の何かがおかしいと考えられます。一つの都合のいい調査だけではダメで、いろいろな調査を取り寄せてみる必要があります。

もう一つは、沖縄の大人たちに「沖縄の若者をどう見ているのか」を聞くという方法です。私は沖縄に住んでいるわけではありません。会って膝を突き合わせて若者と何時間話そうが、その場だけのことです。でも、大人は何年、何十年と若者を見続けているわけですから、その大人の感想、見方を聞いて、自分の見方を突き合わせるのです。それによって、自分の取材に偏りや間違いがあるかどうか確かめてみることにしました。

この検証の中で、また発見がありました。それは「世代差」です。今までは「沖縄県民」をひとくくりで考えていたのですが、世代によって違いがあることが分かりました。

ルポのきっかけとなった講演の「今の若者は」という声もそうです。逆に若者に大人について聞くと、「どんなに言っても分かってくれない」という戸惑いや諦めも聞こえました。真正面からぶつかって話すと、越えられない溝、フェンスが世代間にあるのです。分岐点は一九七二年の本土復帰で、「アメリカ世」（米統治時代）を知らない世代の増加にあります。取材と検証の往復によって「ヤマト世」に戻れば米軍基地がなくなると信じて果たせなかった旧世代と、基地が日常と化した若手世代との間に横たわる「見えざるフェンス」が見えてきました。

探求を通じて事実が深まる

取材内容を編集長やデスクに報告するとこう言われました。「基地の近くに住んでいるのと、遠くに住んでいるのとでは違うのではないか?」。当たり前だと思うでしょう。でも、取材に追われているると案外気がつかないものです。

そこで、辺野古や普天間といった基地周辺に住む「普通の若者たち」を見つけて、お願いしてお話を聞きました。こうして事実の探求はどんどん深まり、取材の質は向上するのです。自分の中で悪魔を飼うだけではダメです。やはりメディアというのはうまくできていて、編集部での対話を通してチェックできるシステムを備えています。

このように、事実が大事であるということの意味は、ただ単に嘘をばらまくのがダメだというだけではありません。事実を突き詰めようとすると、新たな発見が生まれるのです。深みが生まれるから事実が大事なのです。だからこそ事実に仕える必要があるのです。

先ほどの慰安婦問題でも、事実を探求すれば吉田さんの証言の間違いに気付くとともに、当時の女性たちの貧しさ、さらには植民地や戦争の愚かさという別の事実が見えてきたかもしれません。実際にはその探求は怠られ、時間の経過と共に多くの貴重な証言者を失いました。新たな発見のためにも、「事実に嘘をつかない」ということが大事です。

五　民主主義に仕える

ここまで、「読み手」「事実」という二つの神様について、沖縄での取材体験も交えてお話をしました。最後に三つ目の神様についてお話しします。これは「なぜ報道するのか」という報道の意義に関ります。私は、「民主主義」だと思います。

なぜ読み手に仕えるのか。先ほども触れましたが、それは、その読み手が有権者としていろいろな政策決定をする主権者であるからです。政府であれば、税金を使い情報機関を投入して事実を調べることができますが、一般の人にはその時間もお金もありません。だからすべて政府から説明されるまま、というわけではなく、国民に代わって私たちジャーナリストが委託を受けて、調べて、読み手に伝えるのです。

単なる好奇心を充たすためだけではなく、政策決定や主権者としての選択に資するために「事実」を伝え、いろいろな意見を提示するのです。そのために「民主主義」が三つ目の神様になります。

記事の目的を明示することの大切さ

アメリカのジャーナリズムでは、「なぜ私はこの記事を書いているのか」を早い段階で明記します。そこが日本のジャーナリズムは弱く、おもしろいエピソードを並べて、判断を読み手に委ねる姿勢をとりながらも、本当は誘導しているような場合がよくあります。書き手の視点や執筆目的を明らかにしない無署名記事で、あいまいな匿名のコメントを寄せ集めて、いかにも客観的な報道に見せるということが多いと感じます。

もう一度、先ほどの『夢十夜』の話に戻ります。事実という木材を彫りに彫って、立派な仁王像が出てきました。ここまでは日本のジャーナリズムも一緒です。

その後が日本とは違います。彫るだけではなくてその木像に彫り手の魂、書き手の「声」を吹き込むのです。彫っておしまい、何となく誘導し、匂わせておしまいではなく、彫ったら、ちゃんとジャーナリストが、「私はこのために取材した。この問題は報じるだけの意義がある」ということを明示しなければいけないのです。書き手の声を吹き込むことで、初めてジャーナリズムは成り立つのです。

これが意味するところは二つあります。一つは、木、すなわち事実だけではダメだということです。もう一つは、声だけでもダメだということです。私がどのように思っていようが、事実が最優先です。同時に、事実という必要条件だけでもダメなのです。必要条件を満たした上で、「私はこういうことを問いたい、だからこそこの報道には意義がある」と、声を吹き込まないといけないのです。

対話のための素材を提供することこそがジャーナリズムの役割である

「私が知りたいから調べた」「こいつは悪者だからこらしめてやりたい」では報道になりません。ここで三つ目の「民主主義」が登場するのです。

なにも「民主主義」を記事で高らかにうたい上げる必要はありません。記事を提供することで、読み手、有権者、国民がいろいろな情報に触れ、最終的に記事がその判断の一助になってほしいということを前提に、「私はこうした視点で書きました」ということを打ち出せばいいのです。

民主主義というと堅すぎますが、要はわいわいと対話や議論が起きればいいのです。実際、沖縄のルポには大きな反響がありました。発売してすぐに意外な人からメールが来たり、あまり話す機会のなかった人から声をかけられたりしました。

読者からの投書もたくさんありました。普段の読者投書欄は一ページに三人ぐらいの声を載せる程度の広さです。このルポに対してはたくさんの投書が来たので、特別に見開き二ページに拡大するほどでした。

沖縄からも含めて読者の方から電話もいただきました。読売新聞の論壇時評（二〇一五年六月二九日朝刊）など複数の新聞に取り上げられました。要するにいろいろなところで対話が生まれたのです。記事を読んで思考が深まると、肯定するにせよ批判するにせよ、人は対話したくなるものです。この対話こそが民主主義の根本で、そのための素材・事実を読み手に提示することがジャーナリズムの役割です。

ジャーナリズムにおける三位一体

「三つの神様」と言いましたが、この三つは三位一体です。「読み手」である主権者に、「事実」を提示することによって、「民主主義」に大切な選択肢を提供し議論を深めることができるのです。このことがジャーナリズムの役割なのではないかと、私はこれまでの経験から思っています。

こうした「神」に背を向け、誰かを喜ばせることを目的とした記事は報道ではありません。政権の手先となって伝えるのも、ある政治団体や活動家の思惑どおりに報じるのもプロパガンダです。

報道は何に仕えるべきなのか――根本的なことを今のうちに考えておくと、いざ現場に飛び込んだときに、一日目から何があってもくじけずに取材できます。現場で摩擦もあるかもしれませんが、プロのジャーナリストとしての貴重な第一歩を踏み出すことになるでしょう。

講義を終えて　学生とのQ&A（参考文献付き）

講義では報道がもたらす「対話」の重要性を説いた。その意味で今回、壇上から話すだけでなく、講義後に質疑応答を行ない、学生から感想文を頂けたのは私にとって貴重な対話の場となった。このコラムでは感想文で寄せられた主な疑問に応えることで、対話をさらに深めたい。

疑問1　「プライバシー権を守るためや、模倣犯を出さないために表現の自由や知る権利を抑制しなければならないこともあると思う。何を基準に判断するのだろうか」

回答1　「公共の利害に関する事実に係り、かつ、その目的が専ら公益を図ることにあったと認める場合には、事実の真否を判断し、真実であることの証明があったときは、これを罰しない」

日本の刑法には名誉毀損についてこう書かれている。報道が結果として誰かの社会的名誉をおとしめても、公共性・公益性・真実性の三点を満たせば違法性がない。この三つは講義で「神様」に例えた「読み手」「民主主義」「事実」とも重なる。

戦前の言論弾圧を経て、戦後の憲法が強力に保障する「表現の自由」にも例外がある。犯罪の扇動やプライバシーの侵害、児童ポルノもそうだが、報道で最も多くぶつかる壁が名誉毀損だ。こうした制約を破ると懲役や罰金、民事でも損害賠償が科される。

こうした制約はジャーナリストには厄介な存在だが、講義で伝えた報道の意義を考えれば「必要最小限」はやむを得まい。ただ実際には、必要最小限の制約を踏み越えた不当な法律や判決もあり得る。大事なことはそれらを鵜呑みにするのではなく、判例を通して自分なりの答えを追求することだ。「自分がその事件の当事者ならどうするか」とイメージトレーニングしてはどうだろうか。

理解を深めるために長谷部恭男『憲法［第六版］』（新世社、二〇一四年）、松井茂記『マス・メディア法入門［第五版］』（日本評論社、二〇一三年）、私が書いた「反差別という差別が暴走する」（「ニューズウィーク日本版」二〇一四年六月二四日号）を参考に挙げる。

疑問2　「国民の知る権利を尊重するという見解は分かった。だが記者があるテーマを伝えたい、掘り下げたいと思うから取材を重ねるのではないか」

回答2　講義では「取材で悩んだ時」に絞ったので、「伝えたい」思いについて触れなかった。もちろん今回の連続講義で披露されたさまざまなジャーナリストの熱意こそが取材の原動力、エンジンだ。こうした好奇心（政治でも社会でも文化でも何でもいい）なしに、ジャーナリストを目指すことは考えにくい。

ただ、エンジンにはハンドルが欠かせない。「神様」は名誉毀損などの暴走を制御し、熱意を最大限に活かす方向に導いてくれるだろう。特に調査報道は、好奇心の瞬発力だけで乗り切れない長距離走だ。まずは講義で挙げた『大統領の陰謀』の映画版（一九七六年）を鑑賞して、何が記者を手間のかかる調査報道に駆り立てるのかを考えてみよう。

14 新聞とジャーナリズム　その歴史と将来

朝日新聞社元社長
（本賞選考委員）
秋山耿太郎

一　ジャーナリズムとは何か

本日は「新聞の歴史」を中心に、ジャーナリズムのあり方などについて、私の個人的な見解も含めてお話しします。多少なりとも若い皆さん方の参考になるようなら、大変うれしく思います。

結論から先にお話ししましょう。「ジャーナリズムとは何か？」という問いにどう答えるか、というのが私の問題意識です。「ジャーナリズム」という言葉自体が非常に曖昧で、日本語に訳しにくい言葉です。私なりの答えはこうです。

「いま世界で、日本で、この町で、何が起きているのか。それを調べる。そして、知りたい人に提供する」

平凡ですが、これがジャーナリズムではないか、と思っています。

新聞の歴史をお話しして、果たして、こうした結論にまでたどり着けるかどうか。ともかく前に進みましょう。

二　市民革命と新聞の誕生

取材現場におけるテクノロジーの進歩

私が大学を卒業して新聞社に入ったのは一九六八（昭和四三）年です。それから約五〇年、いろいろな人と出会って、いろいろなことを見たり、聞いたり、面白かったですね。退屈しませんでした。

入社当時の朝日新聞の本社は、現在の有楽町マリオンがある場所にありました。入社式の後、新入社員は社内見学で編集局のデスクまわり、販売、広告などの営業職場、印刷の輪転機が廻っているところなどを見て、最後に本社ビルの屋上に連れて行かれました。片隅に古びた鳩小屋があり、何羽かの伝書鳩がゴソゴソ動いていました。なぜだか分かりますか？

一九六〇年代の半ばごろまで、新聞社では伝書鳩を取材の連絡用に使っていました。例えば、山奥での遭難事故だとか、土砂崩れだとか、写真電送機を載せた車が通れる道路がない場合に、現場からどうやって写真を送るか。伝書鳩を連れて行き、撮影した写真のフィルムを鳩の足に括り付けて飛ばしたのです。はるばる山を越えて、大概は東京の鳩小屋まで戻ってきたということです。

伝書鳩は帰巣本能が強い鳥で、古代エジプトの船乗りは遠くに船出するときは、陸上との連絡用に使っていたそうです。人間はずっと長い間、伝書鳩のお世話になっていました。

私が入社した時にはすでに、小型の写真電送機が開発されて、伝書鳩はお役御免になっていたのですが、世話係のおじさんが引き続き可愛がって飼っていた。そんな時代でした。

今なら、どんな山奥からでも、スマートフォンで瞬時に写真を送ることが出来ます。伝書鳩を使うなんて、若い皆さん方には信じられない話だと思います。この半世紀余りの間に、それだけ速いスピードでテクノロジーが発達した、ということでもあります。

媒体としての紙の歴史

さて、新聞の歴史を考える前に、紙の歴史をおさらいしておきましょう。新聞と紙とは、切っても切れない関係ですから。

情報媒体としての紙の「先祖」が、古代エジプトの「パピルス」です。英語の〝paper〟の語源です。今から四〇〇〇年、五〇〇〇年前に、カヤツリグサの一種であるナイル川の多年生植物の茎の繊維を組み合わせてつくったと言われています。エジプトからアラビア経由でヨーロッパにも伝わりました。西洋では長い間、パピルスや、羊の皮に文字を書く羊皮紙が使われていましたが、いずれもつくるのに手間がかかるので、大量にはできませんでした。やがて、中国から伝わってきた紙に取って代わられたのです。

中国では紀元前二世紀ごろ、麻などの植物から繊維を取り出して紙をつくる方法が発明されました。繊維を溶かして、それを漉き取って、天日で干します。漢の時代に製紙技術の改良が進み、日本には飛鳥時代の七世紀に伝わってきました。これを基に「和紙」ができます。

中国の紙の製法は、シルクロードを通ってアラビアからエジプトへ、そして西洋にも伝わります。紙の上の文字は、最初は手書き、やがて、木版印刷や活版印刷の技術が進み、紙はとても便利な記録媒体になりました。西洋流の「洋紙」が日本に伝わるのは、一九世紀の幕末・維新のころになってからです。

新聞の始まり

そこで、「新聞の歴史」です。

いろいろな説があるようです。例えば、紀元前のローマ時代にカエサルの命令によって、元老院の議事録や裁判の記録などを市民に公示したのが起源という説があります。紙はまだありませんから、木の板に文字を刻んだ掲示板のようなものだったのでしょう。中国でも唐の時代などに、新しい法令の内容を広く人々に伝える手書きの文書があったということです。紙の文書です。

しかし、これらは支配者による統治のための一種の「官報」(「お知らせ」)であって、世の中の動きを知りたい人のために定期的に情報を伝えるという意味での「新聞」のイメージとは違います。

人々が必要とする情報を伝える紙の媒体としての「新聞」の始まりとなると、一五世紀のヨーロッパとする説が有力です。

一五世紀中ごろから、西洋では大航海時代が始まります。ポルトガルやスペインなどの帆船が、インド洋や大西洋を乗りこえて、アフリカ、アジア、やがて、アメリカ大陸にまで出かけるようになり、貿易や通商活動が活発になりました。交易が盛んになると、人々は遠い国の出来事も含めて、幅広い海外の情報を求めるようになります。例えば、一五世紀の南ドイツのアウクスブルクという街では、豪商の一族が貿易や通商の情報を盛り込んだ「手書き新聞」をつくって売っていたそうです。

新聞は市民革命の中から生まれた

もう少し本格的な「新聞」が現れるのは、一八世紀から一九世紀にかけての西洋の産業革命、市民革命の時代です。外国との交易でお金を儲けた人たち、貴族でも農民でもなく、商工業を中心とする人たちが次第に力をつけていって、新しい市民階級が生まれました。そして、王様や貴族など旧来の支配層の人々に対して、「経済活動の自由」や「議会制度開設」、「言論の自由」などを求めて声を上げるようになります。要求を実現するには、広く民衆が政治に対して関心を持つようにならねばなりません。そのための手段として「新聞」を活用するようになるのです。蒸気を動力とする印刷機で大量印刷し、毎日定期的に発行する新聞も出てきました。

イギリスの植民地だったアメリカの独立戦争（一七七五～八三年）に続いて、フランス革命

（一七八九年）が起こり、絶対王政の封建的な支配体制が崩れていきます。旧来の支配権力と戦って「言論の自由」を勝ち取り、自分たちの主張を広く民衆に知ってもらおう。そのための「新聞」を発行しよう。これが近代的なジャーナリズム誕生の原点であり、「新聞」は西洋の市民革命の中で生まれた新しいメディアだったのです。

独立戦争で自由を獲得したアメリカ憲法の修正第一条（一七九一年成立）は、こう定めています。

「合衆国議会は、国教を樹立する法律もしくは自由な宗教活動を禁止する法律、または言論もしくは出版の自由または人民が平穏に集会し、不平の解消を求めて政府に請願する権利を奪う法律を制定してはならない」

（岩波文庫『新版 世界憲法集［第二版］』〔二〇一二年〕より、傍点筆者）

そして、アメリカの「独立宣言」を起草したトーマス・ジェファーソン（第三代アメリカ大統領）が、一七八七年に友人に宛てた手紙の中で遺したとされる、とても有名な言葉があります。

「新聞のない政府か、政府のない新聞か。どちらかを選べとなれば、私はためらうことなく後者を選ぶ」

三 「上からの革命」と共に歩んだ日本の新聞

かわら版の時代

日本はどうでしょうか。

西洋で大航海時代が始まった一五世紀半ばの日本は、まだ室町時代です。「応仁の乱」から戦国時代を経て江戸時代へ。江戸時代は一六〇三年から一八六八年まで続きますが、徳川幕府は鎖国政策を取って、海外の情報が流入しないようにし、国内でも情報の流れを厳しく統制していました。日本で西洋のような「新聞」が出現するのは一九世紀の幕末動乱期まで待たねばなりません。

江戸時代の「新聞」に近いものとして、「かわら版」の存在がよく知られています。江戸や京都、大坂の町の火事や地震、浅間山の噴火、黒船の来航、もろもろの巷の噂話に絵をつけたビラで、今でいえば、新聞の「号外」に近いものです。粘土板や木版で紙に印刷していました。これを「かわら版売り」が読み上げながら、辻つじで売り歩いたので、「読み売り」と言われました。

岩波文庫に『江戸東京実見画録』(二〇一四年)という本があります。幕末から明治維新を生きた長谷川渓石が、江戸から東京へと移り変わる街の様子をスケッチして説明文をつけたものです。この人は、江戸難波町(現在の日本橋界隈)の商家の生まれで、千葉周作の道場で剣を学ぶなどして、維新の後には、「代言人」（今の弁護士に近い仕事。訴訟や争いごとを引き受ける）を開業していました。明治の女流作家に長谷川時雨という人がいますが、その父親でもあります。この本に、江戸の街かどの「かわら版売り」の姿が描かれており、その口上は、例えば、こんな風だったと紹介されています。

「サア、大変なおかみさんが御座います。実の子供を釜ゆでにした繞《しま》（続）き、御近所の酒やさんで御亭主は腰をぬかす、お婆アさんは目をまわす、小僧は逃出《にげだ》すといふ始末は、絵入かな付にて一枚が八文」

今なら、母親による「幼児虐待」ですね。情報を厳しく統制していた幕府は、「かわら版」を取り締まり、時に発行禁止としましたが、こうした庶民のささやかな楽しみとなるゴシップ情報については、黙認していたのでしょう。もちろん、政治に関わる話題は一切ご法度。心中や放火事件も、治安を乱すからということでしょう、取締りの対象とされたようです。

海外事情を伝える新聞の登場

幕末が近づくと、日本列島の周辺にアメリカ、ロシア、イギリス、フランスなどの異国船が次々に現れ、開国を迫ってきました。鎖国日本の眠りを覚ます蒸気船です。いったい世界はどうなっているのか。海外事情を知る手段として「新聞」が登場してくるのです。

徳川幕府がオランダ語の新聞を翻訳した「官板バタビヤ新聞」が、日本で最初に発行された「新聞」とされています。

オランダの植民地バタビア（ジャワ島、今のジャカルタ）には、オランダ総督府があって、沢山のオランダ人が在留していました。その人たちに向けて、西洋諸国の動き、通商の状況などを伝える「ヤバッシェ・クーラント」という新聞を総督府が定期的に発行していました。

その当時、鎖国日本の海外に向けた唯一の窓口が長崎の出島でした。オランダ船が、年に何回か、バタビアからの荷物を満載して出島に入ってきます。オランダ総督府から徳川幕府への献上品の中に、このオランダ語の新聞が入っていたのです。長崎から江戸へと早馬で運ばれたのでしょう。オランダ船がつくたびに届くこの新聞を、幕府は「蛮書調所」という役所で日本語に翻訳して、「官板バタビヤ新聞」という題字をつけて発行しました。この新聞が最初に出たのは一八六二年正月とされています。

それより少し前、一八五三年にはペリー率いるアメリカ艦隊が浦賀沖に、翌一八五四年には横浜沖にまでやってきて日米和親条約（一八五四年）、次いで、日米修好通商条約（一八五八年）を結んで、日本は開国しました。しかし、京都では、長州や薩摩などの勤王の志士たちによる尊王攘夷運動が燃え盛っています。開国か、攘夷か、国論が二分される中で、開国せざるを得なかった幕府としては、有力な大名などに海外事情をよく知っておいてもらう必要があり、その手立てとしてオランダ総督府発行の「新聞」に目をつけたのでしょう。「官板バタビヤ新聞」が出た一八六二年は、京都に住んでいた天皇の妹、皇女和宮が一四代将軍徳川家茂のお嫁さんになるために江戸まで下ってきた年です。「公武合体」の象徴としての「政略結婚」とともに、海外事情を知らせる「新聞」発行など、当時の幕府の苦心の跡がしのばれます。

開国とともに、長崎や横浜の港にアメリカやイギリスの船が多数入ってくると、諸外国の情報や噂話が町にあふれます。そうした情報を寄せ集めた小さな英字紙や、外国船が運んできた英語の新聞を日本語に訳した「翻訳新聞」なども出回るようになりました。

例えば、一八六四年に横浜に住む浜田彦蔵（洗礼名ジョセフ・ヒコ）が創刊した新聞です。英語の新聞に載っている珍しい話を日本語に訳して、木版刷りの「海外新聞」として売り出しました。ジョセフ・ヒコは播磨（今の兵庫県）の農家の生まれ（幼名彦太郎）で、兵庫と江戸を往復する船乗りでしたが、難破してアメリカ船に助けられてサンフランシスコやニューヨークに住んだこともあり、帰国して、アメリカの神奈川領事館で通訳の仕事をしていました。今も、横浜中華街の関帝廟通りには「日本国新聞発祥之地」という小さな碑があり、ジョセフ・ヒコが「新聞の父」として紹介されています。

維新政府とともに歩む新聞

時代は大きく動き、徳川幕府から明治政府へ。一八六八年の戊辰戦争の混乱の中で、戦況を伝える小さな新聞が各地に生まれました。版籍奉還、廃藩置県など維新の新体制が固まるころになると、世相の移り変わりや、新しい時代の経済の動きなどを伝える新聞が出回ります。人々が知りたいことを、速く知らせる手段が「新聞」です。例えば、生糸貿易でにぎわう横浜の商品相場（絹相場）は、上州や信州などで養蚕に携わる人々にとって、とても大事な情報でした。

やがて、鉛の活字を使って印刷した新聞らしい新聞の登場となります。一八七一（明治三）年創刊の「横浜毎日新聞」は最初の本格的な日刊紙です。読売新聞は一八七四（明治七）年に東京で、朝日新聞は一八七九（明治一二）年に大阪で誕生しました。

新たに創刊された新聞は、巷の噂話などとともに、議会開設を求める自由民権運動など新しい時代のうねりを、人々に伝えました。そこは西洋の市民革命の時代と共通するところです。

一方で、大きな違いもあります。

一八世紀の西洋では、新しく勃興したブルジョワジー（市民階級）が「市民革命」の主体として、「議会開設」や「言論の自由」など政治体制の近代化を戦い取ったのですが、明治維新とともに始まる日本の近代化は、明治政府が主導する「上からの革命」でした。

「文明開化」「富国強兵」のスローガンの下、「欧米列強に追いつけ、追い越せ」という国家目標を達成するために、政府は新しいメディアである新聞を利用し、新聞もまた、政府とともに歩むことで、企業として、産業として大きくなっていきます。日本の新聞は、政治権力から独立した「言論の自由」を求めることはありませんでした。そのスタート時点から、「政府が許す枠組みの中で」という制約を背負っていたのです。

明治政府は、新聞社に対して国有地売却などの便宜供与をする一方で、言論統制の網をかけていきました。一八六九（明治二）年の「新聞紙印行条例」（太政官布告）によって新聞発行を許可制とし、編集者に責任を持たせるところから始まって、一八七五（明治八）年の「新聞紙条例」や「讒謗律」によって紙面内容の監視体制を整えました。「讒謗」とは、悪口をいうことです。政府の悪口を書いたら発行禁止などの処罰をする、政府批判を禁止する、という法律でした。

その背景として、一八七四（明治七）年に板垣退助らが「民撰議院設立建白書」を政府に提出し、それが新聞に載って自由民権運動が盛り上がったことがありました。「新聞紙条例」では、官庁の許可がなければ「建白書」などを新聞に載せてはならない、とされました。自由民権運動に関する記事を抑え込もうという狙いです。

相次ぐ戦争と新聞の成長

中央集権的な国家体制を築いた明治政府は、欧米列強を見習って、海外膨張政策へと突き進んでいきます。実際、明治以降の日本は戦争の連続でした。

戊辰戦争が終わって間もない一八七四（明治七）年の台湾出兵に始まって、一八七七（明治一〇）年の国内の西南戦争を経て、一八九四〜九五（明治二七〜二八）年の日清戦争、一九〇四〜〇五（明治三七〜三八）年の日露戦争、一九一四（大正三）年から一八（大正七）年まで続く第一次世界大戦とその後のシベリア出兵。一九三一（昭和六）年からの満州事変、そして、一九三七（昭和一二）年から一九四五（昭和二〇）年まで続いた日中戦争と第二次世界大戦……。

この間に、一九二五（大正一四）年の治安維持法、一九三八（昭和一三）年の国家総動員法など戦時体制強化の大きな流れができて、用紙の配給から紙面内容に至るまで、新聞は全面的に国家の統制下に置かれるようになったのです。

しかし、新聞産業はたくましく生き延びていきました。何よりも「新聞」がよく読まれたからです。もともと日本では、江戸時代の「寺子屋」で「読み書きそろばん」の教育が進んでいたこともあって、識字率が高かったのです。これに加えて、戦争が続いたことが新聞の普及を後押ししました。江戸時代までは、戦争で戦うのは武士の仕事でした。明治維新になって「士農工商」の身分制度が廃止されて「国民皆兵」制度に変わると、農家の息子も、商店の跡取りも、誰もが戦争に駆り出され、遠い外地に出征することになります。沢山の兵士がアジア各地の戦場に赴きましたが、日本に残った家族が安否を知る手掛かりは新聞を読むぐらいしかありません。横浜や東京、大阪など大都市ばかりでなく、地方都市にも地元紙が生まれ、日清戦争の頃にはほぼ日本全国に新聞が普及するようになりました。

新聞社もまた、それぞれ従軍記者を戦地に派遣して速報を競い合います。日露戦争では写真入りで戦況を伝え、号外を出し、新聞の発行部数は増えていきました。

戦争のニュースは多くの人々の関心を呼びます。良いか悪いかは別として、日本の新聞産業は、戦争の連続によって大きく成長したという現実があります。そして、戦時体制が強化されると、経済統制下での日用品の配給情報などが載った新聞は、日々の生活になくてはならない「生活必需品」のようになっていったのです。

国家を統治する側からすれば、新聞を通じて戦争遂行のイデオロギーを国民に浸透させることができます。例えば、「負けられません、勝つまでは」だとか、「鬼畜米英」だとか……。国民に知らせる戦況も「大本営発表」で統一しました。国策に協力してきた新聞は、戦時体制強化の補完装置の役割を果たしていたのです。

四　戦後日本と新聞の盛衰

日本国憲法と言論・表現の自由

一九四五（昭和二〇）年八月に戦争が終わって、日本の新聞は初めて「言論の自由」「表現の自由」を手に入れることになります。「自由」が保証されたのは、日本国憲法第二一条によります。

一項「集会、結社及び言論、出版その他一切の表現の自由は、これを保証する」

二項「検閲は、これをしてはならない。通信の秘密は、これを侵してはならない」

正確に言えば、敗戦後しばらくは、まだ「検閲」がありました。占領軍であるGHQ（連合国軍総司令部）の事前検閲です。例えば、「大東亜戦争」とか「八紘一宇」など軍国主義的な用語を使うことは禁止されました。アメリカの原爆投下を批判するような記事も禁止です。ゼネストを煽って治安を乱すような記事も禁止されました。実際には、各新聞社が検閲に引っかかりそうな記事は出さないよう自主規制していました。

一九五一（昭和二六）年のサンフランシスコ講和会議で平和条約が結ばれ、翌一九五二（昭和二七）年に日本は独立します。日本の新聞の多くは、「言論の自由」の旗印を高く掲げて、「権力の監視役」というジャーナリズム本来の役割を果たすべく再出発しました。

新聞の全盛時代

私が新聞社に入ったのは一九六八（昭和四三）年ですが、振り返れば、日本の新聞がいちばん元気のいい時代だったかも知れません。経済が復興し、高度成長の波に乗って大衆社会状況が進み、人口も増え、日本全体に右肩上がりの勢いがありました。「事件記者」などのテレビドラマが人気で、新聞記者は肩で風を切って歩くことが許されるような時代の雰囲気でした。

私の初任地は新潟支局ですが、支局長は身長が六尺豊かな（一八〇センチ以上）大男でした。警視庁捜査一課担当を一三年間もやって、「殺人、強盗一三年」というのが自慢の口ぐせでした。そして、若い私たちに「新聞記者は、相手によって態度を変えてはいけない。天皇に会っても、乞食に会っても、同じ態度でいろ」だとか、「官僚アタック。役人は必ずウソをつく。ウソを暴くのが新聞記者の仕事」だとか言っていました。支局長に尻を叩かれた先輩記者が書いた新潟版の記事には、大きな見出しで「知事、二枚舌」とありました。新米記者の私は、「こんなことも書けるのか。新聞記者の仕事は面白いなあ」とワクワクしたのを覚えています。

新聞の発行部数は、戦後も増え続けました。一九五三（昭和二八）年ごろからテレビ放送が登場するのですが、新聞とテレビは、時事ニュースの媒体としてだけでなく、スポーツや文化芸能の情報、暮らしの知恵などを人々に伝え、読者と喜怒哀楽をともにする「生活必需品」であり続けたのです。

新聞社間の激しい販売競争も各新聞の部数増を後押ししました。朝日新聞や読売新聞などの全国紙は、専売店網を全国に張り巡らせ、地方紙も巻き込んで読者の獲得競争を展開します。専属のセールスチームを抱え、購読契約を取るために洗剤やらビール券やらの「景品」を配るなどして、「仁義なき戦い」が続きました。こうして最盛期には、読売新聞一〇〇〇万部、朝日新聞八〇〇万部というような巨大部数を誇るようになります。

インターネット社会の到来と新聞の衰退

やがて、高度成長が終わって、人口が減少し、本格的なインターネット社会を迎えます。新聞を取り巻く環境はすっかり変わりました。インターネットから直接情報を入手し、発信することができるようになって、若者は紙の新聞から離れていきます。経済のグローバル化によって新たな貧富の格差が拡大して、経済的に新聞を購読する余裕のない家庭も増えました。新聞はもはや「生活必需品」ではなくなったのです。日本の新聞（スポーツ紙などを除く一般紙）の発行部数は一〇年ほど前までは四七〇〇万部ありましたが、現在は四〇〇〇万部を割り込んでいます（日本新聞協会の調査データによる）。部数の落ち込みと広告収入の減少によって、新聞社の経営はなかなか苦しくなってきています。

新聞の先進国であるアメリカでは、日本よりも先に紙の新聞がインターネットの大波に巻き込まれ、全米各地で新聞社の身売りや廃業、記者を減らすリストラが相次ぎました。その結果、新聞社がつぶれ、新聞記者もいなくなって、取材の目が届かない地域が少なからず出てきました。権力を監視する目が弱るとどうなるか。地方都市の幹部たちが、お手盛りで給与を引き上げていき、中には、市長が大統領を上回る高給を取っていた事例などが報告されています。

デジタル時代をどう乗り越えて、生き抜いていけばよいのか。紙の新聞をどこまで残すのか。紙に代わるメディアとして、インターネットによる情報発信をどのように育てていくのか。有料のデジタル版も少しずつ増えてはきましたが、紙の新聞の収入の落ち込みをカバーすることはできません。どの新聞社もそれぞれ必死で検討していますが、総じて言えば、まだ明確な方向性をつかみかねているのではないでしょうか。

五　「ポスト真実」時代の新聞とジャーナリズム

ジャーナリズムとは何なのか

ここまで新聞の歴史をたどってきますと、問われているのは、新聞産業の行方というよりも、「ジャーナリズムの行方」なのではないか。それが一番大きな問題であるように、私には思われます。

アメリカでは、ツイッターでしか情報を発信しないトランプ大統領の登場により、「フェイク・ニュース」（偽ニュース）や、「オルタナティブ・ファクト」（もう一つの事実）や、「ポスト・トゥルース（「ポスト真実」）」（真実かどうかより、人々が興味を持つかどうか）など、耳慣れない単語が飛び交うようになりました。インターネット時代のメディアのあり方やニュースそのものに対する考え方について、すさまじく大きな変化が待ち受けていることを予感させます。

そもそも「ジャーナリズム（journalism）」とは、何を意味している言葉なのでしょうか。ラテン語で「日記」「日録」「日々の記録」を意味する「diuruna（ディウルナ）」という単語が語源だそうです。

手元にある岩波の『国語辞典［第七版］』（二〇〇九年）では「新聞・雑誌・放送などで、時事問題の報道・解説・批評などを行う活動。また、その事業」と簡単に記しています。

辞典によって様々に説明されていますが、その中で、私は平凡社版の『世界大百科事典（改訂新版）』（二〇〇七年）の解説が、いちばん腑に落ちるように思いました。少し古くさい表現なのですが、こうです。

「日々に生起する社会的な事件や問題についてその様相と本質を速くまた深く公衆に伝える作業。また、その作業をおこなう表現媒体をさしていう。歴史的には新聞や雑誌による報道・論評を通じて果たされることが多かったので、転じて新聞・雑誌など定期刊行物を全体としてさす語として用いられることもある」

ジャーナリズムは、広い意味では、新聞、雑誌、テレビなどのニュース媒体全体を指す用語です。けれども、その眼目は、「世の中で何が起きているのか。その本質を探り、深く調べて、人々に伝える作業（活動）」だというのです。言い換えれば、限りなく「真実」に近づくための「調査報道」を徹底することに尽きるのではないでしょうか。

今こそ求められる「調査報道」

とはいえ、こうした意味合いでのジャーナリズムが成立するには、条件があります。まずは、世の中の動きを知りたい、真実を知りたい、と思う多くの人々がいることです。

メディアを取り巻く環境が複雑になり、「ポスト真実」の言葉に代表されるように、真実かどうかにはあまり関心がない、あるいは、まったく無関心という人が多くなるようであれば、そもそも、ジャーナリズムは成り立ちません。「言論の自由」も意味がないし、議論がかみ合わないから「議会政治」も空洞化していくでしょう。

しかし、本当のことは何かを知りたい人が少なくなるとは、私には考えられません。メディア側も、一つひとつの「ファクト（事実）」の積み重ねが「トゥルース（真実）」に至ることを、その道筋を、もっと丁寧に説明していくことが必要です。そうした努力を続けることによって、「ポスト真実」の風潮に打ち克つことができると確信します。

そして、もう一つ、「物事の本質を深く調べる」ための費用をどうするか、という問題がありま す。「調査報道」は一つひとつの「事実」を探り出し、掘り出して、限りなく「真実」に近づいていく作業です。時間がかかり、人手も必要です。新聞が右肩上がりで部数を伸ばしていった時代には、取材のための費用が問題になることはありませんでした。部数が減って新聞社の経営が厳しくなってくると、手間ひまをかけて調査報道に取り組むのか、それとも、メディア企業としての営利性を優先するのか、という問題が浮上してきます。

経営難から数多くの新聞社が姿を消したアメリカでは、職を失った新聞記者たちが調査報道に取り組む非営利団体を立ち上げるケースが目立っています。「パナマ文書」のスクープで今年（二〇一七年）、ピュリツァー賞を受けた「国際調査報道ジャーナリスト連合（ＩＣＩＪ）」の中核になっているのもアメリカの非営利メディアです。日本を含む多くの国の報道機関のジャーナリスト多数が力を合わせて取り組んだ調査結果をインターネットで配信し、それぞれの新聞もその結果を報じました。こうした非営利メディアに資金援助する団体などもあって、成果を上げるケースがいくつも報告されています。これからのジャーナリズムの一つの方向を示しているのでしょう。

新聞は「志」の産業でなくてはならない

インターネット時代に入って、メディアの世界は流動し、複雑に錯綜しています。やがて、紙の新聞の発行部数は今よりかなり少なくなるかもしれません。市場が縮小すれば、企業としての成長は望めないかもしれません。それでもなお、新聞は生き残るでしょう。歴史と伝統、取材力、信頼度、ニュース判断のバランス感覚……。新聞は他の媒体に劣ることはありません。歴史を記録し、真実を追究し、権力を監視するジャーナリズムの担い手として、中心的な役割を果たし続けていくように、私は思います。

国際社会に強い影響力のあるニューヨーク・タイムズやワシントン・ポストの発行部数は、日本の主要新聞よりもずっと少ないのですが、トランプ政権のメディア攻撃と対峙しながら、「権力の監視役」を果たすべく苦闘しています。たとえ読者が限定されようともクオリティの高い新聞をつくり続けよう、というジャーナリスト集団としての気概が支えになっているのでしょう。伝統の力だと思います。

ここまで来て、新聞とジャーナリズムについての私の結論をトーマス・ジェファーソン流に言えば、こうなります。

「ジャーナリズムのない新聞か、新聞のないジャーナリズムか。どちらかを選べとなれば、私はためらうことなく後者を選ぶ」

つまり、新聞は「志」の産業でなければならない、と私は思うのです。言論や報道という名の商品を扱う新聞の仕事は、なかなか一口には言い尽くせないものがあります。若い皆さん方に、西洋の新聞の歴史、日本の新聞の歴史を踏まえて、「言論の自由」やジャーナリズムの意味合いというものを改めて考えていただけるなら、大変有難く思います。

講義を終えて　最後の「護送船団業種」

新聞の歴史を振り返ると、第二次世界大戦後も、日本の新聞業界は二重三重の「壁」に守られてきたことが分かります。

その一つが、ＧＨＱ（連合国軍総司令部）の占領下にあった一九五一（昭和二六）年に出来た「日刊新聞紙法」（商法の特例法）によって新聞社の株式に「譲渡制限」が認められていることです。この法律を要約すると、「日刊新聞を発行する新聞社は、定款で株式の譲渡人をその会社の事業関係者に限ることが出来る」ということです。過小資本の新聞社が外部資本に乗っ取られることがないようにと、新聞業界の働きかけによって議員立法で成立しました。

欧米の主要新聞社はおおむね株式市場に上場されていますが、日本の新聞社は非上場です。資本金は、例えば、朝日新聞が六億五〇〇〇万円、読売新聞（グループ本社）が六億一三二〇万円、毎日新聞は四一億五〇〇〇万円、日経新聞も二五億円など、びっくりするように小さな金額です。

先年（二〇一五年）、日経新聞がイギリスのフィナンシャル・タイムズ（ＦＴ）紙を買収して話題になりました。資本金二五億円の日経新聞が一六〇〇億円を投じてＦＴの全株式を買い取ったということです。一方、外国メディアが「譲渡制限」のついた日本の新聞社の株式を買収するのはかなり難しいでしょう。株式「譲渡制限」は、外国だけでなく国内他業種からの参入にも防壁の役割を果たしています。

もう一つ、一九五三（昭和二八）年の独占禁止法改正で、独禁法の例外として、新聞に「再販売価格維持制度」が認められていることもあります。これにより、全国一律の価格体系が維持でき、それぞれの新聞社がテリトリー制の専売店による戸別配達網を展開できるようになりました。「再販制度」は、日本の新聞が巨大部数を誇る岩盤になっています。

最近でも、消費税引き上げ問題の際に新聞業界は足並みをそろえて、食料品などと同じように新聞を「軽減税率」の対象とするよう各方面に働きかけました。私も業界団体の代表として先頭に立って、政府や政党にお願いに行きました。

経済がグローバル化しているこの時代に、業界全体が様々な制度、規制で守られているという意味で、新聞が「最後の護送船団業種」と言われるゆえんです。

しかしながら、インターネット社会の進展によって紙の新聞の勢いが衰え、これらの「壁」も土台がぐらついてきたのではないでしょうか。「新聞は生活必需品だから、特別扱いに」という業界の主張が、インターネット時代にも説得力があるかどうか。例えば、紙の新聞の売り上げ減少をカバーするために、新聞社が不動産業に乗り出したり、イベント事業などを本格展開するようになり、それが収益の主要な柱になると、「株式の譲渡制限」によって新聞社の過小資本だけを守る理由が希薄になってくるのではないかと思います。

新聞社の本来の役割である「ジャーナリズム」と、企業として生き残るための「営利性」と、深い亀裂がのぞき始める中で、最後の「護送船団」はどこに向かうのでしょうか。

あとがき

日本のジャーナリズムは大きな試練の時を迎えている。その様子は「国境なき記者団」が発表する「報道の自由度ランキング」からもみてとることができる。二〇一〇年には一一位であったものが、二〇一三年以降ドラスティックに下がり続けて二〇一六年には七二位となった。二〇一七年は七二位（一八〇の国・地域中）のままであったが、イタリアの順位が上昇（七七位から五二位）した結果、G7諸国中では日本が最下位になった。このような順位低下の大きな要因が、政権側がジャーナリズムに対してさまざまな「圧力」をかけていると見られていることにあるのは言うまでもない。

健全なジャーナリズムの存続があやしくなれば、インターネット全盛という情報環境の今日では、フェイクニュースが容易にインターネット内を駆け巡ることになる。そして「ポスト真実」と言われる社会状況が成立しやすくなるのである。

これに対抗して国民に正しい情報を提供し民主主義社会を維持するためには、「調査報道」がきわめて重要であると序論で記した。本書の多くの執筆者も同じことを指摘していることに、編者として大いに意を強くしたところである。

同時にごく最近、「ファクトチェック」という語も改めて注目されることになった。二〇一七年一〇月八日に日本記者クラブで行われた八党首討論会の際に、安倍首相が少々色をなして（朝日新聞が八田氏および加戸氏の発言の報道をしていないので）「ぜひ国民の皆さん、新聞をよくファクトチェックしていただきたい」と口にしたのである（討論会の内容については、日本記者クラブの会見リポートを参照）。翌日、朝日新聞が、首相の指摘が事実と異なることを紙面で明らかにしたのは当然としても、その後、ウエブ上のいくつかのサイトが独自にファクトチェックを実行した。例えば、日本報道検証機構は首相の発言を「不正確」と判定し、その「誤報レベル」を、最高の七に次ぐ六としている（日本報道検証機構の検証内容については、同機構の運営するニュースサイト「GoHoo」を参照）。このファクトを前に首相ご本人もさぞ反省されていることだろう。いずれにしても「調査報道」に先立つものとして、「ファクトチェック」の必要性を、首相自らに教えてもらったことになる。

しかし、ここで気をつけなければならないのは、「ファクトチェック」という名称の「フェイクニュース」さえもすでに登場していることである。インターネットの普及によって、ジャーナリズムを取り巻く環境はめまぐるしく変化している。困難な状況にジャーナリズムが置かれていることを、われわれ一般の国民もわきまえつつ、ジャーナリストのますますの活躍を応援する必要があるだろう。

最後に、本書の刊行についてお骨折りくださった方々への謝辞を記させていただく。

本書は、早稲田大学において二〇一七年度春学期に設置された「石橋湛山記念 早稲田ジャーナリズム大賞」記念講座においでくださったジャーナリストの方々の講義をまとめて一書としたものである。ご多忙の中を早稲田大学にまでご出講くださった上、短期間のうちに書物にまとめ上げる一連の煩わしい作業にご協力いただいた講師の方々には、心より御礼を申し上げる。

　また、本書の編集を担当していただいた成文堂編集部の小林等さん、そしてこの記念講座の構成と運営、ならびに本書の刊行に尽力していただいた「石橋湛山記念 早稲田ジャーナリズム大賞」事務局と早稲田大学広報課の皆さんにも、深い感謝の意を表したい。

　最後の最後に、個人的なことを記すことをお許しいただきたい。私は来年三月末日をもって早稲田大学を定年退職する。私のこの大賞との関わりは、二〇〇〇年に広報室長として「石橋湛山記念 早稲田ジャーナリズム大賞」発足の準備作業のため、当時、広報室参与であられた小玉武さんに手をひかれるようにして、マスメディア各社を訪ねて協力をお願いすることから始まった。以来、広報室長として、選考委員として、そして講座のコーディネーターとして関わってきたこの事業からも、これで離れることになる。この大賞についての社会の認知度も、関係各位のご支援とご協力のおかげで年々高まっている。発足時からのわれわれの願望であるが、この大賞がアメリカ合衆国におけるピュリツァー賞のようなビッグな存在へとつつがなく育っていくことへの心からの期待を記して擱筆する。

二〇一七年一〇月二四日

八巻和彦

石橋湛山記念
早稲田ジャーナリズム大賞

建学以来、早稲田大学は「学問の独立」という建学の理念のもと、時代に迎合せず、野にあっても進取の精神で理想を追求する多数の優れた人材を、言論、ジャーナリズムの世界に送り出してきました。

先人たちの伝統を受け継ぎ、この時代の大きな転換期に、自由な言論の環境を作り出すこと、言論の場で高い理想を掲げて公正な論戦を展開する人材を輩出することは、時代を超えた本学の使命であり、責務でもあります。

このような趣旨にのっとり「石橋湛山記念 早稲田ジャーナリズム大賞」を創設しました。

本賞は広く社会文化と公共の利益に貢献したジャーナリスト個人の活動を発掘し、顕彰することにより、社会的使命・責任を自覚した言論人の育成と、自由かつ開かれた言論環境の形成への寄与を目的としています。

賞の名称には、ジャーナリスト、エコノミスト、政治家、また本学出身の初の首相として活躍した石橋湛山の名を冠しました。時代の流れにおもねることなく、自由主義に基づく高い理想を掲げて独立不羈の精神で優れた言論活動を展開した湛山は、まさに本学の建学の理念を体現した言論人であるといえます。

(本賞制定の趣旨より)

編著者紹介

八巻　和彦（やまき　かずひこ）……………………………………序論

1947年山梨県生まれ。早稲田大学第一文学部、東京教育大学大学院を経て、現在早稲田大学商学学術院教授。専攻は中世哲学および文明論。京都大学博士（文学）。本賞選考委員、本賞記念講座コーディネーター。著書に『クザーヌスの世界像』、『クザーヌス 生きている中世』など。

「ポスト真実」にどう向き合うか
「石橋湛山記念 早稲田ジャーナリズム大賞」記念講座2017

2017年12月1日　初　版　第1刷発行

編著者　八巻和彦

発行者　阿部成一

〒162-0041　東京都新宿区早稲田鶴巻町514番地

発行所　株式会社　成文堂

電話 03(3203)9201(代)　Fax 03(3203)9206
http://www.seibundoh.co.jp

製版・印刷・製本　藤原印刷

☆乱丁・落丁本はおとりかえいたします☆

ISBN 978-4-7923-3369-0 C1030

定価（本体2000円＋税）

検印省略

執筆者紹介（掲載順）

望月衣塑子（もちづき　いそこ）…………………………………… 1

1975年東京都生まれ。東京新聞社会部記者。2000年、中日新聞社に入社。千葉、埼玉などの各県警、東京地検特捜部を取材。2004年、日本歯科医師連盟のヤミ献金疑惑をスクープ。東京地裁・高裁での裁判担当、経済部記者を経て、2015年８月より社会部遊軍記者。防衛省の武器輸出、軍学共同、森友・加計問題などを取材。

清水　潔（しみず　きよし）…………………………………………… 2

日本テレビ報道局記者・解説委員。主な調査報道として、桶川ストーカー殺人事件、足利事件冤罪報道など。受賞歴として、JCJ大賞、雑誌ジャーナリズム賞、民間放送連盟最優秀賞、新潮ドキュメント賞他多数。NNNドキュメント「南京事件」では「石橋湛山記念早稲田ジャーナリズム大賞」、ギャラクシー賞など７賞を受賞。

豊　秀一（ゆたか　しゅういち）……………………………………… 3

1965年福岡県生まれ。東京大学法学部卒。1989年朝日新聞社入社。青森、甲府両支局を経て、東京本社社会部で主に司法や憲法問題を担当する。2001～04年、論説委員（司法担当）。現在、編集委員として憲法改正論議のウォッチを続ける。著書に『国民投票―憲法を変える？　変えない？』（岩波ブックレット、2007年）など。

仲屋　淳（なかや　あつし）…………………………………………… 4

1971年長野県生まれ。1994年新潟日報社入社。現在、報道部次長兼論説編集委員。代表を務めた連載「原発は必要か」を核とする関連ニュース報道で「石橋湛山記念 早稲田ジャーナリズム大賞」奨励賞受賞。2008年度日本新聞協会賞などを受賞した連載「揺らぐ安全神話　柏崎刈羽原発」の取材班キャップを務めた。

安田菜津紀（やすだ　なつき）………………………………………… 5

1987年神奈川県生まれ。上智大学卒。フォトジャーナリスト（studio AFTERMODE所属）。東南アジア、中東、アフリカ、日本国内で貧困や災害を取材。2012年、「HIVと共に生まれる―ウガンダのエイズ孤児たち―」で第８回名取洋之助写真賞受賞。著書に『写真で伝える仕事―世界の子どもたちと向き合って―』（日本写真企画）など。

阿部　光希（あべ　みつき）……………………………………… 6

1973年岡山県生まれ。岡山大学卒。1996年、山陽新聞社入社。笠岡支社、経済部、文化家庭部、社会部、論説委員会、報道部を経て、2017年９月から編集委員。2015年１月から翌年３月まで「語り継ぐハンセン病―瀬戸内３園から」（「石橋湛山記念 早稲田ジャーナリズム大賞」受賞）を担当。障害者問題などの連載も執筆。

高江洲洋子（たかえす　ようこ）…………………………………… 7

立命館大学文学部卒。1995年に琉球新報社入社。政経部、社会部などを経て、2014年から文化部生活班に所属、現在学芸担当、生活面デスクを兼務。「子どもの貧困」報道キャンペーンで取材班キャップを務めた。主要な連載記事として、「小さな手を握りしめて」、「長寿崩壊」、「陽だまりを求めて」など。

栗原　俊雄（くりはら　としお）…………………………………… 8

1967年生まれ、東京都出身。早稲田大学政治経済学部政治学科卒、同大学院政治学研究科修士課程修了（日本政治史）。1996年毎日新聞入社。現在毎日新聞学芸部記者。著書に『戦艦大和　生還者たちの証言から』『シベリア抑留　未完の悲劇』『遺骨　戦没者三一〇万人の戦後史』（以上岩波新書）『特攻　戦争と日本人』（中公新書）など。

手島　隆志（てじま　たかし）……………………………………… 9

栃木県壬生町生まれ。1988年、学習院大学文学部哲学科卒。同年、下野新聞社入社。現在、下野新聞編集局報道センター長兼政経部長。社会部在籍時、県警担当、県警キャップ、社会部デスクとして、後に冤罪判決が下る、足利事件の発生・逮捕、無期懲役判決、再審無罪判決のすべてに関わる。

野上　裕之（のがみ　ひろゆき）…………………………………… 9

栃木県宇都宮市生まれ。栃木新聞社写真部を経て、1995年、下野新聞社入社。日光今市総局、栃木支局など勤務。現在、下野新聞編集局写真映像部長。主要な業績に、宇都宮マンション立てこもり事件、日光の社寺などの撮影がある。

菅野　完（すがの　たもつ）……………………………………10

1974年奈良県生まれ。15年のサラリーマン生活の後、著述家として独立。『日本会議の研究』（扶桑社新書）で「石橋湛山記念 早稲田ジャーナリズム大賞」奨励賞受賞、大宅荘一メモリアル日本ノンフィクション大賞 読者賞受賞。「週刊SPA」巻頭コラム、幻冬舎WEBなど連載多数。

小川　海緒（おがわ　みお）……………………………………11

1972年東京都生まれ。番組制作会社勤務を経て、2002年度にNHK入社。鹿児島放送局、報道局社会番組部などを経て、2014年６月から大型企画開発センター チーフ・ディレクター。主な番組に、NHKスペシャル「沖縄戦全記録」（新聞協会賞受賞）「未解決事件File. 05ロッキード事件」「シリア 絶望の空の下で」など。

土生　修一（はぶ　しゅういち）………………………………12

福岡県生まれ。1979年東京大学法学部卒、読売新聞東京本社入社。浦和支局を経て外報部（現国際部）。マニラ特派員、ローマ特派員、欧州総局長（ロンドン駐在）。現在、公益社団法人日本記者クラブ専務理事兼事務局長。共著に『人道危機と国際介入』（有信堂高文社）、『日本はどう報じられているか』（新潮新書）など。

深田　政彦（ふかだ　まさひこ）………………………………13

1974年大分県生まれ。上智大学法学部国際関係法学科卒、文藝春秋入社。諸君編集部、新書編集部、文藝春秋編集部次長、週刊文春編集部次長などを経て、ニューズウィーク日本版編集部に移籍。現在に至る。日本の政治・社会に関する取材・執筆や、中東問題を中心に英文記事の翻訳編集を行う。

秋山耿太郎（あきやま　こうたろう）…………………………14

1945年生まれ。京都大学法学部卒。1968年朝日新聞社に入社。新潟支局から政治部へ。政治部長、編集局長などを務める。販売担当役員を経て2005年から12年まで代表取締役社長、2017年まで顧問。2011年から２年間、日本新聞協会会長。現在は司馬遼太郎記念財団、香雪美術館など公益財団法人の理事。本賞選考委員。

「石橋湛山記念 早稲田ジャーナリズム大賞」受賞者

第１回　2001年度

【公共奉仕部門】
受賞者　　三木 康弘(故人)と神戸新聞論説委員室
作品名　　阪神・淡路大震災からの復興に向けての論説、評論活動
発表媒体　神戸新聞
【草の根民主主義部門】
受賞者　　曽根 英二
作品名　　「島の墓標」
発表媒体　山陽放送
【文化貢献部門】
受賞者　　毎日新聞旧石器遺跡取材班　代表 真田 和義(渡辺 雅春、山田 寿彦、高橋 宗男、早川 健人、山本 健、本間 浩昭、西村 剛、ほか取材班)
作品名　　旧石器発掘ねつ造問題の一連の企画ならびに『発掘捏造』の出版
発表媒体　毎日新聞

第２回　2002年度

【公共奉仕部門】
受賞者　　田城 明
作品名　　「21世紀　核時代　負の遺産」
発表媒体　中国新聞
【公共奉仕部門】
受賞者　　広河 隆一
作品名　　『パレスチナ　新版』並びに雑誌などへの発表
発表媒体　書籍(岩波新書など)

第３回　2003年度

【公共奉仕部門】
受賞者　　鈴木 哲法
作品名　　「鉄路　信楽列車事故」の長期連載を中心とした鉄道の安全を考える一連の報道
発表媒体　京都新聞
【公共奉仕部門】
受賞者　　Ｃ型肝炎取材班　代表 熱田 充克
作品名　　一連の「Ｃ型肝炎シリーズ」及びその特別番組
発表媒体　フジテレビ「ニュースJAPAN」及び特別番組
【文化貢献部門】
受賞者　　佐藤 健(故人)、生きる者の記録取材班　代表 萩尾 信也
作品名　　「生きる者の記録」
発表媒体　毎日新聞

＊奨励賞
【草の根民主主義部門】
受賞者　「ずく出して、自治」取材班　代表 畑谷 広治
作品名　「ずく出して、自治～参加そして主役へ～」
発表媒体　信濃毎日新聞
【文化貢献部門】
受賞者　塚田 正彦
作品名　「さんばと12人の仲間～親沢の人形三番叟の一年～」
発表媒体　長野放送

第４回　2004年度
【公共奉仕部門】
受賞者　琉球新報社地位協定取材班　代表 前泊 博盛
作品名　日米地位協定改定キャンペーン「検証　地位協定～不平等の源流～」
発表媒体　琉球新報
【公共奉仕部門】
受賞者　NHK「東京女子医科大学病院」取材班　代表 影山 博文
（山元 修治、北川 恵、落合 淳、竹田 頼正、山内 昌彦、角 文夫）
作品名　NHKスペシャル「東京女子医科大学病院～医療の現場で何が起きているか～」
発表媒体　NHK総合テレビ
【草の根民主主義部門】
受賞者　「わしも‘死の海’におった～証言・被災漁船50年目の真実～」取材班
代表 大西 康司
作品名　「わしも‘死の海’におった～証言・被災漁船50年目の真実～」の報道
発表媒体　南海放送
＊奨励賞
【公共奉仕部門】
受賞者　鹿沼市職員殺害事件取材班　代表 渡辺 直明
作品名　「断たれた正義」－なぜ職員が殺された・鹿沼事件を追う－
発表媒体　下野新聞
【文化貢献部門】
受賞者　赤井 朱美（プロデューサー兼ディレクター）
作品名　石川テレビ放送ドキュメンタリー「奥能登　女たちの海」
発表媒体　石川テレビ放送

第５回　2005年度
【公共奉仕部門】
受賞者　「少年事件・更生と償い」取材班　代表 田代 俊一郎
作品名　「少年事件・更生と償い」シリーズ
発表媒体　西日本新聞

【公共奉仕部門】
受賞者　「沖縄戦新聞」取材班　代表 宮城 修(国吉 美千代、志良 堂仁、小那覇 安剛、宮里 努、高江洲 洋子)
作品名　沖縄戦新聞
発表媒体　琉球新報
【文化貢献部門】
受賞者　「沈黙の森」取材班　代表 棚田 淳一(朝日 裕之、片桐 秀夫、村上 文美、谷井 康彦、浜浦 徹)
作品名　キャンペーン企画「沈黙の森」
発表媒体　北日本新聞
＊奨励賞
【草の根民主主義部門】
受賞者　永尾 俊彦
作品名　『ルポ諫早の叫び～よみがえれ 干潟ともやいの心～』
発表媒体　書籍(岩波書店)

第6回　2006年度
【公共奉仕部門】
受賞者　「検証　水俣病50年」取材班　代表 田代 俊一郎
作品名　「検証　水俣病50年」シリーズ
発表媒体　西日本新聞
【公共奉仕部門】
受賞者　古居 みずえ
作品名　ドキュメンタリー映画「ガーダ～パレスチナの詩～」
発表媒体　映画
【草の根民主主義部門】
受賞者　「地方発 憲法を考える」取材班　代表 山口 和也
作品名　連載「地方発 憲法を考える」
発表媒体　熊本日日新聞

第7回　2007年度
【公共奉仕部門】
受賞者　朝日新聞編集局特別報道チーム　代表 市川 誠一
作品名　「偽装請負」追及キャンペーン
発表媒体　朝日新聞および書籍(朝日新書)
【草の根民主主義部門】
受賞者　朝日新聞鹿児島総局　代表 梶山 天
作品名　鹿児島県警による03年県議選公職選挙法違反「でっちあげ事件」をめぐるスクープと一連のキャンペーン
発表媒体　朝日新聞

【文化貢献部門】
受賞者　　RKB 毎日放送報道部　代表 竹下 通人
作品名　　「ふるさとの海～水崎秀子にとっての祖国にっぽん～」
発表媒体　RKB 毎日放送
＊奨励賞
【公共奉仕部門】
受賞者　　「同和行政問題」取材班　代表 東田 尚巳
作品名　　検証「同和行政」報道
発表媒体　毎日放送
【草の根民主主義部門】
受賞者　　「お産 SOS」取材班　代表 練生川 雅志
作品名　　連載「お産 SOS ～東北の現場から～」
発表媒体　河北新報

第8回　2008年度
【公共奉仕部門】
受賞者　　「新聞と戦争」取材班　キャップ 藤森 研
作品名　　連載「新聞と戦争」
発表媒体　朝日新聞
【草の根民主主義部門】
受賞者　　「やねだん」取材班　代表 山縣 由美子
作品名　　「やねだん～人口300人、ボーナスが出る集落～」
発表媒体　南日本放送
【文化貢献部門】
受賞者　　「探検ロマン世界遺産」取材班　代表 寺井 友秀
作品名　　探検ロマン世界遺産スペシャル「記憶の遺産～アウシュビッツ・ヒロシマからのメッセージ～」
発表媒体　NHK 総合テレビ

第9回　2009年度
【公共奉仕部門】
受賞者　　土井 敏邦(ジャーナリスト)
作品名　　ドキュメンタリー映画「沈黙を破る」
発表媒体　映画
【公共奉仕部門】
受賞者　　斉藤 光政(東奥日報社社会部付編集委員)
作品名　　①「在日米軍基地の意味を問う」一連の記事
　　　　　②『在日米軍最前線～軍事列島日本～』
発表媒体　①東奥日報
　　　　　②書籍(新人物往来社)

【文化貢献部門】

受賞者　大西 成明(写真家)

作品名　写真集『ロマンティック・リハビリテーション』

発表媒体　書籍(ランダムハウス講談社)

第10回　2010年度

【公共奉仕部門】

受賞者　NHK スペシャル「日本海軍 400時間の証言」取材班　藤木 達弘(日本放送協会 大型企画開発センターチーフ・プロデューサー)

作品名　NHK スペシャル「日本海軍 400時間の証言」全3回

発表媒体　NHK 総合テレビ

【草の根民主主義部門】

受賞者　生活報道部「境界を生きる」取材班　丹野 恒一

作品名　「境界を生きる」～性別をめぐり苦しむ子どもたちを考えるキャンペーン～

発表媒体　毎日新聞

【文化貢献部門】

受賞者　国分 拓(日本放送協会　報道局　社会番組部　ディレクター)

作品名　『ヤノマミ』

発表媒体　書籍(日本放送出版協会)

＊奨励賞

【公共奉仕部門】

受賞者　笠井 千晶(中京テレビ放送　報道部　ディレクター)

作品名　NNN ドキュメント2009「法服の枷～沈黙を破った裁判官たち～」

発表媒体　NNN(Nippon News Network)

第11回　2011年度

【公共奉仕部門】

受賞者　ETV 特集「ネットワークで作る放射能汚染地図　福島原発事故から2か月」取材班　代表 増田 秀樹(日本放送協会 制作局文化・福祉番組部チーフ・プロデューサー)

作品名　ETV 特集「ネットワークで作る放射能汚染地図　福島原発事故から2か月」

発表媒体　NHK　E テレ

【公共奉仕部門】

受賞者　大阪本社社会部・東京本社社会部「改ざん事件」取材班　代表 板橋 洋佳

作品名　「大阪地検特捜部の主任検事による押収資料改ざん事件」の特報および関連報道

発表媒体　朝日新聞

【草の根民主主義部門】

受賞者　三上 智恵(琉球朝日放送　報道制作局　報道制作部　ディレクター)

作品名　報道特別番組「英霊か犬死か－沖縄靖国裁判の行方－」

発表媒体　琉球朝日放送

＊奨励賞
【文化貢献部門】
受賞者　　鎌仲 ひとみ(映画監督)
作品名　　ドキュメンタリー映画「ミツバチの羽音と地球の回転」
発表媒体　渋谷ユーロスペース他劇場と全国約400ヶ所の自主上映

第12回　2012年度
【公共奉仕部門】
受賞者　　「プロメテウスの罠」取材チーム　代表 宮崎 知己(朝日新聞東京本社報道局特別報道部次長)
作品名　　連載「プロメテウスの罠」
発表媒体　朝日新聞
【草の根民主主義部門】
受賞者　　渡辺 一史
作品名　　『北の無人駅から』
発表媒体　書籍(北海道新聞社)
【文化貢献部門】
受賞者　　NHK プラネット九州　制作部　エグゼクティブ・ディレクター　吉崎 健
作品名　　ETV 特集「花を奉る　石牟礼道子の世界」
発表媒体　NHK　E テレ
＊奨励賞
【草の根民主主義部門】
受賞者　　三陸河北新報社　石巻かほく編集局　代表 桂 直之
作品名　　連載企画「私の３.11」
発表媒体　石巻かほく
【文化貢献部門】
受賞者　　「阿蘇草原再生」取材班　代表 花立 剛(熊本日日新聞社編集局地方部次長)
作品名　　連載企画「草原が危ない」と阿蘇草原再生キャンペーン
発表媒体　熊本日日新聞

第13回　2013年度
【草の根民主主義部門】
受賞者　　「波よ鎮まれ」取材班　代表 渡辺 豪(沖縄タイムス社特別報道チーム兼論説委員)
作品名　　連載「波よ鎮まれ～尖閣への視座～」
発表媒体　沖縄タイムス
【文化貢献部門】
受賞者　　ETV 特集「永山則夫100時間の告白」取材班　代表 増田 秀樹(日本放送協会 大型企画開発センター　チーフ・プロデューサー)
作品名　　ETV 特集「永山則夫100時間の告白～封印された精神鑑定の真実～」
発表媒体　NHK　E テレ

＊奨励賞
【公共奉仕部門】
受賞者　木村 英昭（朝日新聞東京本社報道局経済部）
宮﨑 知己（朝日新聞社デジタル本部デジタル委員）
作品名　連載「東京電力テレビ会議記録の公開キャンペーン報道」
発表媒体　朝日新聞
【公共奉仕部門】
受賞者　林 新（「原子力“バックエンド”最前線」取材チーム　日本放送協会　大型企画開発センター　プロデューサー）
酒井 裕（エス・ヴィジョン代表）
作品名　BS ドキュメンタリーWAVE「原子力“バックエンド”最前線～イギリスから福島へ～」
発表媒体　NHK　BS1

第14回　2014年度
【公共奉仕部門】
受賞者　NNN ドキュメント取材班　代表 大島 千佳（NNN ドキュメント取材班ディレクター）
作品名　NNN ドキュメント '14「自衛隊の闇～不正を暴いた現役自衛官～」
発表媒体　日本テレビ
【草の根民主主義部門】
受賞者　下野新聞社編集局子どもの希望取材班　代表 山﨑 一洋（下野新聞社編集局社会部長代理）
作品名　連載「希望って何ですか～貧困の中の子ども～」
発表媒体　下野新聞
【文化貢献部門】
受賞者　与那原 恵
作品名　『首里城への坂道～鎌倉芳太郎と近代沖縄の群像～』
発表媒体　書籍（筑摩書房）
＊奨励賞
【草の根民主主義部門】
受賞者　伊藤 めぐみ（有限会社ホームルーム ドキュメンタリー・ディレクター）
作品名　ドキュメンタリー映画「ファルージャ～イラク戦争　日本人人質事件…そして～」
発表媒体　映画

第15回　2015年度
【公共奉仕部門】
受賞者　新垣 毅（琉球新報社編集局文化部記者兼編集委員）
作品名　沖縄の自己決定権を問う一連のキャンペーン報道～連載「道標求めて」を中心に～
発表媒体　琉球新報

【草の根民主主義部門】
受賞者　堀川 惠子
作品名　『原爆供養塔～忘れられた遺骨の70年～』
発表媒体　書籍（文藝春秋）
【文化貢献部門】
受賞者　朴 裕河
作品名　『帝国の慰安婦～植民地支配と記憶の闘い～』
発表媒体　書籍（朝日新聞出版）
＊奨励賞
【公共奉仕部門】
受賞者　NHK スペシャル「水爆実験60年目の真実」取材班　代表　高倉 基也（NHK広島放送局 チーフ・プロデューサー）
作品名　NHK スペシャル「水爆実験60年目の真実～ヒロシマが迫る "埋もれた被ばく"～」
発表媒体　NHK 総合テレビ

第16回　2016年度

【公共奉仕部門】
受賞者　日本テレビ報道局取材班　代表 清水 潔（日本テレビ報道局特別報道班）
作品名　NNN ドキュメント '15「南京事件 兵士たちの遺言」
発表媒体　日本テレビ
【草の根民主主義部門】
受賞者　「語り継ぐハンセン病 ～瀬戸内３園から～」
取材班　阿部 光希、平田 桂三（ともに山陽新聞社編集局報道部）
作品名　「語り継ぐハンセン病 ～瀬戸内３園から～」
発表媒体　山陽新聞
＊奨励賞
【公共奉仕部門】
受賞者　新潟日報社原発問題取材班　代表 仲屋 淳（新潟日報社編集局報道部次長）
作品名　長期連載「原発は必要か」を核とする関連ニュース報道
発表媒体　新潟日報
【草の根民主主義部門】
受賞者　菅野 完
受賞作品　『日本会議の研究』
発表媒体　書籍（扶桑社）

本賞選考委員（第17回）
（50音順）

秋山耿太郎（朝日新聞社元社長）、後藤謙次（ジャーナリスト、元共同通信編集局長）、瀬川至朗（早稲田大学政治経済学術院教授：ジャーナリズム研究）、高橋恭子（早稲田大学政治経済学術院教授：映像ジャーナリズム論）、武田　徹（ジャーナリスト、専修大学文学部教授）、坪内祐三（評論家）、中谷礼仁（早稲田大学理工学術院教授：建築史、歴史工学研究）、広河隆一（フォトジャーナリスト、「DAYS JAPAN」発行人）、アンドリュー・ホルバート（城西国際大学招聘教授、元日本外国特派員協会会長）、八巻和彦（早稲田大学商学学術院教授：哲学）、山根基世（アナウンサー）、吉岡　忍（作家、日本ペンクラブ会長）

過去に選考委員を務められた方々
（50音順、職名は委員在任時）

新井　信（編集者、元文藝春秋取締役副社長、第１回～第15回）、内橋克人（評論家、第１回～第８回）、江川紹子（ジャーナリスト、第１回～第３回）、岡村黎明（メディア・アナリスト、第１回～第10回）、奥島孝康（早稲田大学総長、早稲田大学法学学術院教授、第１回～第３回）、鎌田　慧（ルポライター、第１回～第15回）、河合隼雄（心理学者、文化庁長官、第１回）、黒岩祐治（元フジテレビジョンキャスター、第11回）、小池唯夫（元パシフィック野球連盟会長、元毎日新聞社社長、元日本新聞協会会長、第１回～第10回）、小山慶太（早稲田大学社会科学総合学術院教授、第１回～第10回）、佐藤　滋（早稲田大学理工学術院教授、第15回～第16回）、佐野眞一（ノンフィクション作家、ジャーナリスト、第１回～第12回）、清水功雄（早稲田大学理工学学術院教授）、下重暁子（作家、第５回～第13回）、竹内　謙（日本インターネット新聞社代表取締役社長、第１回～第13回）、谷藤悦史（早稲田大学政治経済学術院教授、第１回～第14回）、田沼武能（写真家、日本写真家協会会長、第１回～第10回）、永井多恵子（世田谷文化生活情報センター館長、元 NHK 解説主幹、第１回～第４回）、箱島信一（朝日新聞社顧問、元日本新聞協会会長、第11回～第13回）、長谷川眞理子（早稲田大学政治経済学部教授、第１回～第５回）、花田達朗（早稲田大学教育・総合科学学術院教授、第６回～第13回）、林　利隆（早稲田大学教育・総合科学学術院教授、第１回～第５回）、原　剛（毎日新聞客員編集委員、早稲田環境塾塾長、早稲田大学名誉教授、第１回～第15回）、原　寿雄（ジャーナリスト、元共同通信社長、第１回～第３回）、土方正夫（早稲田大学社会科学総合学術院教授、第14回～第16回）、ゲプハルト・ヒールシャー（ジャーナリスト、元在日外国報道協会会長、元日本外国特派員協会会長、第１回～第９回）、深川由起子（早稲田大学政治経済学術院教授、第８回～第13回）、松永美穂（早稲田大学文学学術院教授、第14回～第16回）、山崎正和（劇作家、東亜大学学長、第１回～第４回）、吉永春子（ドキュメンタリープロデューサー、現代センター代表、元 TBS 報道総局専門職局長、第１回～第８回）

既刊紹介

報道が社会を変える
石橋湛山記念 早稲田ジャーナリズム大賞記念講座講義録１
コーディネーター　原　剛　早稲田大学出版部　2005年　本体価格1800円

ジャーナリズムの方法
石橋湛山記念 早稲田ジャーナリズム大賞記念講座講義録２
コーディネーター　原　剛　早稲田大学出版部　2006年　本体価格1800円

ジャーナリストの仕事
石橋湛山記念 早稲田ジャーナリズム大賞記念講座講義録３
コーディネーター　原　剛　早稲田大学出版部　2007年　本体価格1800円

「個」としてのジャーナリスト
石橋湛山記念 早稲田ジャーナリズム大賞記念講座2008
コーディネーター　花田達朗　早稲田大学出版部　2008年　本体価格1800円

「可視化」のジャーナリスト
石橋湛山記念 早稲田ジャーナリズム大賞記念講座2009
コーディネーター　花田達朗　早稲田大学出版部　2009年　本体価格1800円

「境界」に立つジャーナリスト
石橋湛山記念 早稲田ジャーナリズム大賞記念講座2010
コーディネーター　花田達朗　早稲田大学出版部　2010年　本体価格1800円

「対話」のジャーナリスト
石橋湛山記念 早稲田ジャーナリズム大賞記念講座2011
コーディネーター　花田達朗　早稲田大学出版部　2011年　本体価格1800円

「危機」と向き合うジャーナリズム
石橋湛山記念 早稲田ジャーナリズム大賞記念講座2012
コーディネーター　谷藤悦史　早稲田大学出版部　2013年　本体価格1800円

ジャーナリズムの「可能性」
石橋湛山記念 早稲田ジャーナリズム大賞記念講座2013
コーディネーター　谷藤悦史　早稲田大学出版部　2014年　本体価格1800円

ジャーナリズムの「新地平」
石橋湛山記念 早稲田ジャーナリズム大賞記念講座2014
コーディネーター　谷藤悦史　早稲田大学出版部　2015年　本体価格1800円

「今を伝える」ということ
石橋湛山記念 早稲田ジャーナリズム大賞記念講座2015
編著者　八巻和彦　成文堂　2015年　本体価格1500円

日本のジャーナリズムはどう生きているか
石橋湛山記念 早稲田ジャーナリズム大賞記念講座2016
編著者　八巻和彦　成文堂　2016年　本体価格1500円

関連年表（2016年８月〜2017年７月）

本書関連事項を中心に成文堂編集部にて作成した。年表作成にあたっては、「新聞研究」（日本新聞協会）、『朝日新聞縮刷版』（朝日新聞出版）などを参照した。

日付	出来事
	2016年
8. 3	第３次安倍再改造内閣が発足した。
8. 8	天皇陛下が象徴としての務めについて考えを表明するビデオメッセージが公表された。直接の言及はなかったが、生前退位の意向を強くにじませた。
8.20	沖縄の米軍ヘリパッド建設をめぐり、東村高江での抗議活動を取材した沖縄タイムス社、琉球新報社の記者２人が機動隊に強制排除された。
8.30	新潟県の泉田裕彦知事が、新潟日報社の「日本海横断航路計画」をめぐる報道などを理由に10月の県知事選への出馬の辞退を表明した（**115頁**参照）。
9. 9	北朝鮮が５度目の核実験を行った。
9.30	広告大手電通に勤務していた女子社員の自殺（2015年末）について、長時間の過重労働が原因であるとして労災が認められた。
10.14	隔離政策で差別被害を受けたとして、ハンセン病元患者の家族が国に損害賠償と謝罪を求めた訴訟の第１回口頭弁論が熊本地裁でおこなわれた（**166頁**参照）。
10.16	東京電力柏崎刈羽原発の再稼働が争点となった新潟県知事選挙で、再稼働慎重派の無所属新人・米山隆一氏が初当選した。
10.25	日本テレビは南京事件を題材にした自社制作のドキュメンタリー番組（**50頁**参照）に関する産経新聞の検証記事が事実と異なるとして「客観性を欠き恣意的だ」とする抗議文をウェブサイトで公開した。
10.27	核兵器を法的に禁止する「核兵器禁止条約」の交渉を2017年から開始するとの決議が、国連総会で123ヵ国の賛成多数で採択された。核保有国や日本など38ヵ国が反対し、中国など16ヵ国が棄権した。
11. 4	地球温暖化対策の新たな国際的枠組みとなる「パリ協定」が発効した。
11. 9	実業家のドナルド・トランプ氏（共和党）が、前国務長官のヒラリー・クリントン氏（民主党）を破り米大統領に当選した。
11.15	南スーダンの国連平和維持活動（PKO）に派遣する陸上自衛隊の部隊に、安全保障関連法に基づく新任務「駆けつけ警護」を付与することが閣議決定された。
11.15	米グーグルとフェイスブックは、虚偽情報を意図的に発信しているニュースサイトへの広告配信サービスを全面的に停止し、広告を遮断すると表明した。
11.29	IT 大手 DeNA が運営する美容・医療・健康情報のキュレーションサイト「WELQ」の全記事が非公開とされた。信憑性の疑わしい情報や、無断転用された記事が含まれていたことが問題化していた（**19頁**参照）。
12. 4	米・ワシントン DC で、ピザレストランにライフルを持った男が押し入り発砲し、逮捕された。大統領選時に拡散されたフェイクニュースに触発された行動だった。
12. 9	環太平洋経済連携協定（TPP）と関連法が、参院本会議で賛成多数により可決・成立した。
12. 9	経済産業省は、東京電力福島第一原子力発電所の廃炉や賠償などの費用が、従来想定の２倍となる21兆５千億円に上るとの見積もりを公表した。
12.20	米軍普天間飛行場の名護市辺野古への移設を巡る訴訟で、最高裁第２小法廷は沖縄県側の上告を棄却し、国側の勝訴が確定した。
12.22	安全保障関連法に基づき平時から自衛隊が米軍などの艦船を守る「武器等防護」の運用指針が国家安全保障会議（NSC）で決定され、同任務の運用が開始された。
12.27	安倍首相とオバマ米大統領はハワイの真珠湾を訪れ、真珠湾攻撃犠牲者を慰霊した。

	2017年
1.11	トランプ氏がニューヨークで当選後初の記者会見行った。自身の不名誉情報をロシアが保持しているとの報道を「フェイクニュース」と断じ、疑惑を報道しているCNN 記者からの質問を拒否した。
1.20	トランプ氏が第45代米国大統領に就任した。翌21日、スパイサー報道官は「就任式を目撃したのは過去最大の聴衆だった」と発言したが、「事実と異なる」との指摘が相次いだ。
1.20	文部科学省前局長の早稲田大学への「天下り」問題で、内閣府の再就職等監視委員会は、文科省が国家公務員法に違反して元幹部の再就職を組織的に斡旋していたとする調査結果を公表した。同日、事務次官の前川喜平氏は引責辞任した。
1.23	安倍首相は「テロ等準備罪」の新設について衆院本会議で、「条約の国内担保法を整備し、条約を締結できなければ、東京オリンピック・パラリンピックを開けないと言っても過言ではない」と答弁した（**75頁**参照）。
2．3	新潟県の日本海横断航路計画問題について調査していた県の特別調査委員会が、「失敗の最大の原因は事業執行体制におけるガバナンス（内部統制）の欠如」とする調査報告を発表した（**116頁**参照）。
2．7	南スーダン PKO に派遣されている陸上自衛隊施設部隊の日報に、2016年７月に宿営地が隣接する地区で「戦闘があった」と記載されていたことが、防衛省が公表した文書で分かった。2016年９月の情報開示請求に対して、廃棄したとして不開示としていた。８日の衆院予算委員会で稲田朋美防衛相は、「法的な意味における戦闘行為ではない」と強調した。
2．7	放送倫理・番組向上機構（BPO）の放送倫理検証委員会は、テレビの選挙報道全般について意見を公表。出演者数や露出時間などの「量的公平性」ではなく、報道の質で政治的公平性を保つべきだとした。
2.10	財務省近畿財務局が学校法人「森友学園」に払い下げた大阪府豊中市の国有地について、財務省は土地鑑定額からごみ撤去費など８億円以上を差し引き売却していたことを明らかにした（**246頁**参照）。
2.10	安倍首相は米国のトランプ大統領とワシントンで初の首脳会談を行った。日米同盟と経済関係を強化する方針を確認し、共同声明を発表した。
2.10	BPO の放送倫理検証委員会は、沖縄の米軍基地反対運動を取り上げた東京 MX テレビの「ニュース女子」（1/2放送）について、審議入りを決めた。「歪曲や差別的表現があった」として批判が相次いでいた。
2.13	北朝鮮の金正恩朝鮮労働党委員長の異母兄である金正男氏が、マレーシアのクアラルンプール国際空港で暗殺された。
2.17	安倍首相は衆院予算委員会で「（森友学園への国有地売却や学校認可に）私や妻が関与していたことになれば、首相も国会議員もやめる」と述べ、関与を否定した（**4頁**参照）。
2.27	東京 MX テレビは、１月２日放送の番組「ニュース女子」について、出典や取材は確かで大きな問題はないが、誤解を招く表現があったとして検証番組を制作し番組の考査基準も見直すとした。
2.28	フランスの主要メディアなど37の報道機関、ネット組織が連携し、フランス大統領選挙に向けてフェイクニュースを排除するためのプロジェクト「クロスチェック（Cross Check）」を立ち上げた（**19頁**参照）。
3．5	自民党は党総裁の任期上限を「連続２期６年」から「連続３期９年」に延長した。
3.10	政府は国家安全保障会議を開き、南スーダン PKO に派遣している陸上自衛隊の施設部隊を５月末に撤退させる方針を決めた。
3.10	韓国の朴槿恵大統領が憲法裁判所から罷免を宣告され、失職した。
3.10	森友学園は、国有地を買い取って新設を目指していた小学校について、設置認可の

	申請を取り下げた。籠池泰典理事長は会見で政治家の関与について否定し、参考人招致についても応じるつもりはないと話した（**253頁**参照）。
3.13	ノンフィクション作家の菅野完氏が12日に籠池氏の自宅で収録した独占インタビューが動画サイト「Youtube」で公開された（**247頁**参照）。
3.13	DeNA は自社が運営するキュレーションサイトの記事について最大で約２万件に著作権侵害の疑いがあったとする調査報告を発表した。
3.16	南スーダン PKO に派遣されている陸上自衛隊施設部隊の日報をめぐり、不開示決定後に陸自内に日報データが保存されていたと報道されたことを受け、稲田防衛相は調査のため特別防衛監察の実施を指示した。
3.23	森友学園への国有地売却問題で、籠池氏に対する証人喚問が衆参両院予算委員会で開かれた。籠池氏は「(安倍昭恵夫人から) 寄付金をもらった」「口止めとも取れるメールが届いた」などと、首相側との関わりを強調した。
3.27	2017年度の政府予算が成立し、一般会計総額は過去最高の97兆4547億円となった。
3.30	文部科学省の「天下り」あっせん問題で同省による最終調査報告が公表された。３次官の関与と、合計62件の違法事例が認定され、処分者は43人に上った。
3.31	東京電力福島第一原発事故で、避難指示区域外から全国に避難する「自主避難者」への住宅無償提供が打ち切られた（**95頁**参照）。
4.10	米ピュリツァー賞解説報道部門に、各国指導者らのタックスヘイブン（租税回避地）関与の実態を暴いた「パナマ文書」を報じた「国際調査報道ジャーナリスト連合(ICIJ)」など３団体・社が選ばれた（**350頁**参照）。
4.26	国際ジャーナリスト団体「国境なき記者団」が各国の報道の自由度に関する調査結果を発表。日本は前年と変わらず180カ国中72位だった（**355頁**参照）。
5. 1	平時から自衛隊が米軍の艦船などを守る「武器等防護」が初めて実施され、海上自衛隊の護衛艦が米海軍の補給艦の護衛を開始した。
5. 3	安倍首相は憲法改正を求める集会に寄せたビデオメッセージで「2020年を新しい憲法が施行される年にしたい」と明言。同日の読売新聞の独占インタビューでも同趣旨の発言をした（**73頁**参照）。
5. 7	フランス大統領選挙の決選投票が行われ、EU の統合を深める立場で、既成政党に属さず立候補したエマニュエル・マクロン氏が当選した。
5. 9	韓国大統領選挙が投開票され、進歩（革新）系の最大野党「共に民主党」の文在寅氏が当選した。
5.17	安倍首相の友人が理事長を務める学校法人「加計学園」が国家戦略特区に獣医学部を新設する計画について、文科省が内閣府から「官邸の最高レベルが言っている」「総理のご意向」などと言われたと文書に記録していたと報じられた（**24頁**参照）。
5.22	読売新聞社会面に「前川前事務次官 出会い系バー通い」と題する記事が掲載された（**26頁**参照）。
5.25	加計学園の獣医学部新設問題について、前川喜平前文科事務次官が都内で記者会見を開き、「内閣府に押し切られた。行政のあり方として非常に問題がある」と明言した（**27頁**参照）。
5.29	フリージャーナリストの詩織氏が、元 TBS 記者の山口敬之氏に意識を失った状態で強姦されたとする事件で、検察審査会に不起訴処分を不服とする申し立てを行った後、名前と顔を公表して記者会見で被害を訴えた（**29頁**参照）。
6. 1	トランプ米大統領は地球温暖化防止の国際的枠組み「パリ協定」について、米国に不利益をもたらし不公平だと主張し、離脱を表明した。
6. 9	天皇陛下の退位を認める特例法が参院本会議で全会一致で可決、成立した。
6. 9	加計学園の獣医学部新設をめぐり、文科省が内閣府から「総理のご意向」などと伝えられた記されていた文書について、松野博一文科相は追加調査の実施を表明した（**36頁**参照）。

6.15	犯罪を計画段階から処罰する「共謀罪」の趣旨を盛り込んだ改正組織的犯罪処罰法が参院本会議で可決、成立した。自民、公明両党が委員会採決を省略できる「中間報告」の手続きを使って参院法務委員会の審議を打ち切り、本会議採決を強行した。
6.15	加計学園の獣医学部新設をめぐる問題で、文科省は追加調査の結果「総理のご意向」などと記された一連の文書を発見したとして、陳謝した（**37頁**参照）。
6.19	安倍首相は通常国会閉会を受けて記者会見を開いた。加計学園の獣医学部新設をめぐる問題について、「指摘があればその都度、真摯に説明責任を果たしていく」と語った。
6.20	松野文科相はNHK「クローズアップ現代＋」の報道（19日）を受け、「10/21萩生田副長官ご発言概要」という題名の文書を公表。作成の経緯を説明した上で、「副長官の発言でない内容が含まれている」と語った。
6.21	日本国内のファクトチェックの推進・普及を目的とした協議体「ファクトチェック・イニシアティブ（FIJ）」が発足した（**19頁**参照）。
6.24	安倍首相が「神戸『正論』懇話会」の席上で、自民党の憲法改正原案について「臨時国会が終わる前に衆参の憲法審査会に提出したい」と語った（**93頁**参照）。
6.27	稲田防衛相は都議選候補の集会（板橋区）で、「防衛省、自衛隊、防衛相、自民党としてもお願いしたい」と発言。自衛隊の政治利用との批判に対して、同日深夜「誤解を招きかねない発言だった」と発言を撤回した。
7. 1	安倍首相は東京都議選の街頭応援演説中、聴衆の一部から起きた「辞めろ」コールに対して「こんな人たちに負けるわけにはいかない」と指差しながら演説した（**47頁**参照）。
7. 2	東京都議選（定数127）が投開票され、小池都知事が代表を務める「都民ファーストの会」が49議席を獲得し第１党に躍進。自民党は過去最低を大きく下回る23議席にとどまった。
7. 4	北朝鮮が大陸間弾道ミサイル（ICBM）「火星14」の発射実験に成功した。
7. 7	核兵器禁止条約が122カ国（会議参加124カ国中）の賛成を得て採択された。日本政府は５核保有国などと歩調を合わせボイコットした。
7. 9	「イスラム国」（IS）が最大の拠点としていたイラク北部の都市モスルの解放作戦の完了が発表された。
7.13	中国の民主化を訴え投獄されたままノーベル平和賞を受賞した作家の劉暁波氏が入院先の病院で多臓器不全のため死去した。本人が国外での治療を希望し、ドイツと米国が応じる姿勢を示していたが、出国は認められなかった。
7.19	南スーダンPKO部隊の日報を破棄したとしながら陸上自衛隊が保管していた問題で、稲田防衛相が２月に行われた防衛省最高幹部による緊急会議で、保管の事実を非公表とするとの方針を幹部から伝えられていたと報じられた（**48頁**参照）。
7.24～25	加計問題や南スーダンPKO日報問題をめぐって、安倍首相が出席する閉会中審査が２日間にわたり行われた。
7.28	南スーダンPKO部隊の日報をめぐる一連の問題で、稲田防衛相は特別防衛監察の結果を公表し、辞任を表明した。
7.28	沖縄戦戦没者遺骨のDNA鑑定について、厚生労働省は対象地域を前年の４地域から10地域に拡大すると発表した（**210頁**参照）。
7.28	北朝鮮がICBM「火星14」の２度目の発射実験に成功した。
7.31	国から補助金を不正受給したとして、森友学園前理事長の籠池泰典氏とその妻が詐欺容疑で逮捕された。